初心无尘

方磊 — 著

人民东方出版传媒
People's Oriental Publishing & Media

东方出版社
The Oriental Press

本组照片是刘经纶四十载保险生涯六个不同年代的缩影，从左至右依次为：

1979 年 7 月刘经纶在江西上饶参加完高考，如释重负，于 1979 年 8 月 3 日回到母校上饶"共大"留下珍贵的记忆，这里是他青葱岁月载梦起航的地方；

1985 年元月，在人保工作期间，刘经纶光荣地成为一名中国共产党预备党员，这年年底，刘经纶任中国人民保险公司江西分公司人身保险处的负责人，此时的他意气风发、踌躇满志；

1998 年 9 月 29 日，刘经纶离开平安前夕，在平安办公楼大厅留影，于 10 月 8 日赴泰康人寿保险履新，再次踏上了全新的征程；

2007 年 7 月，在泰康人寿大厦 11 层总裁办公室拍摄高管形象照，纪念刘经纶加盟泰康十周年；

2019 年 1 月，刘经纶作为总裁已在泰康服务整整 21 年，这段任期也是他保险生涯里最难忘的 21 年，拍摄个人肖像照以留念；

2021 年 6 月 11 日，作为泰康保险集团监事长的刘经纶，在泰康国际大厦 20 层画廊留影，轻松惬意、气定神闲。

1947 年刘经纶的祖父刘邦兴 60 虚岁，与祖母高禄寿 55 岁时的合影画像，此像是在江西省吉安县敦厚镇请人烧制的瓷板像。时任江西省政府主席、国民革命军陆军上将王陵基为江西省泰和籍乡绅刘邦兴及其妻高禄寿合影画像题词。

1975 年刘经纶的父亲刘海清、母亲谢福秀的画像。此像是根据 1963 年两人的合影肖像制作的，像上的字是刘海清自己题写的。

1982 年 9 月至 11 月，中国人民保险总公司在西安小寨饭店举办了为期两个月的人身保险讲习会。来自全国 30 个省市的 60 多位学员参训。当时江西分公司选派刘经纶和李林参加学习。此期讲习会被称为中国寿险业"黄埔军校第一期"，参会人员后来都成为全国寿险业的重要骨干。

1985 年 8 月，刘经纶与妻子魏虹同时到北京公务出差，二人在天安门广场合影。这也是他们第一次到北京。

1996 年 8 月，中国平安保险公司首届寿险高峰会议在安徽黄山召开，平安系统 120 多位精英参会。刘经纶与马明哲董事长在黄山陪同获奖精英游览时合影。

1995年夏天，9岁的女儿刘珈吟随母亲魏虹到北京看望父亲，一家三口在北京酒店住所大厅合影。

1998年春节，刘经纶回江西泰和过年时，与大姐刘珍英、大哥刘经伟、二姐刘珍英、二哥刘经绪、弟弟刘经绍在津洞老屋前合影。这一年10月8日，刘经纶由平安加盟泰康。

2002 年 11 月 29 日，第 5 届"北京十大杰出青年"评选揭晓，时任泰康人寿总裁刘经纶获评该项荣誉。评委会评语为：在保险领域开拓进取、屡创佳绩、老成稳健的职业经理人。刘经纶是获此殊荣的首位北京金融保险界人士。

2006 年 8 月 22 日，泰康人寿 10 周年庆典暨授勋表彰大会在北京人民大会堂隆重举行。在会上隆重表彰了获得钻石、金质、银质、铜质勋章的内外勤员工。刘经纶总裁和欧阳天娜顾问获得钻石荣誉勋章，这也是泰康人寿首次颁发钻石荣誉勋章。

2018 年 8 月 18 日，刘经纶与爱人魏虹在北京碧水大厦举行 60 虚岁生日宴，图为他们与部分亲友及其小孩合影。

2019 年 4 月 23 日，泰康第 18 届"世纪圣典"在武汉举行，刘经纶与陈东升董事长在武汉大学珞珈山"始"字石旁合影留念。陈东升 1983 年从武大经济系毕业离校前，曾在珞珈山一块大石上刻下"始"字，寓意"千里之行，始于足下"。巧合的是，刘经纶 1979 年在江西参加高考时的作文命题就是"千里之行，始于足下"读后感。

2019 年 5 月 30 日，刘经纶外孙女竺语乔 5 岁生日，刘经纶和爱人魏虹与亲家竺将来、亲家母赵志华、女儿刘珈吟、女婿竺玮、外孙女竺语乔在北京早晨全家福照相馆合影。

2019 年 8 月 22 日是泰康保险司庆日，陈东升董事长在泰康商学院为刘经纶举办了 60 岁生日宴。图为陈东升董事长、刘经纶总裁、泰康保险集团投资管理部总经理陈奕伦合影。

2019 年 12 月 23 日，泰康保险集团在泰康商学院董事会会议室举行总裁交接仪式，陈东升董事长与新老总裁刘挺军、刘经纶合影留念。至此，泰康总裁新老交替圆满完成。

2002 年第一届 首都北京

2007 第六届 法国巴黎

2012 年第十一届 中国台湾

2017 年第十六届 四川九寨

2003 年第二届 广东珠海

2008 年第七届 澳大利亚悉尼

2013 年第十二届 海南三亚

2018 年第十七届 阿联酋迪拜

2004 年第三届 云南昆明

2009 年第八届 美国夏威夷

2014 年第十三届 南非开普敦

2019 年第十八届 湖北武汉

2005 年第四届 浙江杭州

2010 年第九届 埃及开罗

2015 年第十四届 陕西西安

2006 年第五届 马来西亚

2011 年第十届 北京太庙

2016 年第十五届 西班牙马德里

本组照片是第一至第十八届泰康"世纪圣典"活动的缩影。因着当初的一个梦想，刘经纶与"世纪圣典"开启了 20 年的缘分。20 年间，泰康带领万名圣典精英踏遍五洲，逐浪四海，向世界展示崛起的中国保险企业和中国寿险精英的风采！"世纪圣典"已成为中国保险业持续时间最长、会奖规格最高的荣誉活动之一。

在隆冬，我终于知道，我身上有一个不可战胜的夏天。

——阿尔贝·加缪

推荐序一

陈东升

经纶是保险老兵，是保险复业后中国最早的寿险干部培训西安班的元老，他学保险、干保险一辈子，见证了中国保险业发展的整个历史。传记《初心无尘》出版，我为他感到十分高兴。通过记录个人成长史，尤其是经纶在中国保险业摸爬滚打 40 年的经历，来看中国保险业的历史和进步，我觉得非常有价值。所以他让我写序推荐，我欣然应诺。

作为泰康总裁，经纶跟我搭班 21 年，亦兄亦友，是我的好搭档、好战友。我们一路建设、一路开拓，将泰康带入世界500 强。今天回头来看，在同期西安班的那群人里，最终走下来，经纶无疑是最成功的。

我开始筹备创办泰康保险公司的时候，就知道经纶。那时候市场上流传一句话——"北有刘经纶，南有何志光"，他们是平安保险的两把尖刀，席卷北京和上海市场。我们初次见面，是1996年在泰康开业典礼上，经纶作为同业代表受邀参加。第二次见面是1997年他邀请我参加他们的平安夜活动，我记得是在亚运村的大广场，现场人声鼎沸。第三次就是1998年元旦在深圳麒麟山庄，因为泰康时任总裁王玉泉想退休，王玉泉先生和我们的高级顾问王恩韶先生、欧阳天娜女士都推荐经纶，恰好我去广东出差，就专程到深圳邀请他加盟泰康。

1998年10月8日，经纶入职泰康，作为我最核心的助手，负责公司日常工作。经纶先是分管业务，对泰康营销体系建设，特别是在业务推动、业务激励、业务培训和业务管理等方面贡献很大，他把平安的精英高峰会引入泰康，从此"世纪圣典"成为泰康销售荣誉体系最核心的组成部分。后来经纶从业务转战大运营，负责公司的整个中后台，包括客户服务、核保核赔、信息科技以及行政办公等。2015年公司推动成立互联网公司泰康在线，他是具体的执行者和首任董事长。

在每一个岗位上、做每一件事，经纶都兢兢业业、尽心尽力，他的大格局、大局观，对战略的认识、执行和协调，给我很大的支持。特别是他的专业、敬业、职业精神值得赞扬，他为人公正、体贴员工、清正廉洁，所以在公司有很高的威望，很受员工爱戴。2006年泰康10周年的时候，我们第一次举办授勋表彰，作为总裁的经纶和高级顾问欧阳天娜一起获得了钻石勋章这一公司最高荣誉。

更重要的是，我觉得经纶不仅仅是事业成功，他对家庭、对父母、对后辈都堪称人生的楷模。每次我们出差、去国外，他都匆匆忙忙的。问他匆匆忙忙又干吗去了，他说给外孙女买玩具去了，说这句话的那一刹那，脸上幸福之情溢于言表。

"同志加哥们"是泰康文化的底色之一，"同志"就是有共同理想的奋斗者，"哥们"就是好兄弟。这20多年，经纶完成使命并把总裁接力棒交给下一代泰康人，现转任泰康保险集团监事长。我们从同事、伙伴最后成为好哥们，这绝对是中国商业史上的一段佳话。

泰康23周年司庆的时候，我们特别选在这一天为经纶举办60岁荣休生日宴。经纶做了一个很诚挚的讲话，我记得最后他说："人活着的价值和意义在于创造，并享受丰富多彩的人生过程。"他这样安排他的退休生活——事业发挥余热、慈善多做贡献、健康时刻关注、家人常伴左右。现在，经纶不仅是泰康的监事长，还作为泰康溢彩公益基金的荣誉理事长，依然在公司的经营管理和公益慈善领域发挥"余热"。

祝福经纶，人生有了新的开篇。也祝福魏虹，经纶现在完全属于你了。未来不管你们在哪里、做什么，你们永远都是纯正的泰康人。

（作者为泰康保险集团创始人、董事长兼首席执行官）

推荐序二

周大新

传记文学是中国文学的一个重要品类。这种文体在汉代就开始成熟，司马迁《史记》中的"本纪""世家""列传"，都是充满艺术魅力的传记文学作品。在当代，由于社会需要把一些特殊人物的生平事迹和性格特征保存下来，以利后世子孙学习借鉴，故传记文学的创作又开始兴盛起来。我就是在这种背景下，读到了北京青年作家方磊的纪实文学（人物传记）《初心无尘》的文本。

我愿意读这部传记，除了朋友推荐方磊的作品之外，还因为我对金融界的生活感到陌生和神秘。一直在军界和文学界生活的我，愿意通过这部传记书稿对金融保险工作人员的生活境况有个了解，以扩展一下自己社会生活的视野。

读这部书稿，对我来说，是一个快乐的过程。由于作家方磊在叙述刘经纶先生的经历时，使用的是一种从容的讲故事的笔法，故很有吸引力。比如，开篇讲刘经纶的出生时说："他的胎衣居然是蓝色的，这在民间被视为神奇和非凡的征兆。"当叙述到某一个需要停顿加以凝视的人生阶段时，作者往往会使用生动的描写类文字，以加强读者的主观感受。如叙述到刘经纶求学受阻时，作者写道："他满怀无辜、委屈和不解，跟着校长一起去找大队支书……大队书记向他们甩下一句：'刘经纶不能推荐升高中。''凭什么不让我读书？我又没干什么坏事？'"这样的质问一遍一遍地在刘经纶少小的内心里翻腾。这种生动的描写文字让少年刘经纶的形象一下子清晰地出现在我的眼前。一部传记作品能否吸引人，与文字的文学属性强弱有着紧密关系。方磊在撰写这部作品时，巧妙使用叙述与描写两种手段，采用多种修辞方法，着力于刘经纶这个人物的形象塑造，从而使读者在阅读时有如读一部文字优美的长篇散文。

我读这部书稿时感到很亲切，因为它也唤起了我对自己旧日生活的记忆。书稿中写到刘经纶当年的主食由红薯代替，上学时自带萝卜干和咸菜，中学住校睡大通铺，上"共大"读书时为了得到一斤饭票，他甘愿帮厨房去取煤。这些事情其实我也都经历过。我当年也几乎是顿顿吃红薯，去学校时每周带一罐头瓶只放了盐的生辣椒当菜吃，几十个初中同学睡在大通铺上，室内也没有卫生间。我也曾帮学校厨师做事以得到一张买馒头的饭票。我和经纶都是20世纪50年代生人，我大他7岁，都是农村出生的，我们经历颇为相似。方磊放笔把一个成功人士当初的困境和尴尬写出来，不去故意掩饰和粉饰，这一点我特别欣赏。

这部书稿把刘经纶先生大半生的经历记载下来，对于经纶先生本人而言，是做了一个阶段性的人生总结；对于年轻的读者们来说，则会提供一些很好的人生启示。读完全书，我觉得刘经纶先生的人生经历起码给我们带来了三点启示。

其一，不要轻易认命，在一些重要的人生选择关口，要敢于按照自己内心的追求来做选择。社会上常有人告诉我们，命运神秘不可违，人生有既定的轨迹。如果刘经纶先生完全相信这个，当初不被推荐上高中后，他就应该安心留在家乡干农活，而不是半夜出走。他后来到了舅舅家，完全可以安于比较舒适的日子，去当工人挣一份工资，可他毅然选择了艰苦的读书之路。大学毕业后，鉴于保险业务当时在银行里的低下地位，加上吉安的那位女行长想把他留下调至银行岗位，他如果因此调换了工作，哪会有今天的刘经纶？我们每个人的一生都会面临多次重要的选择，怎么选择才对，书中的刘经纶给我们做出了榜样。

其二，勤于动脑思考，勇于变革创新，是企业管理类人才成功的必备条件。刘经纶成为中国人民银行江西省分行内设的保险机构寿险负责人后，就开始思考怎样在省内拓展保险业务，开始做无人做过的事情：促成保险公司与江西省教育厅联合发文，让学生平安险覆盖全省中小学生。当保险公司从人民银行分离出来升格后，他被提升为中国人民保险公司江西省分公司人身保险处处长，又开始思考怎样把财产险和寿险分离开来，做前人没有做过的事，为此专门坐 36 个小时的硬座火车跑到北京总公司游说。刘经纶 1993 年加盟平安保险公司后，率先在北京市场推行个人寿险营销代理制度。后来他到了泰康保险公司，马上开始思考如何尽快把泰康保险公司的员工积极性调动起来，迅速建立了业务激励体系，创建了寿险销售人员高峰会议——"世纪圣典"。他的脑子一直在高速运转，随时准备改革既有的工作程序和管理制度，并进行创新，做一番前人没做过的事情。这是他事业成功的一个重要原因。

其三，不在人生的小车站上停顿，不让既得利益束缚住自己的手脚，才能使一个人走得更远。书中的刘经纶先生，在生活上也是收获满满。1987 年，他和新婚妻子在公司分配到了南昌市里洲新村两室一厅的房子。有了娇妻美屋，人生到了一站，一般人是不想再过动荡生活了，但当深圳的平安保险公司向他招手时，他毅然南下深圳到平安公司去当一名新员工。1994 年，刘经纶先生的妻子和女儿迁入深圳，一家人得以团聚，又有了更为宽大的住所，他的人生又抵达了一个车站。这本该是他享受生活的时候，可当领导询问他愿不愿意到北京主持寿险工作时，他很快又表示了同意，再次放下已经相对舒适的生活，北上拓展新的市场。1998 年，回归深圳平安总部升任寿险协理的刘经纶，职务和收入都上了一个新的台阶，他又抵达了人生的一个新车站。照理说，他是真的可以平静享受自己的奋斗成果，不必再去冒险了，但当泰康保险公司创始人陈东升南下邀他加盟泰康保险公司时，他再一次放下了在深圳的所得，重上北京开始一番新的奋斗。正是他一次又一次地放下所得，重新离开车站登车出发，他的人生才有了今天的辉煌。

据我所知，作家方磊同时也是一位媒体人，创作能力均衡全面，且整体水准较高。他之前的两部纪实文学（人物传记）《繁星之下》《逐》在社会上曾引发较为热烈的反响，传记体新书《初心无尘》依然饱含了他对纪实文学创作的追求和雄心。方磊先生以自身丰盛优质的创作能力以及金融业内财经记者的多年磨砺积累创作的本书，不仅是对传主——保险名宿刘经纶先生的一次人生检阅，也是对新中国保险历史的一次阶段性总结。可以说，方磊先生以对内心人性的洞悉、文学深邃的笔触与视野、新闻的敏锐捕捉力，把握时代之脉，展现了一位时代人物的精神内核与内心世界。

我想，读者朋友只要用心阅读本书，都应该会读有所得，不会空手而归。

这是本书作者方磊先生的写作用心，也是我读完本书的一种真实感觉。

此为序。

辛丑仲夏于京西寓所

（作者为著名作家、第七届茅盾文学奖获得者）

目录

引子 / 001

引　子

　　他站在台上，望着下面满眼热切的凝视。这时，他觉得世界一片清寂。在无涯的静里，他仿佛见到了自己幸运的波纹沉浮在命运成全的一朵朵浪花中，铺展开来的是他60年华的远影。曾无数次站在台上，这是他无比熟悉的位置，发言、演讲、主持，气宇轩昂，意气风发，那是自己该有的样子，眼前人影摇曳，那是他每每见到的。而今天的台上，荣休宴的台前，他有着难以言喻的陌生感，这陌生中有迷茫吗？没有！他确信于此，因为他知道自己不会停息，半生辛勤，一路闯荡，沉浮商海，他何曾迷茫过自己的前路？

　　此刻是他的特别时分，台上台下的人都知道。他不愿自己的荣休言辞是煽情的，那不是他的个性。他只愿真实、恳切。这是他为事业的献词，这是他向忠诚的誓言，这是他对自己的告白，这是他奉向岁月的心音。

　　过往的时光像一丛丛山梁，像日暮里的雕像那般深重、幽邃、沉默，他回望过去，看到了镶嵌于光影交错中的一幅斑驳的画境，透着昨日的重和旧，也映现着他最喜爱的色彩交融，犹如一颗被天地珍存的琥珀。

　　少时从江西吉安泰和桥头小镇出走之夜的情景，在无数个日日夜夜经常浮现于他的眼前，那一夜的奔赴是他今世勇气的开端，是他与过往义无反顾的别离，更是他激流勇进起跑的新生。而那一夜的足音似乎自此在他的生命里从未止息。

　　从江西肇始，南下深圳，北上京城，他的旅程像一根无惧无愧的引线穿起他心灵里从无怀疑的自我认定。

　　时空变幻难以捉摸，随着一次次放弃与重启，一次次出发与抵达，他一次次地给了生命证明与回答。那些被翻阅泛黄的日历，每一页上都从浑浊中生发出明亮。

　　一炬烛火，初心无尘。

困厄早慧

　　江西吉安，古称庐陵，是江西建制最早的古郡，也是赣文化的发源地。这片只有 2.5 万平方公里的方正土地，因中国红色革命的发源地井冈山而闻名遐迩。其实，这片土地 2000 多年来所孕育的庐陵文化，对中国文化有着同样重要而深远的影响。庐陵文化曾创造了"一门三进士、隔河两宰相、五里三状元、十里九布政"的盛事，在明代，更有"翰林多吉水，朝士半江西"之说。欧阳修、文天祥、杨万里是庐陵文化的代表人物。

　　一方水土养育一方人。千百年来，庐陵文化中崇文重教、坚守气节、忠义报国、传扬家风的精髓，深深熏陶着这片土地上的子民。

　　吉安泰和县，庐陵文化和井冈山精神在此交融，刘经纶的故事从这里开始……

祖父说，刘经纶出生的时候，他的胎衣居然是蓝色的，这在民间被视为神奇和非凡的征兆。祖辈认定：蓝色胎衣之人，生命必不平淡，也许充满坎坷，也许富贵圆满。刘经纶降生时这一不同寻常的生命痕迹，使之一落地就聚集了家族的关注，并在冥冥之中被赋予了某种不可言说的力量。

戊子年（1888年）六月初二出生的祖父刘邦兴（又名安禾），身高一米八〇，与癸巳年（1893年）三月二十二日出生的祖母高禄寿（1960年去世）一起，在津洞下街村开了一家杂货店。因此，家里有少量田地，有两个小药房，一心只想过上丰衣足食小日子的祖父，在土改时被划为工商业兼地主，在"文化大革命"期间被批斗，并被强迫离家，下放到附近的何家村接受改造。1971年83岁的祖父去世时，自小深受祖父疼爱的刘经纶，尚不明白祖父的这些经历将对自己的人生产生怎样的影响。

祖父虽然从商，却极其重视子女的教育。哪怕在混乱的年代，崇文重教的庐陵人依然尽量让后代能读书识字。1925年12月25日出生的父亲刘海清，饱读古书，新中国成立前在私塾教书。他的大小毛笔字写得极好，村里有红白喜事，主家便请他做礼生，请他写祭文、念祭文。为人忠厚，认真负责，是父亲给予刘经纶最深刻的印象。

1948年，刘海清与谢家村女子谢福秀成婚。新中国成立后，父亲先是在乡村教书，后来经营一个小杂货店，再后来到乡供销社工作。父亲做生意是内行，会打算盘，会算账，有文化，业务熟。但是由于"工商业兼地主"的家庭出身,"文化大革命"时期他常常被批斗,最后被下放回家。生活困难时,父亲把家里的图书拿到街上去摆摊,让小孩子看看,看一本收一点钱。直至改革开放后,妻弟谢昌文想方设法帮他找有关部门申诉落实政策,才办理了退休。1997年3月22日,父亲在家中病故,享年72岁。

母亲谢福秀出生于庚午年(1930年)九月初二,虽然没有多少文化,但她聪明勤劳,节俭能干,善于持家,家务活、种田样样会干,深受家族人的喜欢。刘海清这一支人丁兴旺,夫妻俩生育了四男两女:老大刘珍英、老二刘经纬、老三刘瑗英、老四刘经绪、老五刘经纶、老六刘经绍。据说还有两个孩子,因病早夭。穷人家的孩子早当家,因为家庭出身不好,父母早早就把老大和老二送去学裁缝,让孩子通过学手艺找条出路。

刘经纶在外婆家出生,幼年一直在外婆家生活。舅舅谢昌文当时尚未有孩子,他被舅舅舅妈视如己出,受到悉心细致的呵护与关爱。然而,爷爷觉得刘经纶一直在外姓人家生活不妥,小经纶5岁时被接回父母家。刘经纶和两个姐姐、两个哥哥以及一个弟弟在一个大家庭生活了几年。那是个物资匮乏的年代,虽然儿女绕膝得享人伦之欢,父亲在供销社上班也有稳定收入,但生活的重负也足以令父母深感维系一个家庭之捉襟见肘。

那时的农村总是更偏向男孩的,只有女儿没有儿子的堂伯父刘立章、伯母乐春秀始终盼望能收养一个儿子。伯父母满怀诚心和爷爷交流,希望从刘海清的几个儿子里过继一个,经过几番深入商讨，他们终于达成了一致。或许是因为蓝色胎衣的神秘隐喻，或许是刘经纶幼时从内到外所透出的伶俐、乖巧与灵慧，伯父母选择了他。自此，刘经纶在自己生命的跋涉里多了一份至亲的爱，也多了一份不寻常的情感体验。对于伯父母而言，刘经纶不是他们的儿子却胜似儿子。伯父母与刘经纶的感情俨然如亲生父母与儿子的感情，刘经纶对伯父母也始终敬若亲生父母。

幼小的刘经纶当时在意的似乎并不是在谁的呵护下成长，而是伯父母为什么选择自己。一个幼小稚拙生命的觉醒意识就是"我"的觉醒，就是在内心对"我"的追索。成年后的刘经纶也思忖过当时他父母的真情实感。"我知道我亲生父母是舍不得我的，但家里实在负担太重，而且又是过继给最亲近的亲戚，他们相信我可以被照顾得很好，所以也就接受了现实。他们当时把我送出去是无奈的，但是他们对我的未来也是乐观的。"结合当时的情况，尽管不舍，但父母有理由对他的未来放心。刘经纶的伯父母很喜爱他。同时，伯父是贫农出身，还参加过抗美援朝，属于被社会推崇的根正苗红之人。这样的家庭无疑能给刘经纶的成长提供一定的保护。

刘经纶自己家出身不好，是工商业兼地主。当时按成分把人分成地主、工商业兼地主、富农、中农、贫农、雇农，前三种成分是革命的对象。刘经纶的爷爷被下放到边远山沟何家村进行劳动改造。父亲先是教书，后来被安排到供销社工作，中途也被下放到何家村劳动。刘经纶幼时就亲眼见过爷爷和父亲白天被拉去游街，晚上又被拉去开批斗大会。每当父亲和爷爷被批斗的时候，刘经纶总是愿意默默跟着。"我心疼爷爷和爸爸，我跟着只是想让他们多一份我的保护。我见识过摧残人性尊严的批斗过程，那简直是汇集了所有灭绝人性的批斗方法。"刘经纶目睹了那些批斗者用电线将爷爷的手指绑上，将电线的另一头接通电流，电流的强度虽不会伤及性命，但会令人痛苦不已。这样恶毒的批斗方式从精神和肉体上折磨着爷爷。爷爷的痛苦惊叫咬噬着刘经纶年幼的心。乘人群混乱之时，矮小的刘经纶居然仗着胆子，偷偷将捆绑爷爷的电线松开。电流消失，自然不会再有电击伤害爷爷。"我听见爷爷不叫了，就赶紧冲他挤挤眼，给爷爷使眼色，让他还要装作疼痛的样子。"爷爷看见刘经纶的眼色，明白了孙子的意思，马上又装作疼痛难忍地大声喊叫起来。在危难之中，爷孙间黑色幽默般的默契生发于他们深沉的骨肉之情。刘经纶又看见有人在恶毒地踩踏爷爷的脚，爷爷凄惨的叫声撕裂着他眼中的世界，命运的重锤毫不在意也毫无怜惜地猛砸着他不得安稳的童年。那时，刘经纶不到 10 岁。

对亲人身体的摧残无休无止，对自己家族尊严的侵犯更令刘经纶愤恨不平。"我的父亲和爷爷不仅被批斗，还被要求搬出祖居地津洞下街，住到更偏僻的何家村去。虽然我少不更事，但已深感这是对我们这个家最大的侮辱，感到整个家庭在村子里被歧视。"刘经纶说，就是在那时，他在心里发誓，将来一定要有出息，改变自己和家庭的处境。

为乞求上苍垂怜这个苦难的家庭，刘经纶一家将一些菩萨雕像藏到了爷爷的空墓地里。此事不慎被生产队里掌权的人知道了，他们坚决要求将那些木雕菩萨挖出来烧掉，以铲除所谓"四旧余毒"。民兵连长找到刘经纶，要他划清与家族的界限，带路去爷爷的空墓地。

刘经纶被几个民兵押着来到爷爷的空墓前。"他们挖开了墓穴，要我先进去探路。我脑子里一直想着怎么保护爷爷的墓穴和菩萨雕像，突然灵机一动，刚一进去就大声喊起来：'有蛇，有蛇，里面有一条毒蛇，快跑啊！'"刘经纶身后的众人闻声，惊吓得一哄而散。爷爷的墓穴避免了被洗劫。

长辈对家族的命运早有深虑。爷爷和家族的其他长辈之所以同意把刘经纶过继给伯父伯母，是基于双重考量，也说明大家对于伯父伯母的深切信任。伯父是抗美援朝归来的革命军人，担任村治保主任，而伯母是村里的妇女队长，良好的家庭成分成为刘经纶成长中的保护伞。在当时，爷爷对他这个偏爱的孙子的未来规划可谓深谋远虑。虽然爷爷很早就离开了，但他以自己的智慧和家族厚实温情的羽翼时时护佑着刘经纶。

在刘经纶的记忆里，养父母对自己恩重如山。养父母家原来已有自己的女儿（刘培花），加上刘经纶，本就不富裕的家庭生活变得更加艰难。刘经纶早慧明理，学习勤奋扎实，劳作主动卖力。"我那时每天早上六点左右去放牛，边看书复习边看着牛，然后牵牛回家，吃饭上学。放学后我要去打猪草、捡牛粪猪粪、种菜、收拾饲料喂牛，同时还要砍柴、锄草。"刘经纶的童年是辛劳的，也是贫穷的。刘经纶现在最无感的食物是红薯、玉米、南瓜，这些被大家公认的健康粗粮、绿色保健食品，他甚至看都不看一眼。"我小时候吃得太多了，吃伤了。"那时候，人们生活普遍贫困，米不够吃，主食常常用红薯代替。他还记得家人将红薯、南瓜切成丝，这样看起来碗里的粮食要多些。"小时候我们的菜里都没有油，特别饿的时候反而饭吃得更多。没油我们就往饭菜里拌辣椒、酱油。"小时候的贫困最直接体现在刘经纶对饭菜的记忆里。但是养父母对他的疼爱，他终生不忘："伯父母最疼爱我，只要我在家，好菜都是让我先吃。"

刘经纶的小学是在离家很近的津洞小学读的，而中学两年他是在离家15华里的桥头中学就读。吃住都在学校，学生自己背米带菜，食堂为教职员工提供饭菜，只给学生提供白米饭（用米换成饭票）。"那个时候我是每周日下午去学校，每周六下午回家。一个星期只带一罐菜。带得最多的就是萝卜干和咸菜。有时候，没菜干脆就用酱油拌饭，记得当时是五分钱一两酱油，这样越吃越饿。"同学之间总会相互尝菜，这成为大家交流情感的特殊方式。刘经纶印象很深，哪个学生家庭状况如何，通过他的穿着、带的菜以及所支配的零花钱就一目了然。"那个时候我们住大通铺，居住环境非常糟糕，一到夏天都是刺鼻的汗臭。我们带的菜到周三以后就开始变坏了，我和很多同学都是经常吃着发馊的菜。有的家境好一些的同学，到周三家里人会送新的菜过来，我们同学之间相互关心，默契约定好，防止菜变坏，一周的前几天和后几天交换着菜吃。"

中学时代的刘经纶已经展现出出众的与人沟通、赢得他人好感的能力。他一直担任班长，表现积极活跃，与许多老师有着很好的师生关系。有的老师在家炒菜做饭时会特意叫他来吃。刘经纶深知要感恩，总会在农忙时去这些照顾过自己生活的老师家里帮助干农活。班主任温华芳老师对他关照尤多，他在稻田里捉到泥鳅、小鱼时，就想着送给温老师。刘经纶与人为善、善于交际的能力连食堂的师傅也会被打动，他们在给刘经纶打饭时，会特意给这个乖巧伶俐的学生多一些。"食堂是用木桶盛饭，打饭的师傅见到我来打饭，有时候会把木桶使劲向下压，桶里的饭能多一二两，还不易被人看出来。"学生时代许多有趣的细节，刘经纶如今想起来依然觉得温情扑面。他还记得食堂的师傅们吃饭都比学生晚，有时候自己会特意晚些去打饭，因为师傅们普遍喜欢自己，往往会叫自己和他们一起吃。学生时代这些既有生趣又有时代特征的旧事，一直沉淀于刘经纶的心底，成为他温暖的回忆。

中学期间，刘经纶学习成绩优异，始终位居年级前几名。除了天赋，他认为最重要的是自己足够刻苦。"我要想改变命运，离开农村，只有考出去这一条路，生活对我而言只有背水一战。"学生时代的刘经纶已经把未来看得很透，知识改变命运，他在心中为自己默默规划前途，他要拼尽全力离开他生活的地方。与亲人之间的血肉亲情，并不能代替他年轻激越的心对外面世界的渴盼与热望。

　　每天早上比其他同学早起半小时去早读、自习，晚上也比同学们提早去教室做作业、晚自习，刘经纶把尽可能多的时间用在了学习上。除此之外，有心的他还时常去老师住处拜访。"一方面我和老师们感情很好，愿意多和老师聊天、谈心，他们是我敬佩的人，我和他们交流，感觉自己能收获很多。另一方面，我希望自己在学业上多得到他们课下的指点，多学一些。"可以看出，那时的刘经纶在学校深得老师们的厚爱与器重，有师长们公认的好品德，同时对于学业也格外用心。

　　1975年，刘经纶读初二，母亲的离世是那年他所经历的大事件之一。对于他而言，那是无比晦暗的一天：母亲突发胃出血，三舅谢正山和大哥刘经纬、二哥刘经绪用大货车把母亲送往桥头公社医院治疗，正在校农场劳动的刘经纶得知后，慌乱急迫地赶往公社医院。由于公社医院医疗条件有限，母亲又被转送到泰和县人民医院，当天就病情恶化去世了。没能见上母亲最后一面，是刘经纶毕生的遗憾。他常常为没有在母亲生命最后关头陪伴她而懊悔。母亲的遗体被卡车拉回家，择了个日子便匆匆下葬。直到今天，刘经纶依旧觉得母亲的离世相当突然。"如果放在现在，母亲不会这么早离开我们，当时医疗技术水平有限，人们对身体疾患意识不强。母亲的病没有被及时发现救治。"刘经纶至今一直内疚，因未能回报母亲的养育之恩。

　　如果单以成绩论，刘经纶升入高中是名正言顺，众望所归。他是班长，与同学关系融洽，成绩也好，没有不能升学的道理。但是，由于当时升学是差额推荐，他竟然落榜了。落榜的原因还是出身成分问题。在那个唯成分论的年代，成分是一道令人无法逾越的坎儿。尽管刘经纶年少老成、心智成熟，但无论如何他都无法接受这个残酷的现实，因为这个结局仿佛是天注定，他无力反抗，生命的无助感和绝望感过早地缠绕在他的心头。

　　按当时的情况，刘经纶想继续升学需要得到三方同意：一是完全支持他的学校，二是生产大队，三是公社。大队支书在工作中曾经与时任治保主任的刘经纶的养父有矛盾，便在升学推荐表上签下了这样的意见：该生出身不好，不同意推荐读高中。而公社有签字权的是当年在村蹲点的武装部部长和公社书记，他们签的是"同意大队意见"。一堵无法穿越的墙横挡在刘经纶的面前。他悲愤、沮丧而无力。

　　竭力声援刘经纶的首先是他就读学校的任课老师和校长，他们极力为一个学业优异的学生争取升学的机会，校长甚至亲自出面代表学校去向大队支书求情。刘经纶满怀无辜、委屈和不解，跟着校长一起去找大队支书。支书的态度很坚决——不同意！理由是要让贫下中农的孩子有书读，哪怕成绩再差也必须保证他们上学。大队支书向他们甩下一句："刘经纶不能推荐上高中。""凭什么不让我读书？我又没干什么坏事？"这样的质问一遍一遍地在刘经纶少小的心里翻腾，然而不会有人给他答案。多年以后谈起这件事，刘经纶说："对不公正做事的人我总是从心里很痛恨，'病根'就是从那时开始的。"

　　自此，刘经纶的求学路被时代的荒唐给硬生生地切断了，他的青春只能被摁在农田里蹉跎。然而，面对脚下的田地，刘经纶没有敷衍和怨恨，反而投入了更多生于斯长于斯的感情，在耕田中他勤于动脑，讲究方法，体力强，效率高，慢慢摸索出很专业的田间劳作技能，两年内工分达到了 10 分，成为所有田间靠工分生活劳动力中的得分最高者。

　　刘经纶将新的热忱挥洒于泥土与稻田间，这热忱里有年少的意气，也有对世事的不屈，尽管这样的不屈在他的意识里还很懵懂。"凭什么不让我读书？"这样的自我反复诘问，反而坚定了他绝不沉沦、善待梦想的勇气和决心。他努力做到以自己的努力使家庭生活靠近体面，为自己一大家子挣够面子，他希望以自己的优异表现证明阻拦者的昏聩，证明世事的荒谬。

　　刘经纶对自小看到的民兵、造反派和极少数不良村干部对百姓的胡作非为深有感触。"我当时插秧无意中有秧苗插坏了，由于刚学插得不端正，有点弯曲，大队书记就对我大骂，责骂我这么小心就这么坏，故意把社会主义的秧苗插坏。"刘经纶小时候所遭遇的这些不公对待并没有成为他心中仇恨的种子。"我现在已经完全宽容了当时责难我的人，那时这些当官的运用特权在特殊时代里做的事，已时过境迁，我对他们已经没有了恨意。"刘经纶铭记在心的仍然是乡亲们给予一个落难的幼小心灵的抚慰与温情。每当有督导组来检查农田耕种情况时，就会有乡亲主动和刘经纶临时调换位置，不让刘经纶因为插秧不够端正而被批评。"我刚学插秧，难免插得不够端正，只要一有督导组来检查，乡亲们就会和我换插秧的位置，我原先插得不好的秧苗会很快被插好，我也不会被外来检查的人指责。"

"派饭"是当时生产队一个很特别的工作，由生产队成员轮流担任，工作内容是将工作组成员安排到各家各户免费吃饭。自然，尽管刘经纶仅有十五六岁的年纪，但作为生产队一员也有轮到"派饭"的时候。"有一次轮到我'派饭'，那天我见到姓周的武装部部长因为一件小事无理地把我们一位乡亲打了一耳光。在派饭时我故意把时间搞得很晚，让他饿得够呛，我知道他不能吃辣，就特地叫做饭的人往菜里多放点辣椒。我就是想让他吃得痛苦不堪。"疾恶如仇的心性，生于乡间长于田间的刘经纶身上有着天然的因子。

少年出走

初中毕业后无法继续学业，在生产队劳动的两年时光里最考验刘经纶的不是疲惫和辛苦，而是希望的破灭对心灵一次次涌潮般的冲击。"我那时心理状态不是特别好，无法读书和对未来憧憬的失落常常令我的苦闷无法排解。看着那些背着书包去上学的同龄人，我极为羡慕，我觉得他们的命太好了。"就劳动强度而言，未成年的刘经纶已经足够艰苦，他不仅需要在春夏二季栽种水稻时参加播种、插秧，还要上山砍木头、砍毛竹、拾柴火。"每天我必须早起，夏天的酷暑令人备受折磨，即使中午最困的时候也很难睡上一觉。而冬天特别冷，结冰也要站在水里干活，腿脚被冻得通红麻木。"刘经纶说自己最大的动力就是发奋一定要把农活干好。"我想证明自己比他们强！""他们"显然是那些一起下地劳动的人。在刘经纶的潜意识里，他或许也想证明给那些令他羡慕的能够上学的同龄人看，但他如此不遗余力地干，最想证明给看的还是那些不让他上学的人。刘经纶坦言，在那个环境下其实自己相当迷茫，或许只有忘我地劳动才能使他获得内心的些许平静与安慰，使他暂时忘却命运的不公。

少年务农的两年是刘经纶第一次步入社会。作为一个心智远未成熟、看着理想与自己越来越远的孩子，刘经纶无法抑制内心的苦楚与不甘，"我当时的心情无法形容，甚至时常一个人在背地里哭"。被命运摁住不能前行的刘经纶在艰难的生活环境与劳动条件下，被迫过早承担起繁重的体力劳动，连他也忽略了自己还是个孩子。"那时候天一亮，我就要开始干活，从早到晚，起早摸黑的，不断做重复劳动，而且根本不管你多大年纪，对工作的考核基本不看效率和结果，主要就看时间。"喂牛、带耕牛犁田翻田、糊篱笆、插秧、施肥、锄草、播种、割禾等农活，刘经纶几乎全部上手，甚至还学会了做草纸，一天可以做一担草纸。有时候，好学的他会骑在牛背上看书，每当那时内心就会多一份难得的轻快。他也会在牛背上唱山歌来排解内心的苦楚。冬天，村里兴修水利，改河造田，扩大农田灌溉，刘经纶作为劳力也必须下水和乡亲们一起劳作，他的双腿被冻得通红。务农的日子里，未成年的刘经纶只被视为劳动力中一位普通的出工者，没有年龄，没有分工，所有成人独立完成的工作，他同样需要完成。

除去超负荷的劳动，生活之苦也是当今孩子难以想象的。刘经纶回忆在没有米吃的时候常常去借米。"我们借米有两种，一种是生产队统一组织去借。以丰补歉，保证在没有收成的时候也不至于没米吃。另一种是以个人名义去借。"不仅吃的粮食极度匮乏，穿的衣服也很破烂，刘经纶小时候经常穿打补丁的衣裤。他爱读书，但辛苦的劳作让他只能在晚上的灯下捧读，阅读环境非常差，只有煤油灯的微光照亮视线，暗弱的灯光显现出锥心的逼迫与低沉，犹如他向往高远的心被命运晦暗之影所遮拦。

刘经纶被动卷入时代的洪流，成为劳动大军的一员，可以想见他的年少时光充满艰涩和黯淡，但他依旧在内心铭记着感恩。"我遇到了很多好人，他们在我整个成长过程中都给予了我关键性的帮助，所以在我有能力之后我更希望可以帮助他人。""能帮人处且帮人，能饶人处且饶人"，是他多年以来一以贯之的生活信条。"我的人生处处都有好人！"

如今的刘经纶生命境界早已升华到更高的维度。"我感恩在自己的生命历程中遇到那么多关心帮助我的好人，我曾经遇到的那些令我不甘心、怨恨的事情我都已然放下。我不会记恨任何人，即使过去那些对我和我的家庭不好的人，我认为都是大环境迫使他们那样对待我和我的家庭。"时代烟尘像无法推开的巨幕一般阻拦了刘经纶的求学之路，曾经无以平复的心结如今已释然。在爷爷、父亲被批斗时，自己的一位堂兄也积极参与，刘经纶如今也心归淡然，决意宽恕。当求学受困、堂兄骨肉相残这样的事都云淡风轻之后，堂兄年高体弱多病之际，刘经纶还经常给予关照。刘经纶真切感受到了天地的辽远与胸中的清亮。

刘经纶至今珍存着两块手表，它们来自岁月的深处。第一块手表是三菱牌，是生父在他1979年考上大学时送的。第二块是他上班后赠送给自己的120元买的上海牌手表。他把这两块表看作青春岁月馈赠自己的礼物，是生命年华留有自己印痕的勋章。这两块表记录的不单单是刘经纶奋发与跋涉过的时间，更是他蓬勃的生命记忆和持久炽热的心灵历史。

舅舅谢昌文是改变刘经纶命运的亲人。谢昌文曾经在江西上饶一中做过教师，在上饶地区可谓桃李满天下，其中不乏社会各领域的优秀人才，人脉关系相当丰富。

1977年9月的一天，刘经纶挑着一担柴火从山上下来，在路上正好被舅舅碰见。看见未成年的外甥在干这样重的体力活儿，谢昌文心绪难平，直接对他说："你别在家里干了，跟我走吧！"

对于这次相遇，谢昌文至今还记得很清楚。"1977年9月下旬，我和爱人回到老家，我们专门去看望姐夫，走到乡间道路上，碰到刘经纶，他在那里砍柴。他对我说：'大队支书和公社书记说我家庭出身是工商业兼地主，不让我升高中，您能否带我出去上学读书？'我听到后很惊讶，竟然还有这样的事，有这样不懂政策的大队支书和公社书记。我答应了他，回到上饶后，立即想办法。我找桥头公社的领导说理，还和上饶一中、二中等学校的领导商量，想解决他的读书问题。但两个校领导都没有同意，因为学校只招本市户口的学生，而且是按考试分数线录取。即使符合条件，现已开学近一个月了，也不可能入学。无奈之下，我只好和上饶共产主义劳动大学的校长商量，校长和我私人关系很好，他答应帮我解决这件事，于是开了一张录取通知书。"

那时，谢昌文已经离开了学校，转任上饶市市委办公室主任兼市政府办公室主任。之前，刘经纶在劳动之余曾多次给舅舅去信，表达自己求学的愿望。他曾经在外婆家生活 5 年，舅舅最了解他，也是他最信任的亲人。舅舅被刘经纶的求学若渴所打动，趁出差的机会顺便来看他。见到外甥瘦弱的身躯扛着如此重的柴火，舅舅决心带刘经纶离开，给他创造求学的机会。此刻，舅舅的出现犹如在漆黑汪洋中闪耀着光亮的一座灯塔，照亮了刘经纶。"舅舅愿意带我走，其实是下了很大决心的，舅舅在政府工作，舅妈在学校教书，虽然收入有保障，但他们那时已经有三个孩子（大女儿谢海燕、二女儿谢志珺、小儿子谢饶峰），我去他们家一定会给他们带来额外的经济负担。"刘经纶始终认为舅舅和舅妈是自己生命中举足轻重的贵人。

征得养父养母同意，刘经纶决意投奔舅舅。这是他的人生中最有决定意义的一次告别。

本来，刘经纶去投奔舅舅可以有两种选择：一是去读书，二是直接让舅舅安排他到工厂工作。舅舅的一个学生当时是一家效益很好的工厂的厂长，可以安排刘经纶进厂做学徒，工资每月18元。在20世纪70年代，能成为一个工人也是不错的。但是，刘经纶只有一个心愿，就是读书。

要申请离开生产队去读书，并非一件容易的事，因为当时队里的劳动力有限，加上刘经纶家庭出身不好，队里不放人。刘经纶在养母的支持下向生产队提出离队申请，并参加了队里召开的讨论会。会上有两种意见：一种是坚决不同意；另一种是坚决支持，两种意见争执不下。刘经纶的养母乐春秀和不同意的人激烈争吵了起来。最后，生产队队长驳回了刘经纶的申请，拒绝给他开介绍信，理由还是刘经纶的家庭出身不好。

刘经纶回忆，自己在村里还是比较讨人喜欢、受长辈们疼爱的，因此会上参加讨论的人大多数还是同意让他离开。"尤其是一些老人、妇女都认为我去读书会更有出息，将来可以为社会、为家里多做事。他们都觉得我在村里务农是耽误前程。再说成分的事完全站不住脚，我的养父参加过抗美援朝，养母在村里任妇女主任，完全根正苗红。"其实，当时队里领导阻挠刘经纶离开更多是出于私心，因为在过去的两年里，他已成为队里的骨干，不仅出活儿，效果还很好，放他走就是放走了一个劳动力。当然，还有一个原因，就是"我的子女没机会出去，你也别想去成"。

刘经纶的内心再次被汹涌冲击，但热望再次受挫并没有让他心灰意冷，反而更加激发了他毅然决然出走的心思。既然无法正大光明地走，那就另辟蹊径，偷偷地走。

路过公社桥头最早的班车是凌晨5点，但那个时间走难免会被村里人发觉。刘经纶决定凌晨3点多动身，走十几里崎岖山路离开。他准备的随身行李很简单，只有一个木箱，里面装着一床被子、几件衣服、一些书本。"我们家乡有出远门要打炮竹的习俗。但我出门肯定是不可以打炮竹了，那会惊醒村子里的人。我走路必须要尽量轻，免得村民家的狗听到我的脚步后狂叫。总之，我怕稍有闪失就走不成。"

从家里徒步走到车站需要一个半小时，为了避开村里人家的狗，刘经纶和养父母绕道走小路，靠微弱的手电筒照亮前行。

虽然他身旁的稻田一片沉寂，但他能清晰地听到自己的心跳声。他没有觉得夜长天凉，只感到胸中有一股激情滚烫。乡间泥土路两旁是他熟悉的稻田，他爱它们，爱这片生他养他的土地。但他更知道自己不能久困于此，他听见了内心的召唤，那是另一个属于自己的地方，是他必须要奔赴的希望之城。

刘经纶离家出走的那一夜是他生命里记忆最深刻的一夜，每一个细节每一点感受，都像自己手心的掌纹一样毫不模糊地镂刻在他的心底。

养父母一直将刘经纶送到桥头。他先要乘坐公共汽车奔赴樟树市，再转火车去上饶。坐在车上，他心绪错杂，对亲人满怀着牵挂与不舍，但没有一丝后悔和犹豫，对前方的路途饱含着兴奋与向往。他感觉到自己离过去越来越远，离想象的那个世界越来越近，离真实的自己也越来越近。

当天晚上9点多钟，刘经纶抵达上饶火车站，不巧与来接站的舅舅和哥哥走岔。他一路打听，在好心人指点下好不容易才找到上饶二中舅舅家，到家时已是凌晨。

一心求学的刘经纶到上饶后再次站在了梦想的渡口，而他要去向哪个航程仍然需要思虑。那时，舅妈在上饶二中教书，按理说，他到二中读书是最直接的选择，当然也要做很多沟通工作。另一个选择是去在上饶办学的共产主义劳动大学（简称"共大"），"共大"是半工半读，也就是半天读书，半天劳动。刘经纶选择了去读"共大"。"舅舅家已经有三个孩子了，经济上并不宽裕。尽管舅舅、舅妈有工作，有稳定的收入，但我的到来还是会给他们增加负担。当时的'共大'，学生吃住都在学校，不用交学费。我选择去读'共大'，这样既可以学到知识，又可以减轻舅舅舅妈的压力。"刘经纶觉得舅舅一家为他已付出了很多，他要尽可能少给他们增加经济上的负担和生活中的麻烦，在上饶的种种选择都需要多替他们着想，有困难尽量自己去克服。

对于舅舅谢昌文而言，他把刘经纶带到上饶读书，其实就像对待自己的孩子一样，希望把刘经纶培养成才。他要求刘经纶在校要政治上上进，思想上进步，努力创造条件入团和入党，以便接受团组织和党组织的教育，要积极参加学校组织的各项活动，刻苦学习，取得好的成绩。

舅舅跟"共大"的相关老师都打了招呼，请他们在学习上关照刘经纶。"因为'共大'的老师一大部分是原上饶一中的，我曾经在一中教过书，和他们都很熟悉。我要求刘经纶上课的时候，要认真听讲，思想不能开小差，不懂的地方就去问老师。要集中精力学好各门功课，不断总结学习方法和经验，找到学习规律，发现自己在学习上存在的问题，认真总结，不断进步。"舅舅一直提醒刘经纶要科学安排学习、劳动和休息的时间。他知道对刘经纶来说，劳动没问题，因为之前他已经历了农村的各种劳作，样样会干。"要按学校安排，劳逸结合，不要把身体搞垮了，身体健康是劳动和学习的本钱，只有身体健康，才能劳动好和学习好。在生活上，我关心他，要他保持艰苦朴素的作风，养成良好的生活习惯，按时起居，穿着要整洁，不去和别人攀比，养成勤俭节约的思想。要学会怎样为人处世，搞好各种人际关系。我告诉他，搞好人际关系是一个人成功的重要条件，要谦虚谨慎，尊重学校领导和老师，遵守学校的各项规章制度，团结同学，对人要有礼貌，尊老爱幼，严于律己，宽以待人。忠言逆耳利于行，要经常自我反省。"舅舅对刘经纶的培养可谓用心良苦。

"共大"的学习生活是艰苦的。除了读书，还要参加学校安排的各种劳动。"每天基本上是半天读书，半天干农活。也有的时候是一天干活一天读书，主要根据季节，因为耕种需要根据季节安排时间。"除了劳动辛苦之外，住宿和饮食条件也不好。住宿是几十人的大通铺，没有什么个人空间。饮食方面，粮食是定量供应，每顿四两饭，过节加一两饭一个菜。早餐平常都是一碗稀饭，只有周六的早晨可以见到馒头。吃饭时8个人一桌，饭都装在一个盆子里，并不够吃，每天轮流由一个人负责分。刘经纶分饭时常常给自己少分一点，以体现做人的一种境界。他还会省下少有的粮票，用来买馒头。"我买馒头来当零食。我把馒头放到自己的箱子里，怕别人偷吃了。冬天的时候，馒头会变得硬邦邦的，咬到嘴里都是粉末。"

因为刘经纶嘴甜脑瓜灵光，和厨师们关系都熟络，学校拉煤时厨师会让刘经纶做个代班，刘经纶搭上拉煤的车帮助厨师去取煤。虽然是义务的，但是回来后还是会得到一斤饭票，机会多了，就会攒上不少，有了那时极为金贵的饭票，平时吃饭问题会从容很多。"这个机会可不容易，如果不是我和后厨的人比较熟悉，能得到他们的认可，很难有这样的机会。"

生活的艰苦不算什么，更大的压力来自刚入学时学习上的困难。刘经纶是作为插班生入学的，入学时已经开学快半个学期了。他没读过高中，没有高中知识体系的积累，在同学读高中的两年里，他正在务农。这样一来，在学业上他自然大大落后于同学们。然而，考试时他要面对的是和同学们一样的试卷。

尽管差距是天然存在的，但他心里始终有一盏灯亮着，照见他对读书机会的珍惜、对命运的不屈和对未来的热望。"我作为中途辍学两年的插班生，学习基础与同学相比肯定是落后的。但我足够勤奋，同时学习方法比较好，周末舅妈还会请来老师给我补习，从舅妈那里我也拿到了很多学习的参考资料，满足了我强烈的学习欲望。"天道酬勤，加上舅妈提供的良好的学习资源，刘经纶很快找回了遗落在艰苦岁月里的自尊与信心，学习成绩很快便迎头赶上，各方面的表现赢得了老师和同学们的信任。一学期之后，他当上了团支部书记兼班长。在劳动上，他不仅肯于人先，更因为有着熟稔的劳动经验，感觉比在家劳作还轻松自如。《农作物种植》《兽医》等科目都被他学得异常熟练，甚至由于过于自信，他在学农机时，开着农机车居然把猪舍撞倒了。由于刘经纶平时学习刻苦努力，在全年级的130多名同学中，每次重要考试他的成绩都名列前茅。

在"共大"学习的这段时间，刘经纶每个周末都会回舅舅家。

在舅舅的眼里，外甥是个聪明、诚实、谨慎、谦虚、好学、勤快的好孩子。"刘经纶星期六回来，就在房间看书做作业。有时帮我从井里打水，给我们洗衣服。有时帮我们用平车到山上拉黄土，回来掺在煤里打煤球。他在'共大'时入了团，还当了班长，学习成绩挺好。"舅舅很重视家庭伙食，尤其在刘经纶回来时，都会用心做些好吃的"犒劳"他。在住宿上，舅舅家当时所住的上饶二中的平房只有30多平方米，又有三个小孩，刘经纶星期天回来，没有学习和休息的地方。舅舅找二中校长商量，借间房子给刘经纶住，校长答应把一间堆东西的小房间腾出来。尽管这间小房子光线不好，白天都要开灯，但对于刘经纶来说，已经是很不错的栖身之所了。

"我做人做事很像舅舅，他正直、重亲情、勤奋、友善的品性对我有深刻影响。他是个老党员，处处以党员标准要求自己，经常教育我们要听党的话。他在价值观与处世方式上直接影响了我。"多年以后，刘经纶这样说。

临毕业了，刘经纶需要再次做出选择：一种选择是直接分配到乡镇农机站、兽医站上班；另一种选择是参加高考。刘经纶没有犹豫就选择了第二条路。"我放弃了直接就业这条捷径，决心走千军万马过独木桥的高考之路。"对于一个执着追求梦想的人，没有什么比内心坚定的信念更能令他感到自我真实的存在。

一个人的成功除了个人的主观努力，往往还离不开好的际遇以及生命里的贵人帮扶。在刘经纶看来，他在"共大"读书时的班主任汪林生老师就是他的一位重要恩人。"当时，汪林生老师分到了一套新房，两室一厅，100多平方米。他还有个儿子，一家人能有机会住进新房真是太不容易。可是汪老师居然让我去他的新家复习，自己和家人继续住在平房的宿舍里。这令我太感动了，我有幸遇见这样好的老师，现在想起来都会掉眼泪。"汪老师的无私帮助其实来自刘经纶给予他的感动。刘经纶年纪比同班同学大，中途辍学两年，基础比同学差，求知欲却很强，积极上进，劳动用心，这样昂扬奋发的精神，强烈感染了汪老师和接触他的每一位老师。"不用扬鞭自奋蹄"，可以说是对刘经纶在"共大"时学习状态最恰如其分的表述。

蔡振萍2015年从上饶市交通局退休，她是1977年进入"共大"和刘经纶成为同班同学的。蔡振萍回忆："我当时到校时班上已有一个班长，刘经纶是副班长，后来他当了团支部书记兼班长，我担任团支部组织委员。我们三个人学习比较积极，成绩也是名列前茅，前三名基本上是我们三个人包揽。刘经纶比我大一岁，我感觉他比较成熟一点。大家的目标就是想考学校，我们三个除了劳动，晚自习几乎都是点着煤油灯，在微弱的灯光下苦读，我们三个也是暗暗较劲，争先恐后。"

学校里白天要劳动，有 600 亩田地，有不多的水田，十来亩旱地种蔬菜。"夏天没有暑假，我们是半天读书，半天劳动，要么一天读书，一天劳动。由老师来进行调剂，我们时常举行种菜、淘粪、养牛、养鱼等劳动比赛。我们的伙食不需要交钱，是靠自己的劳动创收。我们学校的办公楼建设，也是靠学生们挑沙搬砖，一砖一瓦盖起来的。"

蔡振萍记得，有一次因为一个同学入团的问题，她和刘经纶发生了摩擦。"我们班的一个同学入团，通过了团支部的审查，上报到学校团委，学校搞外调，在调查中发现该同学的外公成分不好，申请材料被退回了。刘经纶问我：'你这个组织委员怎么做的？怎么这些信息也没有掌握？不是说不能入团，而是要把情况弄清楚，这是做事的责任心问题。'我立即反驳他：'审查是我们一起通过的，不是我一个人的原因。'我知道刘经纶心中对家庭成分不好不能入团也是有看法的，他本人就因为家庭成分问题而受到过牵连。我用言语顶撞了他，他不说话了。很多天，我们彼此不说话。后来有一天，他主动找我说：'这次是我的工作失误，我是书记，我做自我批评，不应该把责任推给你。'从那以后，我们和好如初。"

　　从"共大"毕业，临别时蔡振萍和刘经纶相互赠送过纪念品。蔡振萍清楚记得，她送刘经纶的礼物是一对泥人。据蔡振萍说，刘经纶曾告诉她，他给她写过很多封信，但她从未收到过。多年之后，她才意识到原因。"因为那时候我母亲在学校是总务主任，信件都要经过她的手，可能她为了女儿的幸福，不希望女儿过早地恋爱，抑或她要把把关，我才未能收到刘经纶的信。"现在回想起与刘经纶同窗时的纯真情谊，蔡振萍依旧有些感动。

　　朱继英，曾是上饶职业技术学院教师，2008年退休。她是刘经纶在"共大"的物理老师，主讲物理和农机课程。

　　"在我的印象中，刘经纶是农民的儿子，上学时不善于言辞。他是学校的团委副书记、他们班的团支部书记兼班长。当时我担任的是校团委书记，因而经常和刘经纶在一起协调工作。"

　　尽管年事已高，但她对刘经纶的记忆丝毫没有褪色。"上学的时候，刘经纶总是笔不离手，他各方面表现都很好，学习很有方法，方方面面都可以拿起来，人正直、勤学习、肯帮人，是我们学校一个出众的学生，受到老师和学生的一致好评。"

　　朱老师觉得刘经纶昂扬奋发、百折不挠的品性是他自己树立的，他今天的成就是努力奋斗而来的，他的成长历程可以给更多青年以人生的激励。

2019 年 7 月 27 日，刘经纶在上饶三清山参加江西上饶"共大" 1979 届毕业生 40 周年聚会并合影留念，同学们感慨时光荏苒，回忆在"共大"清苦但充实的奋斗岁月。

缘定初心

刘经纶深知参加高考才是自己真正能赢得人生转机的正途，这或许是一穷二白的他能够把握自己命运的唯一机会了。高考之前，他把一切可以利用的时间都投入在复习之中，他比同学们起得早，晚自习回宿舍最晚，有时在汪老师的新居里独自复习到凌晨。

提及那段人生的关键时期，刘经纶说得很坦率："我当时考上大学的欲望特别强烈，不管什么学校，考上一个就行，我告诉自己必须要考上，而且也坚信自己有把握考上。但是，又有很重的心理包袱，时不时在心里打鼓，担心万一考不上，白白耽误了两年不说，也对不起为自己付出那么多的舅舅一家和老师们。所以，我更多时候的强烈意念是：一定要考上！"至于为什么偏向选择读金融、保险专业，刘经纶直言："那时候觉得学金融可以使自己变得富有，用现在的话说就是觉得'高大上'，而且又是新专业，感觉挺新鲜。"刘经纶的想法得到了舅舅和舅妈的支持。报考什么专业，他早早就有了清晰的方向。

1979年7月7日至9日，刘经纶参加了全国高考。每科考试前，因为怕迟到，他都提前至少半小时到考场。在整个高考过程中，他自我感觉发挥正常，但过后又有些忐忑不安。

高考结束的当天晚上，或许是因为身心彻底放松了下来，又或许是因为长期劳累与心理紧张所致，刘经纶肾结石急性发作。他起先还想独自强忍疼痛扛过去，但钻心裂肺的痛让他无法用精神抑制，不得不向班主任汪林生老师求助。汪老师急忙找来一辆当时常用的交通工具——手扶拖拉机，将刘经纶送到上饶市人民医院。这次，刘经纶在医院输液治疗，一住就是一周。后来，他常常想这从某种角度上讲也许又是老天保佑，要是肾结石早一天发作，人生又将是另一个结局。

在等待考试分数公布的日子里，刘经纶内心承受着一个少年最澎湃、最饱满的迷茫与惶惑。对自己的明天，他有挥之不去的忧心，也有海阔天空的憧憬。七八月份正是抢收早稻、抢种晚稻的农忙时节，他惦记着家里的农活，很想回家帮忙。但是，他最终还是没有回去，因为高考的结果还没有出来，他心里放不下。"在农忙时候，我当时很想回去为家里分担一些，但又担心高考这边会有什么着急的事需要我去做，想来想去还是决定先等上学的事落实再说。现在回想，当时的心里是很矛盾的。"刘经纶回忆道。

在收到录取通知书之前的几天，刘经纶通过舅舅的关系得知自己已经被江西银行学校保险专业录取。但毕竟录取通知书没有到手，他心里还是不能完全踏实。像其他学生一样，他每天上下午都会跑几趟学校传达室去看通知书来了没有。拿到录取通知书的情景，他至今记忆犹新。"那天是 8 月 18 日，我上午刚刚去传达室问过，录取通知书还没有送来。因为经常去传达室取信和打电话，传达室的老大爷对我们都非常熟悉。那天下午，老大爷刚收到我的录取通知书就直接给送来了。"可想而知，当时情境下刘经纶有多激动。"我当时太激动了，通知书握在手里，想打开又不敢打开，眼泪情不自禁地流下来。那天还是我的生日，或许这种时间上的巧合也是一种天意。"那一刻，刘经纶的内心可以说是悲喜交集，既充盈着得偿所愿的慰藉，也释放了多年来内心积郁的委屈、悲楚、不甘和愤懑。

对于刘经纶被录取到江西银行学校这件事，舅舅谢昌文说："考试之前，我心想他考本科有一定难度，重点应放在专科或者中专上。考试成绩出来后，我认真查看上饶市报考银行学校的学生成绩，他排在第 26 名，银行学校在上饶共招生 40 名。他还是挺幸运的。"

那年，刘经纶所在年级 150 名考生中仅有 8 人中榜，而刘经纶是 8 人中的第二名。"我分析自己的成功是自学能力强，用在学习上的时间长，高考决心和个人意志都很坚定。最关键的是认为高考是我改变命运的背水一战，我没有任何退路，只

　　2012 年 9 月 23 日，刘经纶的女儿刘珈吟与女婿竺玮在北京举行婚礼。舅舅谢昌文、舅母肖清贞与刘经纶的大姐刘珍英、大姐夫周璜瑞、大哥刘经纬、大嫂张春秀、二姐刘瑷英、二姐夫高群、二哥刘经绪、二嫂钟炎妹、弟弟刘经绍、弟媳兰晓琴以及爱人魏虹在北京碧水庄园家门口合影留念。

有奋力拼搏。"刘经纶没齿不忘的是汪林生老师。"他给了我一个好的学习环境，还用自己休息的时间给我辅导了很多数学模拟试题，给了我太多学业上的鼓励与帮助！还有'共大'朱继英等老师，也给了我很多帮助。"刘经纶如愿以偿考上了学校，但他的自我分析表明这一切都不只是"幸运"那么简单，而是他持之以恒辛勤耕耘的结果。

达到银行学校的录取分数线后，在填报专业志愿时，刘经纶选择了新兴的保险专业。1979年是党的十一届三中全会确定实行改革开放政策后的第二年，国家和社会可谓万象更新。江西银行学校（现江西师范大学金融管理学院前身）在这一年开设了全国第一个保险专业，而负责保险专业招生的正好是刘经纶后来的班主任余平忠。江西银行学校开设的金融类专业有5个，除了最吃香的信贷专业和显得有些落寞的农业金融专业之外，还有会计、保险和外汇专业。

对于专业的选择，舅舅舅妈完全尊重刘经纶的意愿，给予他自主选择权。"最开始我以为保险就是在银行管金库、管保险柜，经过班主任老师的详细介绍，我才知道这是金融的一个新专业，而且江西银行学校的保险专业是全国最早开设的。"其实，从就业的角度而言，刘经纶有更顺理成章的选择，他有长期的乡村生活及工作经验，也有较丰富的农牧理论知识，完全可以选择农业金融专业。但年轻的刘经纶不甘心走寻常路，他看中了保险这个更富挑战性的新专业。

江西银行学校之所以能在全国率先开设保险专业，也是因缘际会和一些得天独厚的条件使然。就全国范围而言，江西保险业的基础好，留存的老保险人非常多，人才储备充足。当时全国唯一的保险公司——中国人民保险公司的高层人物中江西人居多，有"话语权"，而江西银行学校在中国人民银行系统内的学校中又是办得较好的。这些因素决定了江西银行学校成为新保险人才培养的摇篮。

在当时的大环境下，保险专业实际上是为以银行为背景的金融业务的延展而生的。江西是全国恢复保险业务最早的省份，国内恢复保险业务后的第一份财产保险保单就来自江西景德镇陶瓷厂。这份保单现已被国家博物馆收藏。

收到江西银行学校的录取通知书后，刘经纶回到已离别两年的家，向家人和乡亲们报喜。家人的欢喜自不待言，为祝贺刘经纶"中榜"，专门杀了猪，摆了酒席。在这次庆贺酒席上，19岁的刘经纶做了平生第一次演讲，尽管当时他觉得只不过是向乡亲们做了一个真情的告白。往后，刘经纶在生活与工作中演讲无数，但那番面向乡亲们发自内心的感言始终留在记忆里。"我当时激动大于紧张。主要谈了几点：我深夜离家出走到上饶读书不对，希望得到大家谅解；感谢乡亲们对我在家时的帮助和关心；拜托大家在我离家去上学以后关照我的家人；将来我学有所成，一定会报效家乡、回报乡亲。"刘经纶记得他讲话时，底下鸦雀无声，大家都屏息凝神地听。善良可亲的乡亲们对他这位即将远行的后生也报以真诚的祝愿和期待。"报效家乡、回报乡亲",刘经纶说到做到。参加工作以后,尤其是事业成功之后,他对家乡的基础设施建设、教育和医疗卫生事业都给予了力所能及的关心和赞助。

刘经纶对舅舅一家常怀感恩之心,他始终铭记舅舅舅妈对自己恩重如山。多年以来,刘经纶邀请舅舅一家四次到北京旅行与生活:1995年10月,舅舅舅妈和表弟到北京,住了十余天,刘经纶陪他们到北京的一些景点参观游览;2006年10月,舅舅一家再次来北京旅行,刘经纶安排舅舅舅妈到北京协和医院做了体检;2012年8月,刘经纶邀请舅舅舅妈到北京参加女儿的婚礼;2018年8月,刘经纶邀请舅舅一家和几十个亲友来北京参加他60岁的寿宴。此外,刘经纶和舅舅一家平时也保持着亲密的来往和互动:1998年6月,舅舅帮助上饶职业学校送学生到深圳龙岗就业,刘经纶自己开车带舅舅游玩,参观锦绣中华等景点;2006年10月6日,中秋节,正好是舅舅70岁生日,刘经纶专程从北京赶去为舅舅祝寿,还送了一份大礼包;2010年3月,舅舅舅妈在广东中山陪孙子读高中,刘经纶到深圳过年,专门去中山看望他们;2016年中秋节,舅舅80岁生日,刘经纶送去10万元祝寿;2021年当得知舅舅舅妈有叶落归根的想法并且考虑回泰和县谢家村老家与亲友合建一栋新房后,刘经纶主动资助几十万元,让舅舅舅妈实现回老家有新房住的愿望……点点滴滴,舅舅舅妈至今说起来仍很是感动。

对于视若己出的刘经纶,舅舅认为他是一个忠于党、忠于祖国、忠于人民保险事业的成功人士,从内心为他感到骄傲!

舅舅专门为刘经纶写了几句话："对党忠诚，艰苦奋斗；事业有成，奉献祖国；感恩人民，心系家乡；功业辉煌，令人高兴；著书回忆，后人受益！"

对于给予刘经纶成长过程中父子之情般的关怀，以及刘经纶对自己一家没齿不忘的感激，舅舅这样理解："我对刘经纶的关心、帮助、指教，只是为他在艰难困苦的环境下搭了一座桥，让他过了河到达彼岸，找到了开辟人生的新天地。他通过自己的努力获得了事业的成功。他来上饶读书是他人生道路上的一个转折点，是这个转折点给他打下了很好的人生基础。没有这个基础，他的事业大厦很难建成。"刘经纶在很多地方也常说："没有我舅舅舅妈，就没有我的今天！"而舅舅始终认为刘经纶的成功关键在于他自己的努力。

1979年9月24日，是刘经纶到江西银行学校报到的日子。这一天，刘经纶真正意义上踏上了人生的新旅程，所以，他至今对自己奔赴省城南昌的很多细节记忆犹新。"我母亲送我到车站，装行李的是一个樟木箱。"樟木箱在当时的农村算稀罕物件儿，家人对刘经纶上学这件事极其重视，特地给他准备了樟木箱装行李。"在车站上车时，因为人很多，我母亲大声喊'别把我们的箱子踩坏了，别把被子弄脏了'。"

那时泰和通往南昌的公路还是泥土路，时常有坑坑洼洼的地方，车辆颠簸不止，速度缓慢。而车况又不好，甚至窗玻璃都不完整，一路开着，尘土飞扬。虽然已是初秋，但因车内乘客众多、挤挤挨挨，大家仍感燥热难耐。好不容易挨到中午，汽车行驶到新干县城停靠吃饭，刘经纶才和乘客们一同下车休息片刻。"那天，我在饭店里点了冬瓜炒肉和米饭。"因为饥饿难当，他对路途中的那顿中午饭记忆颇深。汽车一路开了10个小时，下午5点多才终于抵达南昌，好在学校学生科的老师已在车站接新。

在江西银行学校学习的两年，刘经纶都是在南昌石岗镇度过的。据刘经纶介绍，当时有8所学校集中在石岗镇，小小的镇子俨然成了一个"大学城"。"由于江西银行学校开设了全国第一个保险专业，我们学校的保险学科集中了来自全国的10多位有保险知识和实践经验的老师，他们可以说是中国改革开放时期保险业的启蒙者。由于国内保险业务停办了多年，对于老师而言，学科是新兴的，没有现成的教材，只能凭借过去的经验和记忆教学。对于学生而言，由于学习资料是用油印机油印的，字体不规范，笔迹不清楚，看起来很费劲。加之那时普通话不普及，不少老师讲课有明显的方言口音，学生听课显得格外辛苦。""既新鲜，又枯燥"，这是刘经纶对保险专业学习的整体感受。然而，他却表现出突出的刻苦精神和求知欲。他甚至将中午休息的时间也用来学习，并在课堂上下都与老师积极交流。他担任着班长，学习成绩也一直位居上游。

品学兼优的刘经纶也偶尔会有陷于窘境的时候。有一次上体育课，因为迟到了一分钟，他被体育老师罚站。"那次真是很难过，但我对体育老师敢怒不敢言，只能把'意见'咽进肚子里。"刘经纶最忌讳当众"出丑",毕竟当时自己是一班之长,无论出于什么原因,他对这事都难以释然。现在想来,这样的"难以释然"再正常不过了。

那时,业余生活贫乏,学生们除了"学习"这个共同的主题之外,并无什么别的兴趣点。刘经纶记得,班上的 7 个班委因为都以学业为重,反而有了更多更深的交流。这样"交流"下来,其中 3 对男女同学竟成了恋人,有两对还顺利组建了家庭。后来,有人问刘经纶,他这个班长为什么"置身事外"而挂了单,在学校期间始终没有恋爱。刘经纶回答:"那时我还不太懂事,感情上没有开窍,只知道傻傻地学习。"

在物资匮乏的年代,学生的校园生活自然是清苦的。"我们当时住的宿舍是由厂房改建的,条件很差,一间房子里少则住十几个学生,多的要住二十多个。食堂的伙食,蔬菜五分钱,有肉的菜是一角五分或两角钱。"

刘经纶最值钱的两件"家当"都是与学习有关的:一件是时刻提醒自己学习的手表,那是他的第一块手表,三菱牌,价值 50 多元;还有一件是他很少离身的钢笔,价值近 20 元。除了这两样宝贝,在银行学校读书时的刘经纶可以说是身无长物。

同学之间家庭生活水平的差异一眼就可以看出来。刘经纶说差异除了表现在吃、穿、用方面之外,更多是表现在个人精神面貌上:"家境好些的同学似乎更有自信心,而我的自信心来自我的学习。"刘经纶在同学中很有威信,他的威信首先来自学业一直出色,然后就是和同学们有良好的关系。作为班长,刘经纶在为人处世上赢得了同学们的信任：尽管他的家庭经济条件一般，但他总是把自己每学期的奖学金定在最低一档；每天早晨打水时总是主动带上别的同学的铁水桶。乐于与同学分享，对他人怀着一腔友爱之情，使得刘经纶成为大家心目中值得信赖的班干部。

李任江现任恒邦财产保险股份有限公司副总裁，是刘经纶在江西银行学校的同班同学。刘经纶是班长，李任江是组长。"刘经纶是个热心肠，竭尽全力为我们班上家庭困难的同学争取助学金。当时我的家庭条件差，兄弟都在农村。刘经纶帮助我成功申请了一等助学金，在我最困难的时候帮助了我。"李任江心里的刘经纶不仅仅是一个同学，更像是一位兄长，"刘经纶是我们同学的主心骨，他出面办事大家心里都会踏实许多。"

生活艰苦，学习紧张，内心愉快，这是刘经纶在银行学校读书时的关键词。因为学习成绩拔尖，他常常得到老师的表扬及肯定，这使他从中得到了一条切身的人生经验，那就是依靠自己的努力获得尊重，进而改变命运。"在学校读书期间，我的目标非常明确，就是努力学习，争取最好的成绩，毕业后找到好工作，成为一个在社会上有价值、有贡献的人，成为生活有底气的人。"他的人生小目标就是这样朴素而简单。

吕新生，1975 年进入江西银行学校任教，2015 年退休。那时的刘经纶留给他的印象是："脑瓜子好用，肯学习，会做人，与同学、老师、领导、同事的关系处理得非常好，在办公室经常主动拖地、擦桌子，院子里的卫生也会去搞。"

吕新生和刘经纶更进一步的交往是在 1983 年以后，当时江西银行学校因为缺少保险专业的师资，就邀请刘经纶来兼课，讲授人身保险课程。吕新生说："他本身的业务很专业，教学效果很好，同学们的反应特别好。他是骑着自行车来，风雨无阻。我因为在教学科工作，和他接触的机会比较多，他下课后我们经常在一起聊天，谈得非常投机。"

作为刘经纶曾经的老师，吕新生深切感受到刘经纶对他的敬重。"刘经纶的尊师是一贯的，只要是教过他的老师，他都是尊重有加，格外敬重。"吕新生为刘经纶今天的事业成功而高兴，更为他始终不忘本、尊重老师而欣慰。

两年的生产队务农，两年"共大"的半劳半学，两年银行学校的专业学习，这是 3 个不同的"两年"。3 种不同的心境、3 次生命的流转连接而成的 6 年人生时光，对刘经纶而言如蚌含珠，有痛苦，更有痛苦凝结而成的珍藏。委屈、不甘、苦涩、痛楚、泪水、坚韧、奋发、昂扬、欣慰，汇聚成一条溪流，蜿蜒曲折，却有着自己的方向。这 3 个"两年"是刘经纶的生命乐章通向未来 40 年的前奏。

到了实习分配的时候，刘经纶的人生突然出现了一段小插曲。他的一位任课老师是兼职老师，本来就职于省保险公司。这位老师对毕业生的工作分配有着很重的话语权，他强烈建议刘经纶留在南昌的省保险公司。本来分配方案早已确定，但公布时刘经纶却被分到吉安地区（现吉安市）人民银行保险科实习。之所以出现这种意外的结果，有位老师说是校领导决定的，这位校领导在上饶与刘经纶的舅舅共事过，也许在工作上有过不愉快的过节。

1981 年 3 月，刘经纶进入人民银行吉安中心支行保险科，在这里开始了他为期 4 个月的实习生涯。"我们那时的实习属于定向实习，实习是与工作分配联系在一起的。也就是说，实习期表现合格者就将在原地转正。那是我将要步入社会、正式工作之前最初的职业体验。"这 4 个月的实习算是刘经纶今后漫长保险生涯开篇前的"序言"，此后他将开始进入事业和人生的"正文"。

"实习期里我有一个强烈感受：书本上学到的知识是一回事，实际运用又是另一回事。在实际工作中遇到的很多问题反映出我在书本上学得不够系统，理论联系实际是一道难题。"刘经纶的感受其实与当时保险业在社会上不被理解和认知的大环境分不开。那是保险业发展的初期，保险业务主要还局限于企业财产保险和汽车保险。保险科是人民银行内部的一个机构，归属人民银行管理，但业务上隶属于江西省保险公司。

至今，刘经纶对当时人民银行吉安中心支行的女行长郑立新记忆极为深刻。初入职场，年轻人的率性而为不经意间会有所显露。"有一次早餐时间，我从五楼住处下来，边走边敲碗，还哼着歌，恰巧被郑行长迎头碰见，她问我叫什么名字，狠狠批评了我一顿，说这里是银行不是学校，让我要懂规矩。"郑行长在行里不怒自威的家长范儿，让所有员工都很畏惧她。"那是我第一次强烈感受到学习与工作真不是一回事儿。"

"那段时间我还清楚感受到基层做业务的艰难和保险业创业的艰辛。多年以后，当我身居领导职位时，我仍然常常对保险业基层员工的不容易有共情，这都源于我早年的亲身经历。"实习期间，刘经纶亲历过很多尴尬的拜访，让他对保险经理人这一社会角色在当时的酸甜苦辣体味良多。起初，刘经纶常由年龄大点儿的老员工带着去企业开拓业务。"记得有一次是去吉安造船厂，对方很抵触，业务商谈很不顺利。我的一位也是实习的同学在交流中说了一句'如果你们厂里的船翻了……'对方就生气了，差点把我们赶出来。"在那时，银行是被别人热捧高看的行业，但社会对保险的认知度很低，保险不被重视，保险部门的人在银行系统里是地位最低的。银行的人大多是被"求"，而做保险是"求"别人。"求"与"被求"，人们对待的态度可以说有天壤之别。刘经纶外出开展保险业务，多数情况下都需要银行的信贷员先打招呼，对方才接待。"保险是遭冷遇的，我们去拜访，人家往往都不给一杯水喝。"在开展保险业务时感受到的与银行业务的巨大落差，使刘经纶对保险业的信心大受打击，他对保险的未来产生过怀疑。然而，也正是在实习中深入接触市场的这一段时间，使他对社会现实有了直接的了解，对人性有了刻骨的洞悉。这种了解和洞悉反而激发了他的好胜心和自强心："也是在实习期间，我暗暗立下志愿，将来要在保险事业上做一个有成果并赢得社会尊重的人。"

或许是因为对未来有了清晰的期许，刘经纶对工作始终充满热情，虽然常会遇到挫折和不顺，但他总体上心情愉悦。"那段时间是我工作的起点，尽管环境并不乐观，但我个人是乐观的，因为我已经迈出了超越自己过去的步伐，诸多不如意实际上是锻炼了我的承受能力，或者说磨炼了我的韧性。"

整个实习期，刘经纶的表现总的来说得到了领导和同事们的充分认可。在实习鉴定上，两位带他的经理给了他很好的评价。

4个月实习期满，刘经纶正好赶上中国人民保险公司江西省分公司的业务扩充期，他如愿分配回了南昌。按原来定向实习的规定，他本来是要在吉安转正工作的。给他写鉴定的一位经理惋惜地表示，原以为刘经纶可以留下来，所以对他的鉴定格外用心，没想到这么好的苗子从自己手里滑走了。威严有加的郑行长也非常看重刘经纶，专门约他谈话，让他考虑留下来，甚至许诺将他调到银行业务岗。"我还是极力想分配到南昌，我觉得在省城自己的事业会更有前途。"多年以后，他这样说起当时的选择，同时也充分证明了刘经纶自己常说的一句话：选择决定成败。

对话：痛楚往事成就持久激励

问：幼年离开亲生父母，过继到养父母家成为养子，这对你的人生有怎样的影响？

答：从辩证法的角度看，事情都有两面性。过继的身份对我一生的影响是巨大的，很复杂也很深远，但总的来说是积极的。对于这个身份选择我是被动的，是当时的社会背景下无奈的选择。但幸运的是，我从不缺少爱，家人与亲人的爱始终不曾离开过我。或许正是因为有这种经历，我才一直特别懂得珍惜，珍惜恩情、友情和人们给予我的爱，珍惜生活恩赐我的一切，由此我更懂得感恩。

同时，也正是这一与众不同的身份令我在事业上总是奋发图强，昂扬向前。

问：你如何看待你的生父母与养父母？

答：他们在我心里都是同等重要的父母。特别是我的亲生母亲，一辈子勤劳善良，对她我心里充满遗憾。她因病去世的时候年仅 46 岁，我还不在身边。她为了我们六个兄妹的成长吃尽了苦、受尽了累，没有享到我们子女的福，这一点特别使我感到内疚。养母对我视如己出。令我稍感欣慰的是，她晚年时我能够有机会多孝敬她。在我心里，生父母和养父母都是一样，都是值得我尊敬和孝敬的人。没有生养之分，都是我血浓于水的亲人。

问：少年就离家在外求学，这样的经历对你成年后有哪些影响？

答：最直接的影响体现在日常饮食上。我喜欢吃干的、腌的、辣的、咸的。因为在求学时我能吃到的东西太少，而饮食习惯的养成也是在那个时候。

我性格里坚韧的一面也是在求学时期形成的。记得我上学时只有煤油灯，夏天没有电风扇，被成群的蚊子叮咬。但我就是坐得住，能静下心学习，不被外部环境影响。在人生中，我的价值观也是先苦后甜，相信凡事都要先有付出然后才能有收获。

在初中阶段，生活上我变得更加独立，学习上我变得更有主动性。我们那个时候，受限于客观条件，老师能管能教的比较有限，学习关键还是要靠自己。我的责任感和管理意识、管理能力也是在那时候逐渐被激发出来的。我从小学开始就是班长，学生时代一直都是班干部，组织与管理能力逐渐得到提高，在与人的交往中也锻炼了我的沟通能力。我乐于助人，与人为善，与老师和同学都建立了良好的关系。参加工作后，我在各个岗位上都是干部，直至管理一家全国性公司，可以说求学时作为班干部培养出来的组织管理能力为我打下了一个很好的基础。

我一直认为在与人交往中不能只有一种思维模式，要有自我定位，要有适应性，要善于与不同背景、不同职业的人做有效沟通，赢得他们对自己的好感与信任，这对我们的生活与事业都很重要。就像在工作中，我们有管理型人才，也有经营型人才，但这二者合一的经营管理复合型人才最难得也最可贵。我觉得自己还算得上是一个复合型经营管理者，我认为学生时代的不平凡经历和生活对自己后来事业的发展有着很大的影响。

问：悄悄地离开家乡外出求学这个决定对你而言有什么特别的意义？

答：少年时期，我决定离开家乡，对我的人生是至关重要的转折。那次离开也是我唯一的机会。不离开就不会有我的今天。不离开，我就无法读书，读不好书我就不能考学，就不能选专业，就不能选工作，就不能有更好的事业。可以说，那次摸黑偷偷离家是我人生后来一切的转折。

这次离家也让我明白了一个道理——一定要抓住关键机会。人的一生中可能会遇到许许多多的机会，能否有勇气迎向前去、抓住至关重要的机会，决定你未来的人生能够走多远、走多高。

问：家乡曾经困住过你迈向明天的步伐，但那儿是生你养你的地方，有你的家人和乡亲。你现在对家乡是一种什么样的感情？

答：的确，家乡对我的人生曾经有很大限制，但现在我对家乡更多的是眷念。曾经阻挠和限制我人生的并不是家乡，而是家乡的某些人而已。我觉得我的生命慢慢有了境界和高度，看问题已经更理性和客观。即使是那些对我有所伤害的人，也是时代的影响所致。我对家乡永远是热爱和想念的，我曾经受到的伤害与侮辱和家乡无关。

我在外漂泊的时间越长，就越眷念家乡。对家乡的一草一木，对那些旧友故人、乡亲族人，我都满心思念。家乡的一幕幕场景，时时在我眼前闪现；乡亲们的方言土语，常常在我耳边回响。我对家乡有着深厚的感情。多年来我做了许多回馈家乡的事情，都是出于对故乡强烈的责任感和情义。我在国内几个地方有住房，但我最看重最在意的是老家。在老家，我更能体会到什么叫"叶落归根"，我回报家乡的心念更加强烈！

问：没能升学读高中，是你少年时期最受伤害的一件事情，也是你记忆里最不愉快的事，你现在怎样看？

答：这件事曾经是令我最痛苦的事情。我的痛苦来自当时想不通。但一个人对事物的看法会随着成长与阅历的丰富而逐渐改变。经历得多了，整个人会更加豁达与从容，现在我已经原谅了那些伤害过我的人。而且，这件事也成为我人生中一种持久的激励，它刺激我不断地努力上进。

我们应该允许别人犯错，不应苛求他人。对人能原谅就原谅。我的痛苦经历是那个年代的环境造成的。现在想起来，我常常会一笑了之。当年坚持阻拦我上学的那位书记，后来还找我帮助他的子女找工作，我很真诚地给予了帮助。换个角度来看，当年不愉快的经历也是塑造我后来个人性格的宝贵财富。

问：你未能继续上学后被迫务了两年农，现在回头去看，这两年你有什么收获？

答：从课堂重新回到田间地头，最大的感觉就是辛苦，特别是当时我还未成年，个子不高，身体瘦弱，繁重的体力劳动让我的身体吃不消。然而，我很好强，不愿意被别人比下去，事事要争先，付出的辛劳也就成倍地增加，这些我都咬牙挺住了。

除了干农活，有限的时间里我就是读书。我一般看三种书：语文、数学与小说。语文我自学得很好，而数学很难看懂，小说主要是为了排解个人不好的情绪。记得我看的第一本小说是《闪闪的红星》。我还参加了大队文艺宣传队，每年春节期间都到各个村去演出。那时候农村没有电，都是用汽油灯，我演过一部情景剧，叫作《偷渡》，担任男主角，这也算是难得的精神生活了。

现在回头看，这两年的收获是巨大的。这两年令我更热爱我的家乡，热爱我脚下的土地。家乡的小河、后山上的树林、村口的田埂都留下了我挥汗的身影，也都成了我宝贵的回忆。我对农村的农耕生活、城镇化模式都有着非常清晰的了解，特别是我对"面朝黄土背朝天"有了更深的理解，培养了我对农村、农业、农民的热爱。

更重要的是，我的人生观、价值观是在这两年初步形成的。也是在这两年，我强烈意识到了教育和科技的重要性。我发现用原始木桶打稻谷和用打谷机打稻谷在速度、效率和体力的运用方面都完全不同，凡是有科技加入就会与原始的方式大不相同，掌握这些科技就要依靠教育。脑力劳动者与体力劳动者从生产中所得到的回报也有很大差异，很不一样。比如，在生产队里，受过教育的会计、出纳就和一般干农活的体力劳动者的待遇不同。我这一辈子都非常注重教育，不仅是注重我的子女的教育，我的家族中的子女的教育，凡是我能帮助的，我都会给予他们大力的支持。

在这两年，我还逐渐懂得了如何恰当地处理人际关系，对为人处世之道有了初步的感知。我后来可以和不同背景、不同身份、不同年龄的人做自如得体的沟通，都受益于这两年。

能帮人处且帮人，能饶人处且饶人，这是我后来一直认定的为人处世的原则。在关键之处帮人一把，可能就会改变别人的一生。而善于原谅他人，其实就是把自己从怨恨里解放出来，不让别人的错误成为我们精神的囚室。

总之，那两年我的思维意识与价值观逐渐形成，对我后来的生活和工作影响都很深远。而且，那两年我也没有放弃学业，一直抓紧农闲的时间自学，这对我后来进一步深造很有帮助。

崭露头角

在 20 世纪 80 年代，能分配到省会工作是一件极为荣耀的事，也是一件很不容易的事，很多情况下往往需要有一定的社会关系才能办到。但刘经纶并没有任何"关系"，他有的只是自己的努力上进和由此给人们留下的好感。1981 年 7 月，他被正式分配到中国人民保险公司江西分公司国内保险业务处人身（寿险）保险科工作。当时，人保江西省分公司是人民银行的内设机构，在同一地址（南昌市中山路铁街 21 号）办公，对外称是保险分公司，而在人民银行内部是一个处室。公司的元老喻豫贞点名愿意带刘经纶做寿险业务。喻老师认准刘经纶"听话，灵光，能有出息"，相信他经过工作中的锤炼学习，将来在寿险事业上一定大有可为。那时，人身险业务在社会上还没怎么开展，基本是以团体意外险为主，而这类保险的受众大都集中在煤矿工人、建筑工人等有特别风险的劳动者群体。

作为保险新人，刘经纶一门心思扑在工作上。他勤快、主动、业务能力强，工作中既讲求原则性，又不乏灵活性，待人接物方面谦逊、谨慎。总之，虽然他刚入行，但在公司内部建立了良好的同事关系，也深受领导赏识。

1982 年，江西省进行耕牛保险试点，试点落地在九江地区湖口县流泗乡以及抚州地区东乡县。刘经纶在保险科王孟秋科长带领下赴九江试点开展工作。为了更便捷有效，他们与当地的农村信用社营业所对接，一位姓周的所长负责配合他们在当地开展业务。

因为在"共大"系统学习过兽医专业，刘经纶凭借他的兽医功底在当地很受农户欢迎。"我扒开耕牛的嘴，看它的牙齿，就能判断出它的年龄。"类似这样独特的绝活儿使得刘经纶很快赢得了农户们的信任，他的工作开展起来也顺利了许多。"我在农村试点开展工作感到得心应手。我自己就是农民出身，对农事非常清楚，与农民有共同语言，感情也很容易贴近。在我们的努力动员下，农民能够投保的都投保了。"在这一次耕牛保险试点工作中，刘经纶发挥了骨干作用，他的信心因此有了极大提升，一种自我价值的实现感在他内心升腾。

在九江湖口县流泗乡的 3 个月试点工作，看上去似乎是因为刘经纶出身农村，有做农事的经验，并懂兽医专业知识，才显得轻而易举。但万事的幸运都离不开自身的努力，正如他所言："我的运气都是因为自己很努力。"此次耕牛保险试点工作的成功开展，受到省保险公司领导的高度肯定，也为他之后的提干打下了基础。

1983 年底，刘经纶郑重地做出了一个重要的人生选择，那就是申请入党。"是否是党员在当时是评判一个人优秀与否的突出标准。选择入党的最重要动力还是来自内心对神圣的党组织的向往，我由衷地觉得入党是一个人成熟和进步的最重要标志。"刘经纶以自己的虔诚和真挚，征得直接领导王有刚、蔡兴亚同意做他的入党介绍人。"入党介绍人不是随便请的，对方也不是随便答应的。介绍人需要在党组织内有一定威望，申请人要能够被介绍人认可，而且要在各方面都达到了入党的标准。"刘经纶坦言，在 1984 年 12 月底召开的公司党委会上，多位党支部成员以及他的入党介绍人都强烈推荐他加入党组织。

对于党组织开会讨论自己入党申请的那天，刘经纶至今铭感于心。"那天，党委会开会研究发展新党员，我在办公室里十分忐忑，总是坐不住，过一会儿就走到办公室外面，朝正在开会的那栋楼张望。"在那次会上，刘经纶的入党申请顺利获得通过。一散会，介绍人就兴冲冲跑来找他，正巧他去了卫生间，介绍人并不知道，就到处找。一方是不知情的紧张，一方是急于通报喜讯，双方都处于急切之中。知道自己终于被批准入党，刘经纶无比激动。"入党是我人生中的里程碑，从此我对自己更有信心，对事业有更大愿望，对自己也有更高的要求。"

1985 年，刘经纶成为中国人民保险公司江西分公司人身保险处的负责人，这个岗位给他提供了一个舞台，去进行使产品深入民间与基层的多元化创新。喜欢创新、热爱变革，是刘经纶事业发展的关键词，他走出了一条不断创新、上下求索的人生道路。

当时国内保险业恢复不久，保险公司几乎没有什么业务，没有队伍，没有管理办法。但具有开拓精神的刘经纶发誓要从无业务处生出业务来。

他决定首先从推动学生平安团体保险（简称学平险）开始。第一步，是去学校发传单进行宣传。有小部分学校愿意投保，但大部分学校不愿意。愿意投保的学校基本上是有学生出险的，有过这方面的教训。刘经纶当年的同事肖明回忆说："刘经纶很瘦弱，但很有精神，手里提个包去学校展业。经过一番艰辛的努力，成功地办理了几个学校的学平险。但不料马上出事了，有家长告状，告学校乱收费，加重了家长的负担。这件事告到了教委，甚至告到了省人大。当时的学平险保费仅仅 1 元钱，保额 1000 元，也就是说费率是千分之一。因为家长们的拒绝和反感，保险公司承受着巨大压力。"刘经纶面临着两难局面，要么放弃，要么硬着头皮做下去。要继续做，就必须做通教委的工作，同时还要做通家长的工作。"刘经纶真的有股锲而不舍的精神，他跑省教委，尽管经常吃闭门羹，但没有放弃，而是采取多措并举：一方面加大宣传力度，通过报纸、电视等媒体进行动员；另一方面利用理赔案例做一些宣传，让人们认识保险的重要性和必要性。"

爱玩水是孩子们的天性，那些年在江西，每年中小学生放假期间，总是有不幸的溺水事件发生。当时保险的赔款在 1000 元到 2000 元之间。经过一段时间的宣传，学校的观念在变，家长的观念也在变。"确实有事故发生了，我们就先赔款，再去收集理赔资料。那时我们的主要思路是想通过政府部门发个文件，但始终难以如愿。"肖明说。

"1989 年，赣州一个县里的学校发生了一件不幸的事。下课的时候，不少学生去上厕所，将厕所压垮塌了，十几个学生不幸被淹死，这件事情惊动了全国。学校原本收取了保险费，但又退掉了，并没有交到保险公司。当地教育部门的人，找到省保险公司，希望能进行理赔。时任省保险公司的领导明确答复：'如果入了保险，我们一分不少都会理赔，但没有入保险，我们实在没有办法，无能为力，爱莫能助。'"肖明追述。

这次不幸的事件使许多人痛定思痛，认识到了保险的重要性，省教委终于发文，要求在全省统一办理学平险。这是江西省关于学生保险的第一个文件。学平险随之迅速在全省铺开，而且逐年增加保险金额，从 1000 元到 1 万元，再到 10 万元；保险费也在逐步提高，从 1 元到 10 元，再到 100 元。

学平险的铺开，使其成了保险公司的龙头业务。后来肖明在中国人寿南昌中支（中心支公司）担任总经理时，江西分公司的学平险业务总额在全国排名第一。肖明感叹："学平险至今依然是最大的险种，刘经纶的确视野开阔，眼光超前。"

肖明同样很钦佩刘经纶抓队伍建设的韧劲和决心。"当时业务非常难做，意外险进不了成本，又是一个小险种，人保公司不够重视，毕竟业务量小，管理复杂。刘经纶面对这个难题，花费了很大的心血，既要做省公司的工作，又要去各个地市动员中支公司成立人险科，还要做县里的工作，成立人险股，通过两到三年的努力，科室和股室基本上都建立起来，解决了很多问题。"

肖明是半路出家，从建材机械厂调来保险公司，先是从事基建工作，对保险业务一窍不通。刘经纶一直专心带着他在业务上进取和发展，不断地教给他工作的方式和方法。

有一件事，肖明记得很清楚："当时总公司下的条款和费率里面带计算公式，我搞不懂，刘经纶天天要我拿着换算表，天天让我算。厚厚的一摞，边算边分析，终于被我理解透，这对我的帮助很大。我从工厂出来，不习惯保险公司严谨的工作作风，我想他一定是用心在培养我适应公司的工作习惯。跟随刘经纶我收获非常多，进步也非常快。在他的带动和影响下，我成了地市级分公司总经理，最后到省公司县域保险部担任部门领导。"

计划生育曾经是农村基层工作中最为头疼的事情。如何使国家基本国策落到实处，又让有着根深蒂固"养儿防老"观念的农村夫妇没有后顾之忧？经过考量与分析，刘经纶认为保险是解决这一矛盾的有效方式。他决定启动计划生育夫妇养老保险产品，实现保险养老，投保的保费由县政府、乡镇政府与个人共同承担，使分担到个人的费用少之又少。在具体操作上，他运用自己擅长的公关能力、协调能力和沟通能力，促成省计划生育委员会、财政厅和保险公司联合起来实施这一民生政策，很大程度上缓和了农村由计划生育引发的矛盾冲突，让基层干部在做计划生育工作时多了一个抓手。计划生育保险不仅使江西农村计划生育工作的难度小了很多，还使保险真正得以落到实处，发挥其风险保障作用。

由刘经纶主导推出的村干部养老保险同样是一个心系三农的暖心保险产品。刘经纶出身农村，他对农村的风土人情与生活状态有着深刻的体悟和洞悉，所以他对于农村保险产品的开发设计有想法、有感情。刘经纶表示："我知道农村的稳定与发展很大程度上离不开优秀的村干部，他们是中国最基层的官员。要想把三农工作做好，必须调动基层干部的积极性，村干部养老保险产品有利于农村基层组织充分激发村干部建设三农的责任感。"在刘经纶的努力协调下，保险公司联合江西省委组织部、人事厅共同发文，在全省农村普遍实施村干部养老保险和计划生育保险。村干部养老保险等产品创新得到了中国人保总公司的充分肯定，并在全国推广。

1984 年到 1985 年，刘经纶致力于保险新型产品开发与推广，并有了新的收获。企业职工养老保险产品受到南昌市二轻系统各单位的普遍欢迎。刘经纶回忆："我们在二轻系统的 64个单位做了细致调研，收集包括员工结构在内的详尽基本资料，进行产品开发测算，为了使我们的产品顺利推进，我们联合了省轻工业厅。"类似的产品在当时出现是极具超前意识的，这种保险产品也就是后来在全国普遍开办的企业职工补充养老保险。大家没想到，却深受市场欢迎。刘经纶还主推了全省的简易人身保险（既保生又保死的两全保险），同样非常适应市场需求。这一时期，刘经纶编写了《寿险理论知识》一书，用自己的书给保险专业的学生做教材。

荆非 1979 年从江西医学院毕业，被分配到省商业医院工作。后来，她从朋友处得知保险公司需要懂医学的专业人才，觉得应该换个岗位尝试一下，就从商业医院跳槽到了人保江西省公司人险处。

"我第一次见到刘经纶的时候，感觉他身材瘦瘦小小，但两只眼睛大而有神，滴溜溜地转。他的眼睛会说话，后来我还悄悄地对我的同事说：'刘总的眼睛会说话，要是长在女性身上就好了。'"

荆非和刘经纶在一起工作时感觉很愉快。"我们部门同事之间非常团结，上班时间干工作高速高效，业余时间常在一起娱乐，有时候还在一起打打扑克牌，甚至还会一起跳跳舞，彼此成为好朋友。"

荆非记得有一次陪刘经纶出差。刘经纶说："你就当我的保健医生，要保驾护航。"她答应着，心里还有些不解。后来在饭桌上她才知道刘经纶讲此话的真意，原来是要替他喝酒。真正到饭局的时候，荆非仅仅喝了两杯，就满脸通红，高挂免战牌。"刘处长没办法，他不仅要喝自己那份酒，还要代我喝酒，弄得我很不好意思。"她现在回想起来，还满心歉意。

荆非眼里的刘经纶工作的时候很拼命，业余和大家在一起，很随和，没有架子。"记得有一次，我们人险处办培训班，第一堂课按照惯例是刘处长上台讲人身险基础知识，中间贯穿着自己的工作实战经验，言传身教。课后大家在一块儿打扑克，游戏规则是谁输了谁从桌子下面钻过去。刘处长和大家一样，我佩服的是当他输了，他把报纸往桌下一铺，身子麻利地从桌子下钻过去，身手异常敏捷。"更让荆非称道的是刘经纶还有一手好厨艺。"时不时他还要露一手，烧鱼做肉，让大家品尝，那味道做得还真地道。"

李涛是 1986 年 12 月从部队转业到人保江西省公司人身保险处工作的。"当时，刘经纶是处长，很年轻，他不仅熟悉业务，而且情商很高。在他手下工作很愉快。"

关于刘经纶的往事，李涛回忆起来都有美好感觉。"刘经纶善于团结大家。记得省公司搞文艺汇演比赛，我们 20 多个人的团队合唱《长江之歌》，凭着声音嘹亮，整齐划一，取得了第一名的好成绩。"

人身保险处后来改为人身保险事业部，李涛几年后出任下设营业部的经理。

1992 年春天，刘经纶带着李涛和另一位同事去湖北出差，途中在路边一家小吃店用餐。刘经纶兴致来了，鸠占鹊巢，到厨房做了一条红烧鱼，让大家尝尝他做的美味。

还有一次，刘经纶带李涛去查勘事故。"记得在 1989 年5 月份，吉水县一辆公交车过桥时，车辆突然失控，撞断桥栏，翻下河去，事故造成 13 人死亡。刘总带我去查勘现场，看到河中间的滩涂上摆满了尸体，每个人的身份证放在胸口，惨不忍睹。我俩进行了拍照。为了把整个事故的全貌反映出来，需要去河中间查勘落水的车辆。我们就请当地县支公司找来连体的皮衣裤。由于仅有一件，我们只能一个人背着另一人，肩上的人完成拍照工作。刘经纶要背我，我比他胖，怕压坏他，我就不同意，坚持要背他，他同意了。我穿上皮裤，水没到了大腿根。我背着他，感觉他瘦小，体重轻。他在我肩上完成了拍照。我们拍到了事故车的惨状，为理赔找到了最有力的证据。"工作中并肩作战的"战友情"令李涛对刘经纶的品性和业务素养既敬重又佩服，"那个时候我们就认为刘总将来一定能干大事业！"

1989 年至 1991 年，江西省委组织部安排青年干部下基层挂职锻炼，已经是正处级的刘经纶被调回老家上饶市挂职两年，任人保上饶中支副总经理（正处级）。"我毕业后就一直在南昌工作，这次回上饶挂职对我是个难得的机会，不仅能增加基层工作经验，也有利于很多项目落地完成。"挂职期间，刘经纶对基层有了新的认知和体验。基层条件艰苦，但对他这个农村出身的人来说谈不上困难，他大量的时间都用于骑着自行车到田间地头走访，有时也坐长途汽车往来于各县乡镇。正是这一次次奔走，使他对基层的民生有了更多的感同身受，也激发了他对自己所投身的保险事业的更大热情。

即将退休的陈晓平在人保财险上饶分公司旭日营销部工作，他还记得刘经纶在人保上饶中支担任副总经理时的点点滴滴。"刘经纶选择在鄱阳县蹲点。之所以选择鄱阳，是因为鄱阳是一个人口大县，开展人身保险的潜力很大。我当时在人保鄱阳支公司担任副经理，主管业务。他为人淳朴，作风硬朗，干什么事情都雷厉风行。"

刘经纶抓的第一件事是计划生育养老保险，由县委、县政府和县计生委下文考核。陈晓平说："刘经纶带着我们下乡去做村干部的工作。在侯家岗乡，我们等了两天，见不到乡领导。第二个晚上，刘经纶跟一直陪伴我们的计生办主任说：'我们要回去了。'计生办主任说：'好，我跟领导汇报一下。'当时，我很惊讶，我们的工作还没有一点进展，怎么就撤兵回营？我以为刘经纶打算放弃了。第二天中午，乡计生办主任来说：'乡长要陪你们吃个饭，准备了七八个菜，为你们饯行。'吃饭时喝酒，刘经纶很主动，聊天中点出了计划生育保险的要点和意义。乡长有些受触动，原本以为我们只是来收钱，现在意识到是来给乡上办好事。乡长对刘经纶说：'你是城里人，上面的领导，你想不想把这个事办好？'刘经纶答：'当然啦！'乡长说：'好，那你喝一杯酒，我给你拿 1000 元保费。'刘经纶一听来劲了，说：'喝酒可以，你能把我这个工作完成吗？'乡长点头应诺。刘经纶端起酒杯一仰脖子，连续喝了五杯。乡长见状，连忙劝阻：'慢慢喝！'一顿饭之后，我们的业务起步了，工作局面打开了。"陈晓平认为，虽然喝酒是一件小事，却能从中看出刘经纶对工作有一股玩命的劲儿。

刘经纶还很注重抓思想工作。陈晓平说："鄱阳支公司的年轻人比较多。刘经纶认为，要做好员工的思想工作，必须先做好员工家属的工作。每逢星期日，他都去员工家中拜访。他发现员工中存在的普遍困难是，大家比较年轻，小孩需要看管，老人需要照顾。这种情况下，如果不取得家属的支持，员工在单位就不可能做好工作。刘经纶跟一位家属讲过这样一段话：'你老公进步快，收入高，你家的住房条件好，这是保险工作带来的，这是保险工作的优越性，你要支持家人继续做好保险工作。'他又对员工说：'业余时间要多关心家人，要把打麻将的时间用在家里，用在关心家人身上！'"

除了工作中对同事帮扶、鼓励，在生活中刘经纶也给大家以真诚的温暖和关爱。说起刘经纶作为朋友的温暖，陈晓平依然感动不已："他刚到北京工作时，我父亲的心脏病日趋严重。我从报纸上看到一则北京某医院治疗心脏病的特效药广告，就想买这种药。我将想法告诉他，他就去买了，将药从北京寄回来。他打电话告诉我：'我去了这家医院，以我的观察，感觉不太对。你想要三个疗程的药，我只买了一个疗程的，想让你父亲先试试有没有效果。如果顶用，咱们再买，不然就会被骗，不仅破财，无效药还对身体有害。'结果真的证实了他的判断。他对朋友拜托的事情总是很负责任，我很感激他。"

刘俊旭 1981 年考进江西银行学校，目前在恒邦财产保险股份有限公司工作，担任法律合规部总经理。在江西银行学校，刘经纶担任过他的人身保险课老师。在他的眼里，刘经纶堪称师表。"他谦虚好学，平易近人，说话真诚。他主讲的人身保险课给我留下了很深的印象。"

刘俊旭 1983 年从学校毕业，被分配到人保上饶中支业务科工作。"幸运的是，刘经纶来人保上饶中支担任副总经理，成为我的领导之一。"刘俊旭很钦佩刘经纶方方面面关系都处理得非常好。"他在鄱阳县蹲点，主要公关乡镇的计划生育保险。全县大多数乡镇都留下了他的足迹。他走村串户，非常辛苦。"

1982 年 9 月，人保总公司在陕西省西安市小寨饭店举办了在行业内有着历史意义的第一期人身保险讲习班，这一期讲习班在保险业内有着"人保寿险黄埔军校"之称。这一期讲习班的学员日后涌现出了不少在全国保险业内有影响的人物，比如曾经担任中国人寿保险公司总经理的万峰、林岱林，泰康保险集团副总裁马云，当然也包括刘经纶。

刘经纶从南昌坐火车赴西安，中途在郑州转车。按规定他是可以坐卧铺的，但是如果坐硬座的话可以补助票价的 30% 给个人。刘经纶说："我那时候刚工作不久，为了拿些补助，就买了硬座票。"在郑州转车需要住宿一晚，最令他头疼的是满大街找不到米饭吃，到处可见的是烩面，而他对烩面没有一点食欲，他和同行的李林只得买一些苹果来充饥。

在西安学习的两个月最让刘经纶不习惯的还是吃饭问题。他说："南北方的饮食习惯大为不同，我吃不惯泡馍。"参加那一期讲习班的学员后来均成为全国寿险业的骨干人才。对于中国寿险业而言，西安小寨饭店讲习班是可以载入史册的一个事件；而对于刘经纶本人而言，在西安两个月的培训可以说奠定了他的未来。

1982年，刘经纶在工作之外，还成了江西银行学校保险专业、省电大保险班以及公司自办的在职人员学习班的一名兼职教师，负责讲授人身保险课。与其他老师不同，刘经纶授课的最大特点是理论密切联系实际，很讲究实际操作，这源自他的一边工作一边教学，可以及时把工作经验融入教学之中。

他在江西银行学校保险专业兼职教学了五届，后三届时整个公司内还在兼职教学的只剩下他一人。这足以说明他的教学不仅深得学校领导信任，也倍受学生欢迎。"除了案头备课周全细致之外，我认为自己讲课最大的特点在于有丰富的实例。"兼职教学的五年里，刘经纶的工作和生活节奏十分紧张。在每年集中上课的那段时间，他要一边工作一边教学，每天都骑着自行车在学校与单位之间往返。好在繁忙和紧张并未让他感到多么辛苦，倒是对于可以深入学校与学生们教学相长，他十分珍惜。

那时，教材都是沿用从前的，不少内容已经老旧，落后于时代要求，这就需要任课老师来增加一些创新性的学习材料，这些学习材料往往由学生自己去油印。"我在创新教材里加入了很多我的实践经验，并做了理论上的梳理和归纳，在从前的基础上做了不少完善和补充。我感觉增补的这些内容对于学生们来说更有实用价值。"大量源于工作实际的鲜活内容，让刘经纶在教学上游刃有余，颇受学生好评。

"我上课学生都非常愿意听，学生反映我的课有趣味，生活气息浓，因为我有大量的实例来源于生活。"刘经纶对学生很友善，不轻易疾言厉色。有一次，他发现一个学生趴在桌上睡着了，他一边讲课一边慢步走近这个学生的课桌，这个学生被老师趋近的讲课声惊醒，慌乱地站了起来。刘经纶笑着打趣了一句："你睡得挺香啊！"此举既提醒了学生上课不要睡觉，又给学生留了面子。刘经纶一直深信："同一件事用不同的方式处理，一定会有不同的效果。"

课堂上，刘经纶最希望与同学们互动。"在我的课堂上，互动总是很热烈，我特别在意学生对我讲的课有什么要求和希望。"刘经纶认为一堂课是有双重责任的，学生有专心听讲的责任，老师也有了解学生想听什么内容的责任。

中国人寿互联网寿险公司常务副总经理杨翠莲是刘经纶的学生。她毕业后一直在江西人保从事寿险业务，曾任中国人寿江西省分公司业务管理部经理，后来被提拔为省分公司副总经理，因业绩突出被调到北京总部工作。1982年，她与刘经纶有过一段难忘的师生之谊。"记得当时刘老师给我们讲授人身保险的理论与实践课程，他给我最直观的感受是精干、专业，眼睛总闪着光。那种光是智慧，更是一种激情和热爱。他讲课深入浅出，不像有的老师照本宣科。他总是结合自己的工作实例，给学生很强的代入感。我们都爱上刘老师的课。他以实践经验、真情实感传递给我们保险是爱心事业这样一种理念，鼓励作为保险专业学生的我们未来为社会上的众多家庭提供风险保障，从而激发了我们对人身险事业未来前途的信心。他讲课不是单单传授专业知识，而是通过热情描绘保险事业的前景让学生们热爱自己的专业，这一点充分体现了教书育人的精神。"

特别令杨翠莲感慨的是刘经纶记得住他教的每一个学生的名字，甚至连每个学生考试的分数都记得。"在我看来，一个老师能记得他教过的众多学生的名字，足以说明他内心的爱与责任。这其实是对学生最大的鼓励。刘老师常说教育是理念的传承，培训是技能的传授，要让更多的人认识保险、接受保险、分享保险。他确实做到了。"刘经纶重视业务发展，更重视人才培养，在繁忙工作之余，他始终保持思考，研究撰写了大量关于寿险业经营、发展、管理等方面的论文。同时，他牵头组建了寿险业培训教材研发团队，自行编写《寿险数理基础》一书，作为江西寿险业的统一培训教材，被广泛推广应用。

杨翠莲后来的事业抉择受到了刘经纶深刻的影响。原本她可以留校任教，但她对当教师没有兴趣，而更愿意像刘经纶一样去保险疆场上驰骋，她渴望成为刘经纶一样的人。"刘老师对我的事业感召、人生抉择都有着直接影响。他的身上始终洋溢着真情、好学、创新以及孜孜以求的精神，催人奋进。人的一生需要良师益友的引领，他就是一个难得的良师益友。"毕业后，杨翠莲如愿进入人保江西省分公司，成为刘经纶的同事和下属。江西省分公司的人身险部当时设有办公室、财务部、业务一科（短险）、业务二科（长险）、客户服务科五个科室，只有十来人。"刘总非常重视团队建设，关心员工成长。我们那时候每周一都会开晨会，总结工作、通报业务、分享喜悦。我们每周唱《团结就是力量》，这个歌成了人身险部的部歌，体现了刘总着力打造一个团结、开拓、创新、奋进的集体的追求。刘总五音不全，嗓门又大，唱歌的时候总是摇头晃脑，每次唱完，我们总要哈哈大笑。"离开课堂，与刘经纶成为同事的杨翠莲对他有了更为直接和全面的了解。

作为同事、领导，刘经纶在杨翠莲眼里非常注重职业形象。"他总是穿西服打领带，无论酷暑严寒，都是这身行头。他的工作节奏非常快，抓管理、抓销售、抓队伍、抓对外合作，总是亲力亲为。他还非常重视基层和基础建设，经常深入基层开展调研，发现问题，聚焦问题，解决问题，因此深受基层欢迎。"同时，刘经纶对生活的热爱也给杨翠莲留下了很深的印象。"到基层，他不到宾馆吃饭，一是为了节约，二是为了深入田间地头。他更愿意到老百姓家或者小餐馆吃饭。在老百姓家，他往往端着饭碗蹲在地上就开吃。遇到小餐馆，他总爱抢过厨师的锅铲亲自下厨炒菜。他的朴实、亲切，使人难以忘记。"杨翠莲觉得，刘经纶这般生动朴实的工作状态很能打动人，赢得人心，他的谦逊和质朴不但没有影响到他作为领导的威信，反而赢得人们对他的敬重。"刘总敢于探索，一直走在创新的路上，有远见，有勇气，有追求。他真的是心里有火，眼里有光。"因为多年的相识相知，杨翠莲将刘经纶的特点归纳为"既有激情又有理性；既有严肃又懂得活泼；既讲求原则又头脑灵活"。她承认自己后来在寿险事业上的投入、专注与发奋努力确实受到了刘经纶老师这样一个榜样的感染。

刘经纶认为自己后来的事业从作为兼职教师的经历中受益匪浅。"这段经历不但使我的生活有了更丰富的内容，工作能力也得到了更多样化的培养，像我的理论思维能力、口头表达能力、与人交往和沟通的能力，都有了较大的提升。更重要的是为我今后管理企业积累了经验。同时，教学也积极反作用于我的工作，触发了我在工作中有更多的思考。"都说知识改变命运，刘经纶结合自己做学生、做教师的经历，深悟到一个好的老师常常会改变很多学生的命运。刘经纶觉得，这宝贵的 5 年教师时光，对于实现自己保险专业人才的价值而言，是值得的。"江西保险圈里我的学生很多，大多数保险业的人（包括在职的）都听过我的人身保险课程。"在江西保险界，毫无疑问，刘经纶是教父级人物。

刘经纶初进公司时，没有可依靠的关系和背景，但靠着个人努力和勤奋，总是超额完成任务。在工作和生活中，他也格外自觉，能做到谦虚谨慎，乐于奉献。冬天清早，他会提前到单位把开水打好，把大家取暖的煤炉烧好，让室内保持温暖。

甚至出差那天，他也会先到办公室烧好火，打好开水，搞完卫生后再走。可以说，他很注重从办公室的工作细节中建立自己在领导和同事中间的良好印象，以甘于付出、不计回报的态度打下成长的基础。

除了甘于奉献，刘经纶认为良好的沟通能力是自己事业成功的要素之一。无论在基层做员工还是到总部做高层领导，他在人际交往中都是游刃有余、从容和谐的，这和他高超的沟通技巧分不开。工作没几年，他便成为公司人身保险科最年轻的科长、全省机关和全国保险系统最年轻的处长，这与他的沟通能力也是密不可分的。

1984 年，单位分得一个去郑州大学金融管理专业进修的名额，这在当时是一个难得的机会。按照刘经纶的表现，这个机会可以属于他。领导找他征求意见。考虑到单位的工作需要，自己不能离岗去学习，经再三思考，他主动放弃了这次甚为珍贵的进修提升机会。

也正是在 1984 年，全国各省的人保机构升格，由处级升为厅级。1987 年，刘经纶被提升为副处长。"当时处里的多数人都比我年龄大，还有几位南下干部的子女也在我的处里。"刘经纶升为处级干部完全是用成绩与能力说话，没有人提什么异议。

升为处级领导后，刘经纶工作更加勤勉，雷厉风行的工作作风也更加凸显。他的领导、处长张秀芳私下提醒他，刚刚提拔，需要更加谦虚、谨慎，要有足够耐心，凡事都有个过程，工作方式上不要过于急躁，工作目标上不要急于求成。多年以后回忆及此，刘经纶对张秀芳仍充满感激："那个时候，这个提醒对我真是太及时了，工作中我不经意表现出来的很多缺点自己是没有意识的，这样的提醒能令我有所反思，在那个节点对我非常重要！"善于听取他人的意见，也是刘经纶能够一步步在成功的路上扎实迈进的重要因素之一。

1987年10月，人保总公司从全国选拔出5位优秀的青年处长到日本最大的人寿保险公司——日本生命保险进行寿险管理学习，刘经纶很荣幸地成为其中的一分子。在这家百年寿险企业为期3个月的耳濡目染，打开了刘经纶的国际视野，让他看到了中国寿险业的发展前景——中国保险要逐步与国际接轨。

魏虹比刘经纶早一年参加工作，是江西省安义县人民银行信贷股的一名信贷员，这个岗位在当时是非常吃香的。20世纪80年代初，国内保险业刚恢复业务，保险在县市一级都没有设置机构，保险业务都是由当地人民银行信贷员兼任。由于工作有交集，魏虹与刘经纶相识很早。刘经纶在江西银行学校兼职教书时，魏虹考入江西银行学校在职金融专业带薪脱产学习两年，他们的缘分由工作延伸到校园。"有一次，魏虹因为清明扫墓没请假就回家了，班主任发现后准备处分她，我出面协调才化解了此事。那个时候，我作为老师，又在省保险公司任职，学校班主任老师给了我面子。"这可能是刘经纶职业生涯里罕见的一次"以权谋私"，足见魏虹在他心里的位置。

尽管与魏虹早就相识，但刘经纶最初没有想过要争取爱情。"主要是我当时刚参加工作，精力都在工作上。恋爱结婚的事都没去想。"刘经纶还有一个顾虑：自己家庭条件一般，而魏虹是县城里人，父亲是机关干部，双方家庭条件在当时有点差距，根本没敢往那方面去想。在学校里再度相逢，此时的刘经纶已经凭借自己的努力，在事业方面脱颖而出，成为金融保险机构的管理干部，在校园里是一位受人尊重与瞩目的教师。这些变化给了刘经纶一定的自信，在年轻心灵的两情相悦中，他才开始主动去拥抱爱情。"我们确定恋爱关系之后，我家里的情况不存在需要父母同意的问题，而她的母亲早年因病已经去世，我去见了她父亲。她父亲对我感觉很好。"刘经纶笑称自己到女方家最不适应的还是饮食。"他们家喜欢吃面食，招待客人的见面礼仪就是面条鸡蛋，而我最不喜欢吃面食。她家炒菜还很少有辣椒，这一点我也吃不惯。第一次到她家就遇到了这种尴尬情况，我还是违心地说好吃。"

经过两年恋爱，刘经纶与魏虹领取了结婚证。他们没有条件大操大办，只简单地打制了家具，于1985年9月30日在安义县城魏虹的家里举办了婚礼。刘经纶说他只给了1000元礼金。

婚后，刘经纶夫妇在南昌近郊租了一间18平方米的房间。厨房是与房东和另一位同学共用，洗手间在楼下，也是共用。房间里并没有当时的所谓"三大件"，只有自己打制的木箱子、写字桌、床、饭桌、衣橱等家具。

　　两年后，刘经纶在公司分到了南昌市里洲新村 2 室 1 厅的房子，喜迁新居。

　　婚姻生活的开始对于刘经纶个人而言是个全新的起点，他的内心状态也变得焕然一新。"原先单身时住集体宿舍，过集体生活，吃食堂，生活上因为没有牵挂和过多责任，可以率性而为。而婚姻生活需要更多的责任感，需要秩序，不能太自我，需要转变生活的很多观念。"他印象最深的是魏虹第一次给他买了新皮鞋、新西装，他都非常不愿意穿。"对我而言，婚后观念的转变很重要。我是农村出身，而太太一直在县城里生活，我们的很多观念都不同，在成家以后两个人的生活里，我需要做更多观念上的调整。"刘经纶感慨家庭生活改变了他很多。

　　1987年10月至12月，中国人民保险总公司从全国选派五位同志到日本生命保险进行为期三个月的寿险管理学习。从左至右依次为：贾诚（总公司人身保险部干部）、何志光（广西人保寿险处长）、刘经纶（江西人保寿险处长）、梁学诗（陕西人保寿险处长）、李鸿强（总公司人身保险部干部）。

修 了 证 书

中国人民保险公司
江西省分公司　　刘经纶先生

您在敝公司受完了三个月的
人身保险研修特此证明
希望您将利用研修的经验
为贵国人身保险事业的进一步发展
作出很大的贡献

1987年12月29日
日本生命保险公司

代表取缔役副社长
中国担当本部部长　弘世 德太郎

1987年12月，刘经纶所获日本生命保险公司研修结业证书。

变革推手

　　在日后的工作中，刘经纶越发觉得当时的保险业务缺乏统筹和针对性，财产险与人身险混在一起无法激发保险业的发展。他觉得迫切需要将产险与寿险分离，让这两类险种遵循各自的规律独立发展。这个想法在当时是颇为激进的，对于保险业而言，堪称爆破性设想。

　　1989年，全国人保系统人身保险工作会议在井冈山召开。会后，刘经纶决心要为自己激进的设想全力以赴地争取一次。在这之前几年，每年的全国人身保险工作会议都会提出产险寿险分开经营的议题，但一直停留在"讨论"的层面，总是只有讨论没有结论。刘经纶觉得讨论的时间也太长了，已有8年之久。时不我待，他希望能够先在江西以人身保险事业部的模式进行试点，分设经营不分家。

他向人保江西分公司时任总经理提出自己的设想，总经理认为他这个想法是"疯了"，是痴人说梦，不可思议。总经理正色相告：年轻人要务实一点，不要好高骛远，想入非非。尽管在领导这里碰了钉子，但刘经纶仍不死心，还是时常去领导面前"泡"和"磨"，有机会就兜售自己的想法。"其实，我对产险和寿险分离是否能够实现并没有把握，但我的信心来自自己多年的工作实践，对国际寿险发展业的分析以及对国内寿险市场的思考，当然还有一点，就是来自总公司人身保险部领导的支持和我多年在总公司建立的工作关系。而且，产险和寿险分离也是保险业发展的趋势。我相信只要江西分公司给我一个去北京总公司建言的机会，我就有可能让更多高层领导认同我的想法。"多年以后，刘经纶如是解释自己的"痴心"。

分公司领导眼见刘经纶心意坚决，只得表示这件事一定需要取得总公司同意。如果总公司同意在江西分公司试行，可以先在分公司内部设立人身保险事业部。"我们领导让我拿着单位介绍信去总公司找相关领导谈自己的想法。我分析领导没有对我进行阻拦，是因为觉得我肯定会无功而返，要是总公司领导不支持，我也就死心了，也就不再软磨硬缠、没完没了了。"刘经纶笑着说。

从分公司开了一张介绍信，刘经纶第二天便登上从南昌开往北京的火车。为了节省开支、拿到一点补助，他还是买了一张硬座票。

全国人身保险工作会议全体代表合影 一九八九年五月十日

　　1989 年 5 月，全国人身保险年度工作会议在江西井冈山召开，会议主题之一就是讨论产险寿险业务分设经营。全国各省市分公司总经理和人身保险处处长参会，总公司王宪章副总经理，总公司人险部郭德纯总经理、张学德副总经理到会。

　　临行前，刘经纶为此次"探路者之行"做了充分的准备，写了详尽的市场分析报告以及产险和寿险分离经营的方案。"保险业经历了初期的重建以及初步复苏，寿险发展的意义显得越发重大，而且市场潜力巨大，但寿险的功能、发展规律以及企业的架构、模式都有自己的特点，非常需要与产险分离出来独自发展。"刘经纶将自己所有关于产险寿险分开经营的想法都细致地写在了报告里，这些所思所想都是他多年在基层热忱工作、勤思多悟的结晶。为了能让更多领导看到他的建言，他把自己准备的资料打印了好几份。

　　火车呼啸北上，36个小时的车程，刘经纶一路思索，心绪难平。"火车上我反复考虑如何向总公司领导汇报，如何最大可能征得他们的支持，如何能使自己的想法得以实现，我反复地想，可是我的确毫无把握。既已踏上了北上的火车，我就一定要争取个最好的结果！"刘经纶有敢想敢干的决心，但没有志在必得的胜算。

　　在北京，刘经纶住在每晚7元房费的西交民巷一家旅馆的地下室里，谁也不会想到就是这位栖身于此的老表，竟会是改变中国寿险发展轨迹的推手。因为北方干燥、水土不服，饮食居住都令刘经纶的身体极其不适，他时不时就流鼻血，但他对此完全不在意，就像决定要来北京这一趟时已然将自己的得失、荣辱置于脑后。

　　来到人保公司总部，刘经纶在时任秘书处值班室处长魏迎宁（后任中国保监会副主席）的支持与协调下，如愿见到了总部相关部门领导以及总公司总经理室分管领导，特别是见到了时任总经理的秦道夫。刘经纶的建议得到了人身保险部领导的全力支持。"其实，我见到同一业务口的领导汇报时并不紧张，他们都很欣赏我的魄力，也大都了解我的能力和想法，对我有着多年的信任，他们都极力支持我。"刘经纶知道，作为业务主管部门，人身保险部也希望借助基层的力量来推动产险和寿险的分设工作，但只有人身保险部的支持还不够，他还需要向财务部、人事部、投资部、办公室等部门的领导汇报，并争取得到这些部门的支持。

财务部总经理是一位女士，刘经纶去拜访她的时候，她摆出一副居高临下的架势，甚至都不曾抬头看一眼。当她得知刘经纶的来意时，神色愕然，随口就以近乎指斥的语气问："你想干什么？"

刘经纶与这位女领导"舌战"了一小时，最后，这位强势的女领导感慨道："小伙子，你真是很有韧劲，我们再想想。"刘经纶的倔强、赤诚与自信居然"撬"开了这一扇最不可能打开的门。下午，这位一开始还对他怀有敌意的女领导居然认可了他的建议，愿意给他签字。接下来，人事部、投资部、办公室等部门的领导均被刘经纶的建议，更被他对事业的执着所打动，同意了他在江西省分公司成立人身保险事业部的试行方案。在取得各相关部门同意后，接下来就是总公司各部门分管副总经理签字，最后是时任总公司总经理秦道夫签字。在北京总共待了6天，刘经纶居然成功拿到了人保总公司同意在江西分公司成立人身保险事业部的批文。这一过程堪比过五关斩六将，他不由得激动万分。拿到批文，害怕不小心弄丢了，他花几元钱复印了好几份作为备份，心里才稍稍安稳下来。

刘经纶在第一时间给江西省分公司支持他的时任副总经理蔡文逸打去电话报喜，与信任自己的领导分享成功的喜悦。"我拿到批文的时候，激动坏了，跑到超市买了一瓶'二锅头'和几样卤菜，自斟自饮，算是自己庆贺一下！"虽然临时居住的地下室里很潮湿和逼仄，他的内心却感到世界突然宽敞宏阔了起来。

第二天，刘经纶急切地坐上火车返回南昌。还是36个小时的硬座，但他眼望窗外，只觉得满眼皆是风景。

回到南昌，刘经纶迫不及待地将总公司同意在江西进行产险寿险分离经营试点的批文呈送给领导。"当时省公司领导拿到总公司同意的批文，简直不敢相信，他原本同意让我跑一趟实际是要让我死心，没想到我真把批文跑下来了。"据刘经纶回忆，当时领导甚至怀疑他的文件是不是造假，专门向总公司办公室打了电话求证。

人保总公司同意产险和寿险分离经营的正式文件下达后，江西省分公司很快就正式将寿险业务独立出来经营，筹备成立人身保险事业部，刘经纶当仁不让地成为江西分公司试点工作具体的执行负责人。这一举措犹如一石激起千层浪，在全国保险行业引发了强烈反响。这是新中国成立以来人保历史上一次大刀阔斧的改革。此后，寿险就踏上了独立经营的坦途。"我当时内心有喜悦，也有底气，但并没有绝对成功的把握，毕竟之前我没承担过这么大的责任。我想，有了人、财、物的权力，有了更强的责任心，我对自己的能力还是要有自信。"产险和寿险分离，不比其他的改革，在当时的保险业乃至金融界都属于石破天惊之举。从业务上说，刘经纶运筹帷幄的能力没问题，但更大的挑战都是新的，比如责任重了，人事、财务、资金怎么管理？各个地市中心支公司都要设立人身保险部，能不能持续推下去？如何协调好与分公司的关系？"我深知，江西的试点绝不仅仅是省内的事情，系统内的很多公司都在观望是否可以追随江西的步伐。这些都需要我用实际结论给同行们作出交代。"刘经纶的眼光与思维并没有局限于省内。经过一年多时间的紧张筹备和试运行，1991 年 8 月 8 日，人保江西分公司人身保险事业部在南昌滨江宾馆隆重举行了开业典礼，时任江西省副省长孙希岳、人保总公司人身保险部总经理张学德、江西分公司总经理蔡文逸等领导出席了这一活动。

在江西试点的两年间，刘经纶前期的重点工作集中于筹建省公司人身保险部。"寿险部与原先的寿险处有着很大差异，现在人、财、物都需要我统筹管理与经营，甚至资金运用都要负责，同时在组织架构以及管理难度上都有很大变化，整个管理与经验向纵深延展，更需要有全局意识和整体性把握。"当时考核刘经纶的改革是否成功的标准很简单也很直接，就是产险和寿险分离后，业务量是否有提高，并且能否持续发展。

从两年试点的效果来看，刘经纶的变革是顺利与成功的。他对此的总结是："实施前的规划非常细致正确，我按照规划扎实推进。业务发展快速，机构延伸转换按期顺利完成，在业务推进中没有出现负面效应，同时经营有明显提升，员工积极性得到提高。"江西的产险寿险分离试点在全国人保系统引发高度关注，成为整个保险业关于产险寿险分离经营的孵化器，推进了保险业的深度改革。

而在两年的改革试点工作中碰到的困难也不少。刘经纶说："无论是在职责界定、人员充实还是组织架构搭建上我都遇到过不配合或不主动支持的局面，但我群众基础好，工作中注意讲究方式方法，先易后难，循序渐进，对自己严格要求，这些使我能够做到相对坦然轻松。"

这两年的试点使得江西保险业发生了显著变化。最明显的是，体制改变促使人员精神风貌发生了改变，整个公司内部面目一新，员工工作热情高涨。同时，人保江西分公司在全国的知名度也得到了很大的提升，对于全国保险业的发展起到了良性的推动作用。在产品研发上，刘经纶审时度势力推多个适宜市场、亲近民生的产品，引发了消费者热捧。

对于刘经纶而言，担纲人保江西分公司产险与寿险分离经营试点的几年也是他自我完善与成长的关键时期。"那是我第一次全面管理和经营一个机构，尽管只是一个事业部，但从各方面锻炼和提升了我的能力。因为这个岗位不仅仅是开拓业务，还要管理财务、干部和资产。"也是这几年的经历，使刘经纶

　　1991 年 8 月 8 日，中国人民保险公司江西省分公司人身保险事业部在南昌滨江宾馆举行开业典礼，时任江西省政府副省长孙希岳、总公司人险部总经理张学德、江西省分公司总经理蔡文逸等领导到会祝贺。图为刘经纶代表人身保险事业部在开业庆典活动上致辞。

深刻感受到了人才的分类与多元化。他清晰地认识到人才是有层次的，有经营型人才，有管理型人才，有复合型人才，这些人才中，复合型人才更难能可贵。而在用人上，把控好风险，平衡各方面关系，懂得协调，这些都很重要。在日常管理上要有适应能力和应变能力，也就是"在什么位置上要像什么角色，做什么要像什么"。

　　1992 年，全国人保系统年度工作会议上，江西分公司的试点工作受到表彰，随后一些省市开始学习江西试点，但其中有一些并没有取得成功。"江西省有它的独特性，其他省各有各的具体情况，一味照搬肯定行不通。"刘经纶坦言。

　　试点成功，江西省分公司名扬全国，省内保险系统员工的士气得到极大激励，在政策的支持下，人身保险业务有了更大舞台，有了更开阔的发展空间。人身保险部也乘势而上，逐渐吸引到了一些优秀人才。作为产险和寿险分离试点的最初实践者和操盘手，刘经纶在国内保险业一时声名鹊起。

　　江西省人身保险业务发展迅速，占人保业务总量的比例由 1983 年的 0.5% 增长到 1993 年的 38%。截至 1993 年，全省有 1600 万人次参加各种人身保险，占人口总数的 40%。当年，江西在全国率先创办农村计划生育养老保险，20 万"纯女户"投保。10 年中，全省累计为 12 万名离退休职工发放 1.8 亿元养老金，为 29 万人次给付各种人寿保险满期保险金 5800 多万元。

时任人保江西省分公司总经理蔡文逸在谈到成立人身保险部的初衷时认为：建立人寿险专业公司需要具备一定的条件——人身保险业务量应达到业务总量的 40% 以上，其中长期险种业务量应占寿险业务的 60% 以上；初步建立科学的核算体制和管理体制。虽然江西省这两个条件都已初步具备，但还有一定差距。因此省分公司制定了先将人身险处改为人身保险事业部，赋予相对独立的经营管理权，实行全省统一的单独核算，待条件成熟时再正式建立人寿险专业公司的两步走战略。

时任中国人民保险总公司人身保险部总经理张学德指出，世界许多国家已普及了人身保险，美、日、瑞典等国人均年保费达 1000 至 2000 美元，日本有 93% 的家庭参加人身保险，许多发达国家的居民把有一张像样的人寿保险单看作富裕的标志。20 世纪八九十年代我国人身保险发展很快，1991 年全国有 2.3 亿人次参加了百余个险种，10 年来为 4000 万人支付保险金近百亿元，累计保费收入 260 多亿元，积累责任准备金 100 多亿元。

张学德在谈到人身保险与社会保险的关系时认为，两者应是相互补充、相互促进的。社会保险由政府举办，以实施社会政策为目的，以法定形式强制推行，资金由财政保底，是保障人民最基本的需要。因此，社会保险必须考虑工资福利问题的刚性原则，一般只能上不能下，只能根据财力逐步发展。如果搞得过大过快势必给政府造成巨大财政压力，给社会埋下不稳定因素。世界某些"福利国家"因此而出现的巨大财政赤字问题，我们应注意避免。特别是我们这样的发展中国家，政府只能搞基本保险，不宜强制推行企业补充保险。补充保险应由人寿保险公司以自愿的形式办理，这已成为世界各国的普遍做法。既要发挥社会保险的作用，又要发挥人身保险的作用，这样才能建立起科学的社会保障机制。

张学德谈到，人保总公司要求各级分公司为人身险发展创造条件，给予政策倾斜，决定在各分公司和中支公司成立人身险部，支公司成立人身险股。这是人身险改革的一个重要步骤。

时任江西省政府副省长孙希岳对人保江西分公司开展的人身险事业给予积极评价。孙希岳说，江西人保业务的一个显著特点是围绕改革、发展经济，为中心工作配套服务。如"纯女户"养老保险和村干部养老保险曾在社会上产生强烈反响，深受群众欢迎，为贯彻计划生育基本国策，加强村干部队伍建设作出了重要贡献。学生平安险为省内 570 万中小学生提供了人身意外事故经济保障。

孙希岳提出，人保江西分公司人身保险事业部的成立是江西保险事业的一件大事，是人寿保险向独立经营迈出的重要一步。人身保险事业任重道远，前景广阔。建立和完善社会保障体系是 20 世纪末实现小康水平的一项重要任务。随着转换企业经营机制和人口老龄化趋势加快，解决职工的医疗保健、老年福利和失业救济等问题，是各级政府面临的重要社会问题，是直接关系到社会稳定和经济发展的大事。

孙希岳认为，保险市场的公平竞争和保险业务经营的政企分开，是保险发展的客观要求和必然趋势。中国人民保险公司是国家的政策性金融机构，是国家经济保险业的主体。经过 10 多年的大发展，公司经济实力雄厚，业务经验丰富，专业技术力量较强，社会影响深远。他鼓励人保职工不要等待观望，要开拓进取，创造性地开展工作，以自己的优质服务、雄厚实力和良好信誉，充分发挥人保公司在中国保险市场的主渠道作用。

袁政仁是 1993 年 5 月从南昌市民政局到人保江西省公司人身保险事业部工作的。报到的当天下午，他见到了刘经纶。"当时他特别年轻，大概 30 岁出头，我印象很深的是他那双眼睛炯炯有神，充满了友善。"他这样描述见到刘经纶的第一印象。

"老袁啊，你是秘书出身，会写材料，人身险部文秘这一摊子工作就交给你了。"刘经纶的见面语简洁、直接，又透着亲切。

虽然这之后袁政仁和刘经纶接触的时间仅有半年，但他对刘经纶的印象极为深刻。

"当年 6 月份，我们省分公司开年中工作会，需要写工作报告，因为我刚来一个月，对业务还不太熟悉，对各个部门也不是很了解。在报告中会涉及团险、寿险、健康险和一些财务的数据，还有工作重点要求，这些我都不了然。刘经纶似乎看出来我很着急，他给我减压，让我多看看公司相关资料，多问问大家，慢慢写，遇到困难跟他说。"袁政仁心里很欣慰，因为他感受到了深深的信任。

"刘经纶给我的深刻印象是他工作非常细致，比如除了对会议议程安排外，对会务保障也特别关注，他对宾馆里的细节非常重视，各个参会代表住宿房间的水龙头、坐便器、淋浴器，这些细枝末节他都要检查一遍。他特别强调基层的同事不容易，要关心保障好。"

刘经纶永远争先、奋发向上的性格即使在业务之外也表现得很抢眼。当年9月，省公司举行庆祝国庆文艺汇演，人险部要出两个表演节目。刘经纶对袁政仁说："老袁，你在外面请个艺术老师，指导我们的节目。我们人身险部这次表演一定要拿省分公司第一。能不能实现这个目标，就看你的，你怎么弄，我不管，我只要结果。"袁政仁联系了专业的老师指导大家加班加点，排练合演。最终，天道酬勤，众心凝聚，人身险事业部的两个节目获得高分，取得了团队第一。令袁政仁自豪的是，他担任合唱总指挥，而刘经纶也在合唱队伍中。

当江西试点产险寿险分设一年之后，担当改革核心的刘经纶感到了继续推动改革的困难。毕竟在庞大的系统内，常年的内部运营已形成各方面的定式，改革一时尚可维系，但将改革持久深化，像木杵凿坚冰，刘经纶深切感受到了阻力和反作用力。但他迎难而上，排除干扰，系统思考，全面布局，还是取得了良好效果。此次试点对后来中国保险业产险寿险分设起到了积极的推动作用。

正当刘经纶在人保江西省分公司人身险事业部的工作逐步走上正轨之时，刚成立不久的平安保险公司想大力发展寿险，知道江西人保在寿险这一块做得不错，即派出孙兵（平安总公司常务副总经理）、曹实凡（人力资源部总经理）等人，千里迢迢来江西与刘经纶面谈。时任马明哲董事长秘书的肖建荣是刘经纶的同学，所以孙兵、曹实凡等人一见面就直奔主题——平安保险公司希望刘经纶能够南下深圳，加盟平安。此时的刘经纶因主导人保公司的产险寿险分家而名扬保险界，同时他在江西的寿险业务经营上步步为营、节节获胜的业绩也令人瞩目。可以说，寿险初建中的方方面面，刘经纶皆是运筹帷幄的探路人，经验极其可贵。就是在这样一种情形下，孙兵亲率平安一行人来江西见刘经纶，呈上的可谓平安的真心。

　　一面是刚开始不久的事业正蒸蒸日上，人际环境也如鱼得水；另一面是一个崭新的企业、一个改革前沿新奇天地的诱惑。是去还是留？刘经纶突然面对一道必须作出选择的人生考题，可以想象，他的内心有多么矛盾。

　　"坦白讲，当时我心中是矛盾的。一方面当下的工作很顺，另一方面又不甘于满足现状，我内心是想去的。深圳特区的生活吸引我，我觉得那里的环境更鼓励创造性，平安保险又是当时第一家股份制保险企业，有前途。平安公司事业开拓充满生机，工资待遇也肯定比人保高，据称有时还发港币，收入比在江西翻了几倍。而且每周六下午可以多休半天。深圳还是一座年轻有朝气的城市，靠近海边，毗邻香港，城市的气质与地理位置很令我向往。而在江西一切都似乎太熟悉了，我可以取得的成就都获得了，事业上对我已经失去了挑战的刺激。物质上和职场上我都已经到了一个较高之处，同时也意味着遇到了一个瓶颈。我想要突破自己。"比起对改变现状的渴望，刘经纶的内心同样存在着种种顾虑。"毕竟那是一个人生地不熟的地方，意味着我要一切从零开始，我的朋友圈都需要重新构建，而且可能也会有这样那样的风险。"

生活与事业，甚至命运，往往就取决于人生紧要处的选择。在这关键时刻，刘经纶得到了太太魏虹完全的信任和鼓励。"当时，我得到了太太对我的理解和全力支持。她希望我在事业上更上一层楼，不要沉浸在已经取得的成绩里裹足不前，而要乘着大好的年纪和天降的机遇，勇于在事业上开拓。"可以说，是太太给予了刘经纶最直接的动能、最贴心的支持、最热切的鼓舞。刘经纶决定与过去告别，奔赴新征途。在决定离开江西之前，刘经纶和魏虹还专门去了一趟深圳，走访了早年去平安公司的老同学、深圳人保的老同事，并对深圳的人文环境亲身感受了一番。

千军易得，一将难求。由于刘经纶在江西本地保险圈甚至全国保险行业都是公认的领军人才，江西方面不愿轻易放行。人保江西分公司的总经理和相关部门都坚决不同意刘经纶离职。即使他表态去深圳不再做保险本业，也不被允许离开。眼见正常离职很困难，刘经纶只得迂回行事，先由省内的江西信托投资公司向人保江西分公司提出商调，将他的工作关系调到江西信托投资公司，他再联系已在深圳发展的一位老同事陈新，请其向江西信托投资公司开出商调函，将他调到深圳。南昌、深圳两地连续拉锯几个月，刘经纶才得以如愿离开人保系统，离开江西。

　　1993 年 10 月 8 日，是刘经纶前往深圳的日子，人险部部分同事到向塘机场送行，刘经纶的女儿刘薇（后改名为刘珈吟）也随车到机场送行。在机场，大家拥抱话别，还留下了珍贵的录像和照片。刘经纶满怀激情地来到了深圳这一令他畅想与憧憬的城市，这里的一切对他而言都是崭新的、未知的，也正因此，他仿佛获得了某种新生的力量。这力量意味着与过往告别，也意味着对新生活的纵情一跃。

　　按照平安保险公司的管理规定，新入职员工需要有半年试用期。尽管刘经纶已是一位叱咤风云的保险名将，但他进入平安保险公司后还是要先在一位年轻员工的"指导"下工作，他常常被称为"老刘"，甚至还被安排跑腿去火车站排队买票。然而，这些类似于打杂的事情也没有使刘经纶觉得不可接受，此前的身份与当下的"地位"之别并没有让他觉得有多了不得的落差。"我觉得这些面子上的事情都不要紧，最重要的是我要证明自己。"一个自信的人是平和坦荡的，是不在意工作和生活中的细枝末节的。

　　在工作条件上，刘经纶需要适应较大的变化，所有之前的权力包括工作专车都没有了，曾经惹人瞩目的荣誉和傲人成果也无人在意，一切都需要重新开始。之前所在的人保系统是国营单位，做事有一整套约定俗成的路数，而刚迈步跨入的平安保险则是市场化的民营股份制企业，市场灵活度较高，刘经纶要想在此站稳脚跟，只靠平安邀请自己加盟的热情还不够，必须要靠自己一点一点地适应并创造出能够令人信服的业绩。

　　1993年10月8日，刘经纶离开工作多年的人保江西分公司，正式加盟平安，去深圳平安总部赴任。人保江西分公司人险部的部分同事到南昌向塘机场为他送行，7岁的女儿刘珈吟也去送行。

除此之外，刘经纶还需要经受生活的考验。他太太和女儿并没有随之去深圳，他只身一人住在公司附近的简易筒子楼里。"好在我在深圳有一帮同学和朋友，他们排解了我的孤单和不适应。初到深圳时我确实有过各种不适，甚至水土不服，掉头发，心里也有过波动。但我知道，既然来了就要面对现实，我的心态调整得还算快。"刘经纶说，有梦想就要去奋斗，有收获就一定需要付出，有得到就一定会有失去。这是他从自己的人生经历中悟出的心得。

因为能力出众，工作业绩突出，同时平安保险也急需他发挥作用，刘经纶在入职 3 个月后即破例转正，并被任命为人身保险部副总经理。这是平安保险公司成立以来第一个试用 3 个月即转正的员工。刘经纶刚来时的"老师"很快就成了他的下属。

平安保险公司派人亲赴江西将刘经纶请来，主要目的就是要将产险和寿险分设，大力发展人寿保险。平安公司产险寿险分设方案还是刘经纶起草的。"我当时将在江西产险和寿险分离的成功经验应用于平安，同时平安从台湾引进国华人寿的专业人员协助开办个人营销业务，成立专门的寿险部项目小组进行筹划。"

由于是只身前往深圳，刘经纶的生活可以说有些单调。每天晚班归来，他常常吃路边摊果腹。在有限的业余时间里，他偶尔也会和一众外来的单身乡友围坐在一起打扑克牌、喝酒。无论深圳有多么光彩和迷离，有多么引人入胜，刘经纶这一年的日子却过得简单、忙碌。他说："我在深圳，要把过去的光环和荣耀都忘掉，毕竟我已经来到新的环境，转投新的公司，我已经有了新的事业方向，我就应该重新开始，从零开始。所有过去的一切只是我人生的参照，对未来并不具有实际意义。"刘经纶把所有心思都投注在了新的事业目标上——推动公司的营销体系建设，实现产险和寿险分离发展，努力提升绩效。

产险和寿险分设之后，平安保险引入了友邦代理人制度，在深圳、北京、上海进行第一批试点。"平安历来善于创新，前瞻性突出，发展的步子总比其他公司快半步。"这是平安留给刘经纶的印象。在平安保险代理人营销体制的起步与发展过程中，刘经纶起到了参与、实践和推动的作用。

回望自己一个人在深圳的生活和工作，刘经纶感慨良多。"过去在江西有稳定的家，饮食等个人生活有保障，而现在我不仅工作环境需要适应，生活状态也要做相应的调整，比如吃饭，很多时候就跑到路边小摊简单凑合一顿。"但他的内心却感到平静甚至愉快。"既然我愿意迈出这一步，我就必须做好内心的调整与承受，我就应该有毅力在永远奔跑的路上，永远敢于向上攀登。"刘经纶深感自己经历得多，也意味着收获得多，自己的每个生命阶段都有值得珍惜和尊重的内容。

现任平安集团党委办公室负责人肖建荣和刘经纶为莫逆之交。他俩是江西银行学校的同学，相识相知多载，还是地道的乡亲，又有共同的职场经历，可谓亲如兄弟。肖建荣说："我觉得刘经纶有江西人的特质——朴实、善良、热情、好客。他很勤奋，做什么事情都很执着，没有条件时，创造条件也要上。他为人热情、热心，和他做朋友，他有什么都可以掏心掏肺。他心地善良，总能设身处地替对方着想。把别人的事当作自己的事，这始终贯穿他的一生。我觉得他有时候对人好得有点过分。他的老家所在地离我家不到 50 华里路。他是农村出来的孩子，没什么花哨，没什么小九九，但是他是有心思的，心思还是挺多的。他有自己的想法，有抱负，有理想。"

肖建荣介绍，现在虽然与刘经纶天各一方，服务于不同的企业，但是他们的情谊日久弥深。"他只要出差到深圳，就会来看望我和我的家人。去年，他利用出差江西的机会，还去看望了我的父母。"在肖建荣的心里，刘经纶近乎一个完美的人。"他重感情，家庭幸福，一家人温馨和谐。他在家庭建设方面做得比较好，他没有大男子主义，和太太谁下班回到家早，谁就做饭。"肖建荣为刘经纶感到骄傲，他眼中的刘经纶始终像一位兄长一样和每一个人相处。

刘经纶与肖建荣有一个老乡微信小群，名曰"老表群"，群里是 7 个老乡，7 个好同学。"我们这个群是一个不散的群，因为有一个主心骨，每天早上 7 点左右，刘经纶会在群里发一个'早上好'，有时是文字，有时是图片。已经坚持好几年了，说明他心里一直惦记着大家。"在肖建荣心里，刘经纶永远是那个"鬼样子"，他朴实无华，不会摆谱。

肖建荣至今还记得，1989 年 1 月自己结婚，中午他和家人及刘经纶等好友都喝了很多酒，宴席结束后，大家都倒头睡去，一觉醒来，不知不觉已近天黑。刘经纶却一个下午都在厨房里给大家准备晚饭，而且一个人准备了两桌饭菜，做好后敲门叫大家起来吃饭。"那顿饭特别香，我很难忘记，我至今很感激。"肖建荣与刘经纶友情至深，这源于他对刘经纶人格的敬重。

太平洋人寿保险股份有限公司顾问朱光与刘经纶是故交旧识。1987 年元月，人保总公司组织一个调研小组到吉林检查工作，刘经纶是这个调研组的组长，当时同在人保系统的朱光是组员，他们在这个小组里相识。朱光回忆说："对于刘经纶，我以前是只闻其名，因为他在全国人保系统很有名气。我们当时是去蛟河县支公司调研。由于行程安排得太紧，我们乘坐的那趟火车只买到站票，没有座位。大家硬生生站了 3 个多小时，才抵达目的地。那时总公司和分公司的干部都很务实，没有太多的讲究，既不讲排场，也没有抱怨。晚上大家就住在蛟河县支公司的楼上，那个楼名义上说是公司的招待所，实际上条件非常简陋。大家挤着将就了一个晚上。通过这次调研活动，刘经纶给我留下了很深的印象，他敬业、专业，为人很朴实，品行良好。我们彼此成了好朋友，后来总公司召开寿险专业的会议，我们也见了多次面。"

1992 年，朱光跳槽去平安人寿工作。1993 年，平安人寿派朱光到南昌筹建平安人寿江西分公司。人生地不熟，刘经纶是朱光在南昌唯一认识的人。当时在江西仅有两家保险公司——人保和太平洋，筹建中的平安是第三家。

"筹备伊始，刘经纶知道我没有费用，就告诉我，他公司的对面有家小饭店，饭费可以去签单记账，签他的名字，他个人来结账。从这件事上，我感受到了他的豪爽和义气。"朱光说。

正是通过朱光和肖建荣，刘经纶对平安保险有了更多的了解。1993 年，刘经纶正式加盟平安保险，在总公司人险部工作，而朱光也被调回平安人寿深圳分公司。之后，他们同在深圳一个小区买了房子，成了楼上楼下的邻居。

不久，刘经纶被调往平安人寿北京分公司担任总经理，朱光被调到平安人寿辽宁分公司担任负责人。尽管远隔千里，但二人一直保持着密切联系。后来，刘经纶从北京调回深圳总部担任寿险协理，负责平安人寿团险部、健康险部等业务。当时团险有两个部门——一个团险管理部，一个团险销售部。朱光被从辽宁调回来，在团险销售部工作。几经辗转，朱光和刘经纶在工作中又成了搭档，刘经纶也成为朱光的分管领导。"团险销售部成立以后，我们在上海开了一次会。对于销售整体情况的报告，刘经纶讲话时字句斟酌，对每一个细节都不会有丝毫的马虎。他是一个在工作中一丝不苟的人，极具专业精神。"大约半年后，朱光接替丁当担任平安人寿深圳分公司总经理。

1998 年元旦，刘经纶给朱光打电话，要朱光开车过来送他去麒麟山庄。"我记得是开一辆本田车（总公司给每位协理配的车）去送他。在车上他告诉我，泰康人寿的董事长陈东升来深圳找他，希望他去泰康担任要职。除了他太太，我是第一个知道他和泰康接触上了的人。那天，他和陈东升董事长聊了两个多小时。出来的时候，我问他情况怎么样。他说只是第一次交谈，陈东升董事长希望他尽早决定，尽快加盟。"

1998年9月，朱光和刘经纶还出了一趟差，去湖南、江西和湖北等地。"我们还顺道去了他读过书的江西银行学校，那里已经成了一片荒芜之地。刘经纶在一座庙里还抽了支签，那支签是指向内地北上，这无形中也坚定了他加盟泰康的决心。"

和其他同事不同，朱光除了与刘经纶共过事的经历，还在事业之外有着生活上紧密的交集。作为密友，他这样评价刘经纶："刘经纶非常热情，为人善良。尽管有时候也婆婆妈妈地教育人，但是很细腻。在与人的交往中，这一点体现得更充分。他注重人情，每次来深圳，在北京机场就会给所有的好友发信息，如果工作之余有时间，他肯定会请大家吃个饭、聊聊天。宴请朋友和同学时，他还要把对方的太太都叫到场。"

刘经纶为人豪爽，人脉圈非常大，这一点朱光也感同身受。"我记得有一次乘坐航班，我碰巧跟名模陈娟红坐在一起。当她得知我是从事保险业的，就问我：'你认识不认识一个叫刘经纶的呀？'我回答：'我们太熟悉了'。一次偶遇，人家就会提起他，可见他的人脉圈子有多大。不管是政界、商界、艺术界，他的朋友特别多。"

朱光还记得年轻的时候，刘经纶身体好，爬山速度快。"我们在平安人寿时，团险部有一次去广东肇庆组织集体活动。在七星岩大家比赛爬山，刘经纶拿了第一。我好奇地问他：'为什么能这么快？'他说：'开玩笑，我就是爬山长大的，山里的孩子呀。'"

与朱光相仿，原太平洋人寿副总经理吴传明与刘经纶的关系是老乡、同学、同事与知己。对于刘经纶今日事业的成功，吴传明给出了自己的观点："刘经纶能成就事业，在于他有理想，有修养，爱学习，他非常有忍耐心，有大局观，远见性很强。人要没有'忍'，走不到今天。在任何情况下他都很淡定，他的性格和三观深受家庭的影响，所以他成功了。他的经历中，怎么会没有委屈？没有不平？没有不公？只因为他能忍耐，一步一个脚印，稳步前行。我觉得任何的成功，离不开一个'忍'字。刘经纶没有任何背景，他能忍，能包容。他的成功，既靠能力，也靠'忍'字。"

"刘经纶的脾气好，口碑好，专业好，管理好，在保险业界是公认的。"吴传明坦言，和刘经纶共过事的人，对他有口皆碑。"因为刘经纶心地善良，乐于助人。他不搞小圈子，能够包容，结识很多朋友，他的人脉圈子非常广，能把大家召集起来，有号召力，有凝聚力。"

刘经纶的另一至交好友，原泰康人寿广东分公司总经理王小平也是江西银行学校毕业。王小平先在江西人保工作，后加入平安保险。2018 年，他 57 岁，根据公司规定，可以提前办理退休手续。纵观王小平的职业生涯，每一步都与刘经纶有着交集。

作为老乡、同窗和密友，王小平从刘经纶事业的不断攀升中，感受到的是他的努力奋发和艰辛、坚韧与不屈。"我觉得一个人没有无缘无故的成功，能成为一个成功者，他一定有着自己艰辛的历程，背后的付出，是常人看不到的，也无法想象的。刘经纶情商很高，跟人的交往上，能包容，与不同的人都能打交道。他没有架子，乐于助人，不管是谁，能帮上的尽可能都帮。他人品正直，大公无私，清正廉洁。"

王小平认为刘经纶很善于团结人，善于协调各种关系。"每次遇到总公司开会，开完会之后呢，有时间他就会和大家聊聊天，甚至喝点啤酒加深一下感情。每次这样的聚会，他都会叫上董事长的秘书。从这个细节可以看出，刘经纶非常精明，考虑问题很周到。"

在王小平的心里，刘经纶不仅是个好领导，还是一个好兄长、好朋友。"2006年，我和妻子几乎天天吵架，后来闹到了要离婚的地步。刘经纶从一位好友处得知这一情况，他非常关心，就在我俩中间说和，确实起到了作用。"王小平深知"清官难断家务事"，一般人都不愿意做这种出力不讨好的事，但刘经纶的古道热肠令他动容。"刘经纶是个热心肠，他乐于助人，不管工作多忙，也要挤出时间来关心我们。我真的很感动！"

挥戈北上

刘经纶无比看重初到深圳的那一年，他认为那是他职业生涯里非常重要的一年。"那一年对我而言，至关重要，可以称为我思想上的洗礼之年。在事业上我从头开始，我要求自己忘记过去，以新人的姿态重新起步，不要留恋过去，要多向前看。无论工作还是生活都要拿得起，放得下。"但就在刘经纶撸起袖子准备在深圳大干一场之时，他的命运指针又悄悄拨向了北方。

1994 年 9 月，平安保险布局北京市场已成定局。刘经纶正想着如何在南方的保险天地更加大显身手，并没想到平安保险在北京的布局会牵扯到他的命运。对刘经纶而言，此时的北京就像之前的深圳一样，是一个完全陌生的地方。而平安保险的掌舵人马明哲董事长却已对公司如何在北京开疆拓土思虑良久。

平安保险事业初创时即广纳国内保险人才，然后又迅速将他们从深圳总部空降到各地主政分公司。但一段时间内，这种空降的效果似乎并不明显，这使得马明哲不得不思考空降方式是否适宜。与此同时，产险和寿险分开经营也是平安保险主推的改革措施。就是在这样一种情况下，马明哲想起了一年前才从江西"挖来"的刘经纶，把他空降到北京分公司。

1994 年 9 月 28 日，刚刚在深圳团聚的刘经纶一家乔迁新居，他好不容易重新成为一个"有家"的人。对此，他内心感到无比的喜悦和踏实。但就在第二天上午，马明哲董事长把他叫到办公室，很坦诚地跟他谈，希望他北上主导北京分公司的寿险工作，并表达了对他一家刚团聚又要分离的歉意，同时建议他好好考虑，不必急着答复。

毫无疑问，刘经纶每个毛孔都深感意外，他意外的是被选定的居然会是自己！在深圳，他对这个城市和公司刚刚有一点儿感觉，又要去一个自己从未了解、全然陌生的地方。

在刘经纶眼里，马明哲董事长是一个讲究创新与实践的管理者，爱学习，善思考，同时格外重视人才。"平安初创时，马董就格外看重北上广，注重省会城市，注重平安的寿险如何在一线城市立足。他不仅执行力强，而且思路清晰，一开始就确定了开辟主流城市市场，从主流城市辐射全国的发展思路。他是一位非常有战略眼光的领导者。"

尽管对于马明哲向自己提出的工作安排感到甚为突然，但在思忖片刻后，刘经纶便表示了同意。这使马明哲董事长在感动之余也颇为意外。

在谈及自己为何如此快就作出同意上北京的决定时，刘经纶说："我当时的确没有权衡太多，没有反复去斟酌，只是想既然我来平安，有个人事业的目标与追求，那就需要付出，那我做事就应该果断，这也是考验一个人执行力的时候。一个人的成功一定有他自身的原因。"刘经纶认为，所谓"自身的原因"包括决断力、执行力、与常人不同的意识以及行为等。刘经纶当场作出决定，既包含着他对马明哲董事长的战略规划的认同，也有他对马明哲个人的尊敬。

虽然很爽快地答应了空降北京，但刘经纶心里其实感觉有很大压力。"这次上北京，和上一次南下深圳有着很大不同。北京地域独特，加上人生地不熟，各种情况更为复杂。在北京创业，有着太多的不确定因素。"除了客观环境，还有一个情况也让刘经纶心理负担不轻。这之前，平安保险连续从总部派人空降各地分公司，效果不尽如人意，以至马明哲董事长不得不思考空降模式是否适合平安的发展。刘经纶空降北京的效果如何，从某种意义上说，也是对平安保险空降模式的一种考验。

带着平安保险公司的目标与任务，带着马明哲董事长的期许，刘经纶空降北京。在机场迎候他的是平安保险北京分公司的几位核心人物，他们看上去个个笑脸相迎、恭敬有加，但已在社会上经历了很多的刘经纶深知这次集体迎接背后的玄机。从机场到中航大厦安顿下来之后，刘经纶就被拉着直接到餐厅用晚餐。"我很明白他们是有备而来。一方面热忱相迎，另一方面又想搞点'动作'。他们内心对我是有逆反的，不服我这个外地来的。在餐厅我就看出来了，他们想给我个下马威。满桌子的北方菜，还摆了不少二锅头，他们想从第一晚就把我撂倒。"当晚的酒桌上，伴随着浓稠的酒味，刘经纶嗅到了扑面而来的火药味，他和他们的心理较量在推杯换盏中不动声色地铺展开来。

时任平安保险北京分公司人险部负责人徐践是此番为刘经纶接风的核心人物之一，尽管已过去了20多年，但徐践依然对1994年10月8日刘经纶赴京履职那天的细节记忆犹新。"说实话，我真没把他当回事，我们当时在北京做得挺好，突然来一个外乡人，还要领导我们，我们从心里就很排斥他。也许这种想法我们中相当一部分人都有。那天下午我们去机场接他，他给我的第一印象就是又瘦又矮，说话是浓重的外地口音，感觉和北京有着巨大的文化隔阂。"作为土生土长的北京人，徐践此前主管平安保险北京分公司的寿险业务，他是中央财经大学保险系毕业，在保险事业上一直发展得顺风顺水。刘经纶空降北京成为分公司寿险最高负责人，徐践从内心非常难以接受，于是和经理室几位成员策划在刘经纶抵达北京的当晚摆一场"鸿门宴"，将刘经纶灌翻在地，让他知难而退。

那晚，刘经纶喝了一斤多白酒，并没有醉倒，而同桌的人却醉倒了好几位。"我在他们面前一定不能倒下，撑也必须撑住。最后，我看着他们在我面前倒下。回到酒店，胃里特别不舒服，喝了很多矿泉水，酒劲上来的时候就用手抠喉咙吐出来。"想在酒桌上给刘经纶下马威的人们谁也没想到，第二天早上晨会时，刘经纶第一个到。就这样，与北京分公司众人相见的第一回合，刘经纶给大家留下了一个很难搞倒的印象。

在开展工作的过程中，刘经纶也常常感到备受掣肘，而且在一些事情上还不时会被给"小鞋"穿。"有一次，徐践要我陪他去丽都酒店见大客户，公司里有奥迪、凌志、林肯等各种用车，办公室居然给我安排了一辆红色夏利车，这辆车在半路上还坏了。后来还是要见的客户安排司机过来接的我们。"刘经纶说，"在北京工作初期，类似这样狗血的事时有发生。有时想想，要成就一番事业真不易！但我还是没有受到太大的影响，仍然把主要精力都放在工作上。"

不久，马明哲董事长出差来京，刘经纶与他就自己这一段时间在北京的工作进行了深入交流。"我和马董当时是在北京饭店贵宾楼见的，我简要把到京后的情况汇报和分析了一下。我当时就是强调要将寿险和产险彻底分开，包括人、财、物。"刘经纶的建议得到了马明哲董事长的理解和支持，为了保证在总经理室开会中能投票通过，时任代表处主任（兼北京分公司副总经理）的骆鹏参加了投票。这样，在总经理室最终投票表决时，刘经纶的提议以 3∶2 通过，寿险与产险得以完全分开经营。在当晚会议前，马明哲董事长还专门打电话给深圳平安保险总部的有关领导做了沟通。

刘经纶得以险胜的玄机，多年后才由当年平安保险北京分公司副总经理骆鹏解开。骆鹏与刘经纶在平安保险北京分公司

　　1994年10月，平安保险公司董事长马明哲到北京出差，刘经纶到马董驻地北京饭店贵宾楼汇报产险寿险分设情况，时任平安总公司办公室副主任丁当陪同。

有过一段难忘的共事时光，并成为莫逆之交。刘经纶受马明哲重托前往北京主推产险和寿险分离，骆鹏时任代表处主任兼北京分公司产险副总经理（后出任平安产险北京分公司总经理），他对刘经纶的工作作风给的一句话评价就是：为做好一件事尽心竭力。"刘经纶来北京，是作为分公司寿险负责人空降的。他来的目的，就是贯彻董事长要求，以北京为试点，将人、财、物独立出来。他在事业上执着投入，为了做成一件事，总是千方百计、百折不挠。"骆鹏披露了一件刘经纶鲜为人知的旧事，正是这件事让骆鹏决心交定刘经纶这个朋友。

骆鹏介绍，刘经纶为了促成产险和寿险分离，需要得到分公司的认可，他找到分公司一把手详谈，但没有谈拢，按公司章程规则，需要分公司班子成员讨论决定。一般情况下，骆鹏作为办事处主任可以不参加分公司的会议，但刘经纶在争取到分公司总经理助理潘凯的支持后，找到骆鹏，希望他参会支持自己。"按照组织程序，我参加也是合法的，但按惯例作为代表处人员一般是不参加表决的。最重要的是我和其他意见不同的领导私人关系也都不错，我如果支持了刘经纶，势必会引起他们不满，今后关系很难相处。"骆鹏当时的处境有点两难。

刘经纶坚持希望骆鹏参加会议，并表示，如果因此影响了骆鹏和其他人的关系，今后一定想方设法做挽回和补救，但眼下他希望骆鹏一定参会，帮助他完成这项工作。这是平安的事业，是保险界的事业，并非只是他刘经纶个人的事情。

在骆鹏的支持下，平安保险北京分公司产险和寿险分开经营的事宜有了积极进展。而这件事情也让骆鹏对刘经纶有了更深的了解。"从这件事上我学到了很多,也格外佩服刘经纶处理事情的魄力和情商。他在做事上除了竭尽全力,也分轻重缓急。这对我有很大启发。"后来,刘经纶为修复骆鹏和这次有不同意见的人的关系也做了大量工作,使得骆鹏的人际关系并没有因此受损。

一年后,骆鹏被总公司派往香港任职。"我离开时非常舍不得自己在北京专注投入的产险市场和经营多年的北京产险分公司,我希望继任者有着和我相同的企业文化价值观以及默契的经营理念,能帮我守住我们产险分公司的事业,而这个最佳继任者非刘经纶莫属。"骆鹏找到刘经纶,提出希望他兼任产险分公司负责人的想法。骆鹏知道,这不是一个好差事,这份兼职又苦又累,不讨好,还没福利。刘经纶对此更是心知肚明。然而,他还是答应了骆鹏的请求。这不仅是对骆鹏的投桃报李,更是对友人的肝胆相照,也是对公司事业的支持。最终,骆鹏的这个提议得到了平安保险总公司领导的认可和批准。

北京分公司的产险和寿险分开经营后,由刘经纶具体负责寿险业务。"当时情况很明显,产险和寿险部门的人、财、物差异很大,寿险部门处于绝对弱势地位,连像样的车都没有。在人员分配上,一些业务能力弱或者难以管理、事多的人被分给了寿险。在保险资源上,寿险这一块可谓一穷二白。"

刘经纶用3个月时间适应了北京的工作。他上任不久,就开始着手组建营销代理人队伍,并向中国人民银行总行报备个人营销保险条款，但没有得到人民银行保险司的同意，理由是营销代理业务佣金太高，中国没有先例，不合理，友邦是1992年进入上海，是人民银行外资司审批的。无奈之下，刘经纶将申报材料转报到北京市人民银行审批。在得到北京市人民银行批准后立即全面筹备开展个人营销业务。刘经纶回忆说："当时我们对于代理人的招聘是很严格的，每一个人都经过严格的面试笔试，招了100多人。一开展业务，就收到了100多万元保费。"就在这时，突然接到北京人民银行非银处保险科科长电话，告知人民银行总行保险司领导提出3条指示：收回批文，解散刚组建的代理人队伍，上交已收所有保费。显然，这3条中的任何一条对于刚刚开展业务的平安寿险北京分公司来说都是近乎要命的绞索。

当时已近年关，刘经纶订了农历腊月二十八回深圳过年的机票。险情突发，他无奈之下急忙请示总公司领导。"没想到总公司方面当时没有给任何明示，只是说让我自行处理，处理好后回家过年。如何具体应对，领导没管。"刘经纶如今感受到这或许是领导的艺术，领导是用激将法让自己酌情处理，给自己考验又给予充分信任。

"我当时唯一的想法就是找机会去拜见保险司马鸣家司长，只有见面交流才有可能解决问题。"当晚，刘经纶在骆鹏陪同下找到了马司长家。"我记得马司长家是在四楼，家中还养着一条大狼狗。我去的时候，马司长正在练书法。我一个劲儿向他道歉，说我并不是先斩后奏，而是因为急切希望尽早开展业务，所以就向北京人民银行报审了，我坦诚地表示我就是想做点事业。"刘经纶记得马司长当时还戏谑他："你来自老区，但没想到老区人民也不老实啊！做事情还耍花招。总行不同意你就去找分行审批。"

刘经纶与马司长相见，足足谈了一个小时后气氛才渐渐缓和下来。马司长的爱人在旁边也帮着努力缓和气氛，让刘经纶先回家过年，一切等开年后再谈。

这个春节，刘经纶企盼时间过得快一些，因为他心里的石头始终没有放下。"如果我们北京分公司的代理人制度被否定了，那么整个平安保险公司的寿险梦就会被推后实现。不难想象，如果代理人制度被叫停，后果将不堪设想。"

年后，平安保险北京分公司的保险代理人制度终于得到马鸣家司长的认可。顺利渡过这一难关，刘经纶在平安保险公司内的形象更加光鲜。恰在此时，平安保险北京分公司正在酝酿寻找一位强将负责产险业务，刘经纶被几乎所有班子成员"逼宫"，大家都希望由他来兼任总经理。"他们都在我的办公室里，把门一关，就给我围起来了。大家说北京地位特殊，外面再空降的人很难适应，一致认为由我兼任最合适，搞得我是哭笑不得。从心里我当然是不想兼任这个活儿。"北京分公司班子成员联合向总公司马明哲董事长力荐。无论是出于什么动机力荐刘经纶，他们给出的理由都无可辩驳：刘经纶事业心强，组织性强，勇于担当，敢于创新，有胆识，有头脑。不知是否是众人的举荐戳中了马明哲董事长的心思，他找到刘经纶又进行了一次交心之谈。刘经纶只得表态同意。"我当时同意，有几个原因：一是从整个平安保险公司的大局出发，二是从平安保险北京分公司的发展角度出发，三是回报骆鹏及班子成员对我到京后工作的支持。"自1996年起，刘经纶成为平安保险北京分公司产险和寿险的双料总经理。周一、三、五他在寿险办公，周二、四、六他又转到产险。当年北京分公司的产险和寿险业务都完成了考核指标。"当时产险差点没完成，因为时间紧，任务重，好在最后3个月冲了一番。"刘经纶回忆道。

在这之后，刘经纶又兼任华北、东北两个区的寿险总督导。由于工作出色，1997年初刘经纶晋升为总公司寿险协理，分管两个部门，成为身兼数职却只拿一份薪水的高管。

20世纪90年代中期，在北京的街巷时常能看到卖保险的展台，其中的大部分就是平安保险的营销大军。平安保险北京分公司的营销员队伍人力最旺时有一万多人。中国的保险代理人体制虽为友邦保险引入，但在本土茁壮成势首功当推平安保险。

刘经纶清楚地记得马明哲董事长在北京走访时的趣事。"当时他看到满街都有平安保险的展台，有公司代理人在宣传，他很高兴，于是和很多代理人攀谈起来，结果发现员工都不知道平安董事长是谁，只知道北京分公司的总经理。"这是公司初创时典型的粗放式经营的缩影。这件事让刘经纶意识到是自己的基础工作没做好，他很内疚并自责，反思了好一阵子！"平安保险建立初期，马明哲董事长心思都扑在业务上，不喜欢抛头露面，也不喜欢见更多的人，做事做人很低调，所以才造成了员工只知道分公司老总、不知道总公司董事长的情况。后来，我在舆论宣传上特别注意宣传总公司，同时要求员工培训第一课必须讲公司战略，讲公司文化，讲公司历程，以形成对公司的归属感和凝聚力。"

刘经纶之所以狠抓营销队伍建设，是因为他对保险业所处的大环境和北京分公司的实际情况有了清醒的认识。"在当时，人们对于保险业、对于平安公司、对于保险品牌的认知度都很低，而建立一支营销员队伍，是成本最低、最容易短期见效的策略。"他对此深信不疑，并投入最大精力，所以当时北京满大街都有平安寿险营销人员在做保险宣传。

在刘经纶负责北京分公司业务的几年里，曾经拒绝和排斥他的徐践逐渐成为他最得力的支持者之一，而这样的转变来自徐践在生活和工作中对刘经纶人品和能力的了解。刘经纶为人热情真挚、平实诚恳，工作勤勉无私、身先士卒，这些都令徐践敬佩。"我最敬佩刘总的是他对众人的理解和同理心，这应该与他的苦出身有关。正是因此，他对人才有更深的理解，更能站在对方角度去体谅人。他对世态人情有着非凡的理解能力。"徐践说，刘经纶的业务能力和人品都令他佩服，所以他愿意协助刘经纶为北京分公司尽心竭力。

态度的改变往往是通过具体的事件触发的。有一件二人共同亲历的事对徐践转变态度产生了决定性影响。早在1994年，徐践谈下一个团险大业务，保费达到3000万元，在当时算是全国保费最高的一笔业务了，投保的企业是国内少有的世界500强企业。然而，这个企业的有关领导因为签单时不在国内，回国后却无故要终止保险合约，这让徐践非常气恼和焦虑。他没有想到的是这位领导与刘经纶曾是人保系统的同事，刘经纶主动与徐践一起去拜访这位领导。

然而，那次拜访给徐践的印象极为恶劣，他甚至称之为"最屈辱的经历"。对方虽然是刘经纶的前同事，但一点儿面子都不给，甚至连座位都没给。徐践内心无比愤懑，刘经纶却依然淡定自若。面对对方的盛气凌人，他一再隐忍，和缓应对，将自己的位置摆得极低。任对方如何跋扈，刘经纶都做到尽力忍让，从容与对方交流，于卑微中坚持自己的立场和意见。徐践眼见此情此景，内心不由佩服刘经纶的能屈能伸。"我们离开后，刘总也气得破口大骂，浑身颤抖，拉着我一起去喝酒。我体会到他内心深深的屈辱感，但为了工作，为了达到我们的期望，在当时那种情境下他还是能做到泰然自若，这绝对不是一般人能企及的。这一点令我特别佩服。"

徐践觉得刘经纶的厉害之处就是他内心深处极为强悍。"一旦工作中出现问题，刘总总是和我们在一起，也总是冲在最前面。"同为企业经理人的徐践深知，作为一家分公司的领导，这是非常难能可贵的。刘经纶在任时北京分公司的凝聚力很强，领导班子很团结、很给力，徐践、谢忠、张国芳、马宏均都是得力的助手，他们都给了刘经纶很大的支持。

　　1994年10月8日，刘经纶受命到北京筹建平安人寿保险北京分公司，这是当时寿险总经理室班子成员合影。自左至右依次为：谢忠（副总经理）、张国芳（副总经理）、刘经纶（总经理）、徐践（副总经理）。

对话：比畅想明天更重要的是把握今天

问：高考填志愿时您选择了新兴的保险专业，这也成了您毕生奋斗的事业。今天回首，您如何评价当初的这一选择？

答：在我们那个年代，银行是很令人敬畏的。和银行有关的领域都令人向往，保险是新生于其中的一个领域。作为一个新的专业，保险相对于传统专业对自己而言更有挑战性，并且容易脱颖而出取得成功。我一直信赖的舅舅也很支持我选择保险这个新专业，新的领域富有挑战性，也意味着更有发展机会。

当时招生的政策是，在达到录取分数线的前提下，优先录取报考保险专业的考生。也就是说，从大环境看，是最大限度将优秀青年人才招收到保险专业。能够读保险专业的学生应该说都是考生里相对比较优秀的，我特别渴望自己优秀，这促使我下决心报考保险专业。从我们那一届录取的400多人的整体发展来看，大家都是很优秀的。

今天回头去看自己当初的选择，我觉得有几分巧合，但又深感幸运。对我的事业发展而言，我无疑是选对了专业。保险事业是一份爱的事业，是一份阳光事业，越是经济发展，越是科技进步，越是人们生活水平提高，越是人的寿命延长，越需要保险。

问：当教师的经历对您的事业有着怎样的影响？

答：当教师对于我是一段很宝贵的经历。它提升了我在干事业的过程中理论与实践融合的能力。具体说来，它提升了我的理论水平，提升了我的演讲能力和口头表达能力，与学生在一起生活和学习也提升了我的沟通能力。这些能力的养成对我后来成为一名合格的管理者提供了很大的帮助。

当教师的经历也加深了我对教育的重视。看着讲台下一双双聚精会神的眼睛，我的使命感油然而生，总想把更多的知识和工作中的经验分享给大家，衷心期盼学生们都能成才，未来在保险行业里独当一面，发光发热。

不得不说，给培训班和基层公司讲授课程为我积累了很多有益的资源，也让我后来能够顺利地深入基层开展工作。我教过的学生都是保险行业里各级机构、各有关部门的负责人，他（她）们在我的工作中给予了很多支持与帮助。

问：您认为自己的经历对现在怀揣梦想的年轻人有怎样的启示？

答：一个人成功与否，他的经历是本钱。成功需要一步一个脚印扎实地走出来。我个人相信自己的经历对于所有追逐梦想的青年人还是有一定借鉴价值的，甚至有某些示范作用。

对于有梦想的年轻人，首先要明确自己的梦想是什么，这不能模糊，一定要清晰，要对自己的主客观情况有明确的认知和判断，也就是你的梦想必须符合实际，好高骛远是追逐梦想的大忌。要明确知道自己想做什么，能成为什么。其次要持续奋斗。有的年轻人奋斗一时可以，持续奋斗却坚持不下来。短暂的成功与困难都会使很多人停下脚步，可贵的是奋斗的持之以恒。要有先苦后甜的决心。准备工作细致，做事才会轻松。

我从自己的经历中得出一点认知，持续学习是取得成功的一个非常重要的因素。我始终处在学习之中，无论是在初中还是"共大"，直至考取江西银行学校，以及后来在职去读本科、硕士、博士、MBA、EMBA，我一直保持着持续的学习力。要勤于学习，不要只限于学习书本知识，来自实践中的学习也很重要。学习是无止境的，不善于学习永远不会成功。

年轻人最重要的是要抓住机遇，年轻时一定要加倍努力，珍惜时光，畅想明天的同时更需要把握好今天。过去有句老话：少壮不努力，老大徒伤悲。意气风发不在一时，持续发展才是英雄。在我的职业生涯中一直保持着创新的意识。在人保，我敢为天下先，以一己之力力推产险和寿险分离。然而，我没有满足于此，无论是后来去平安还是到泰康，无论是南下深圳还是北上北京，我都能全力以赴，就是因为我心里的创新意识一直很强烈，我不满足现有的成功。同时，良好的协调沟通能力也很重要，不会沟通就不会工作。适应能力强，善于总结思考，这些都贯穿在我对事业的追求过程之中。

我认为还要有奉献精神。不要做工作之前就想着能回报多少，市场是踏实做出来的。人有了成绩，回报自然会来。

总之，人必须要有梦想，要持续学习，持续奋斗。想什么！做什么！成什么！我想我的这些感悟或许对当代有抱负和雄心的年轻人有一定的启示作用。

问：您遭遇过不少生活困境，在最艰难的时候您如何把握好自己不沉沦、不放弃，始终坚持梦想？

答：首要的是心怀目标。没有目标就没有方向，没有方向就没有动力。这个目标是坚定的，是不以环境变化而变化的。其次要有信心，要自我勉励。过去有句老话："苦不苦，想想红军两万五；累不累，想想革命老前辈。"再次是面对困境要有应对的方法和技巧，不为失败找借口，要为成功找方法。我在遇到困难时，往往是以良好的沟通协调能力让问题由难变易。最后，我们做任何事情不要轻易放弃，要懂得坚持。短暂的失意和挫折都会过去。面对困难不能急躁，每天解决一点点，慢慢来，不要急于求成。步子走得稳，才能走得更远。

　　2000 年至 2003 年，刘经纶攻读博士学位，并于 2003 年 10 月获得经济学博士学位，博士生导师为武汉大学时任保险系主任魏华林教授。

鹊起京城

1994 年 10 月，一个叫李宏志的青年在《北京青年报》上看见平安保险公司的招聘广告，前来应聘。经过几轮面试，顺利被录用，他的第一堂人身保险专业课便是刘经纶亲授。这个缘分使他日后成为刘经纶在平安保险北京分公司的第一任秘书。

"那时的刘总带着使命从总公司空降而来，要在短时间内将北京分公司的寿险业务做起来。当务之急是时间已到 10 月，但北京分公司的人身险业务团险指标只完成了全年的三分之一，在刘总的意识里是没有'完不成任务'这个选项的，他要求必须在短短两个多月的时间内完成全年任务。这一声令下震惊了全系统，虽然看上去就像一个不可能完成的任务，几乎没有人相信可以完成，但刘总用坚定的信心，加上对每一项业务的用心梳理和专注指导，将专业方法和必胜信念灌输到每一个人心中，而奇迹竟然真的出现了！当时，北京分公司的业务水平在全系统是属于中下游的，经此一战，可以说真是令人刮目相看。"李宏志追忆，"另一个工作是建立个人营销体系和拓展个人营销业务。刘总告诉我们，寿险营销将成为保险销售的主流！受他的影响，我才坚定了信心。申请参与筹建北京寿险营销部门，也是刘总跟我面谈的，鼓励我发挥自己的特长。可以说，他是看着我一步步成长起来的。"直至今日，李宏志对刘经纶满怀感激之情。

1995 年 1 月，平安保险北京分公司（寿险）正式成立，刘经纶成为第一任总经理。1995 年 6 月，李宏志接到公司任命担任平安保险北京分公司宣传科科长兼总经理秘书。接到任命的他内心非常忐忑，既兴奋又紧张。"以前我从来没有做过秘书，刘总来到北京工作也没有给自己安排过专职秘书，我也没有那么密切地跟过刘总，紧张的心情可想而知。后来刘总既是北京分公司的总经理，又兼任总公司华北、东北的寿险总督导，总公司同时要求刘总帮扶四川、江西和湖北等分公司。我跟随刘总第一次出差，就是刘总带着北京分公司各部门的经理先到成都、重庆，后到湖北分公司进行对口业务指导和交流，同时，这一年的半年工作会就在长江轮船上召开了。"

在与刘经纶的工作交往中，李宏志了解了刘经纶的生活经历。"我真真正正认识了他生而不凡的人格：在困苦中成长，所以不惧怕困难；因为爱而理解人生，所以善待他人；因为恩人帮助所以感恩世界，尽最大努力帮助他人。"

李宏志说，刘经纶给予了他广阔的生命启示。"他让我相信这个世界是有奇迹存在的，就像有些人在不断地书写传奇。有些人觉得奇怪，一个从江西小山村出来的人怎么能有这么大的能量？会创造出那么多奇迹？是的，这个世界就是有这样的传奇。他的人格，他的品行，他的处事，他的待人，他对事业的态度，他对亲人的爱护，他对自己的严格，他对他人的宽容，我相信这些都是他创造奇迹的缘由。"

"我从来没有感受到他有过负面情绪。"对于刘经纶前来北京上任的背景，李宏志非常清楚。"刘总是带着总公司的目标和使命来上任的，大家也都能感受到他要证明自己的信念与决心。"回忆担任刘经纶秘书的时光，李宏志满是骄傲。"北京分公司那个时候非常有特色，个性、业绩也极为突出，很多分公司都慕名前来学习，我曾经一天接待5批来学习的分支机构人员。"不仅北京分公司的业绩是全国系统第一，而且公司内部的文体活动热烈，员工文化生活丰富。公司成立了艺术团体和足球队，文化演出、运动会让员工的业余生活变得多姿多彩。

在李宏志的眼里，刘经纶大局观强，善于发现人才、培养人才，做事不偏听偏信，勤于个人实际考察。"我在他身边，感受到他很会用人。他给员工舞台，更给予充分信任，鼓励员工大胆创造，同时又把握员工不出边界。那个时候，我们大家都特别信任他。"尽管过去多年，但谈起来，李宏志还是非常激动，他甚至认为那是刘经纶在北京度过的最快乐的一段时光。

作为刘经纶在平安保险最早的秘书，李宏志的感受与平安团险老营销员刘恩智的感受高度吻合。1994年12月，刘恩智应聘平安团险营销员，他上的第一堂培训课也是刘经纶亲授。在那节课上，刘经纶向一群保险新人讲授了寿险的意义和功用，并对各种营销办法进行了介绍。"后来我们在工作中发现，刘总总是充分发挥每个人的能动性，放手让大家去创造。他特别注重年轻人的成长，给予足够的机会与空间。遇到困难，他也会带领我们一起去解决。"刘恩智印象特别深的是，营业区出了第一张2000元保费的大单，这在当年绝对是震动人心的成绩，刘经纶为展业成功的代理人颁奖，赠送"英雄"牌钢笔，场面极为隆重。

1994年12月，王洋从700多名面试者中脱颖而出，成功被录取为平安保险北京分公司的营销员，并在一年后因为业绩优良被提拔为区经理。他记得有一年在全公司会议上，主持人为了烘托刘经纶的气场，特地设问："刘总像什么？"主持人原本是期待人们对刘经纶来一波儿溢美之词，却没想到台下居然有人朗声道："像大独裁者！"场面极其尴尬。其实，对于"大独裁者"的评价，王洋在当时倒是心有共鸣："记得那年总公司给我们下达的指标是寿险保费3000万元，刘总提出了6000万元。每次刘总提出的指标都远远高于总公司。当时市场寿险营销刚开始，保险不被认可、不被理解，业务开展困难重重。我们压力巨大，所以对刘总一再涨指标多有微词。"然而，当年刘经纶率北京分公司竟拿下了2亿元保费，引发市场巨大震动。平安公司的品牌形象在北京保险市场也扶摇直上。王洋认为，现在的平安保险北京分公司坚实的市场基础以及人才培养锻炼体系几乎都是在刘经纶时代打下的。"刘总非常能够精准把握市场节奏，总是大胆提出高目标，这源于他对市场具有深厚的前瞻力，有着扎实的积累。"在王洋看来，尽管刘经纶每每提出近乎疯狂的指标，但那仍然是基于他对市场的深入了解与自身高超的专业头脑。王洋说，当他们后来发现自己总在超额完成指标时，个人的成就感与自信心也大为增强。作为基层员工，他始终可以感受到刘经纶与他们在一起。"刘总永远都和我们在一起。记忆里，他常常不打招呼直接来参加我们的早会，了解我们的心声，体察员工的精神面貌。"如王洋所言，刘经纶深入基层，与员工肝胆相照的工作作风，深深赢得了人心，他敢想敢干、专业勤勉的职场风格和魄力使更多人尊敬他、信服他。

对于刘经纶在市场策略上的"激进"，时任平安寿险北京分公司副总经理的徐践非常赞赏与认同。"在拼市场上我完全认可和支持刘总。任何一个有进取心的人都希望自己的'大哥'是有出息、有理想的，市场一直都是存在的，要想获取市场就必须争夺市场、积累客户，真正的战士不会拒绝'战场'，必须具备求胜精神。"每每在总公司下达业绩指标后，刘经纶总会给予分公司更高的额度，徐践对此极为认同。他与刘经纶有着高度默契，那就是要将北京分公司建设成为全系统的长久第一。徐践追忆起与刘经纶"并肩作战"的岁月，激动而兴奋。"我们那时候就瞄着上海分公司，我们两家总是在争冠军，我们一直以平安寿险上海分公司为我们冲击和突破的目标，但我们年年都是最终冠军。"刘经纶每次与上海分公司总经理何志光通话后，总要问对方保费做到多少了，这种"业绩攀比"使刘经纶激情满溢，斗志昂扬。正是平安北京分公司与上海分公司的良性竞争，带动了平安寿险与全国寿险业并肩前进，这两个分公司也堪称中国寿险界的两个标杆。最有趣的是，后来刘经纶与何志光被调离分公司后，他俩的业务交流并没有终止，徐践清楚地记得有一次刘经纶和何志光在电话中探讨工作，通话结束双方即将挂掉电话的时候，刘经纶还是问了对方一句："你现在保费做到多少了？"这令徐践无限慨叹。

1995年下半年，黄晓强入职平安保险北京分公司团险部。说起当年他所亲历的一件事，令他对刘经纶一直心存敬意。"记得刘总刚来北京分公司之后的一天上午，我和一些同事在营业部下棋。碰巧，那天刘总拿着个公文包来我们办公室看了看，然后问我们职场在哪儿。我们很多新来的不认识他，只有个别老员工认出了他。我们当时非常狼狈，上班时间下棋被领导抓到，我想肯定要被狠狠训斥一番的。但是刘总没说什么，非常和善地与我们聊了很多，说自己只是过来看看，还请我们带他去职场转转。他对我们没有任何批评。他的亲和、宽容与平易近人让我们深受感动。后来，刘总还是找了一个恰当的机会跟我们讲上班时间下棋不对。这就是刘总的领导艺术。"

黄晓强还对刘经纶的酒量感到震惊，而将酒量和工作指标相联系就更在场面上显得壮观与豪迈。"那时候在平安保险北京分公司，指标下达的会议后刘总常常和我们一起聚会，与我们同饮。刘总在我们心目中威望很高，业务员都抢着与他照相、干杯，刘总也从不推脱，一饮而尽。我记得刘总那时候和我们干一杯，大家要完成 500 万的团险任务。"如黄晓强所见，业务启动会后，刘经纶与员工们煮酒论英雄，他酒量惊人，常常一圈下来，公司的保费指标已扶摇直上，远远超过总公司下达的指标。

刘经纶在各个方面都给黄晓强留下了深刻而又生动的记忆。"刘总给我内心最深的感受是他在工作上的利落与细致。他永远在追求市场份额最大化，同时他还有高超的工作方法。"黄晓强是众多业务员的代表，他的感受印证了基层员工对刘经纶的敬重。除了普遍相似的崇敬外，每个人也有对刘经纶特别的个性化赞赏。黄晓强最敬佩刘经纶的"敢言"："每年的年终会上，刘总的发言都是我最爱听的。都是实话、真话。他完全可以说一些套话，但是他从来都是目标明确、要求具体，直言公司经营利弊，使我们深刻感受到他内心的责任感与原则性，他对董事长的战略从来都是坚决执行、落实。他在很多方面的提议，多年之后，事实都印证了他是正确的。这说明他对市场与企业有很强的前瞻性。"在黄晓强以后的事业发展中，他都以刘经纶的保险生涯作为自己学习的标杆与榜样。

1997 年，刘经纶升任平安寿险协理，赵喆军成为他在总部期间的秘书。当年的寿险高峰会议在北京召开，这是平安保险的第二届寿险高峰会议。赵喆军对刘经纶在工作中率先垂范的作风感慨至深。"刘总率领分公司同事们事无巨细，从会议议程到会议材料，从会场布置到串场音乐，他把各项准备工作安排得妥妥帖帖。高峰会议前的深夜，刘总亲自到现场看望还在忙碌的会务工作人员，对大家嘘寒问暖、关怀备至。同时，一一检查各个环节，确保万无一失。刘总那时候本来就瘦，加上会议筹备的忙碌，感觉整张脸只剩下一双布满血丝的大眼睛了！正是刘总的敬业、细致、负责、忘我的职业精神，为我们树立了标杆，也一直让我在职业生涯中受益。"刘经纶担任北京分公司寿险、产险总经理的同时，还出任东北、华北寿险总督导，往返北京与深圳的次数比较多，他在深圳期间的事务性工作由赖剑文、赵喆军两位秘书负责。在赵喆军的印象里，刘经纶非常严谨，每次的行程安排计划性都特别强，减少了许多临时的变化与应急事务。"就这一个细节，体现出了他对下属的体恤与包容。"后来，无论赵喆军的岗位与工作的城市怎样变，刘经纶与她的交流从来没有中断过。"这也是让我极为感慨的。领导那么忙，心里却一直惦记着我们这些在他身边工作过的普通员工，用他丰富的人生经历与宝贵的职场经验，为我们提供指引，为我们解答疑惑。"赵喆军深深感念于此。

令赵喆军倍感温暖的是刘经纶每次到上海，都尽可能安排老平安的同事们见见面，谈行业发展，谈昔日情谊，也为大家的相聚交流提供了绝佳的平台与机会。"即使行程再紧，刘总也会打电话关心一声'最近怎么样？好不好啊？'说真的，接到刘总的电话，听到刘总爽朗的声音，都让我心头暖暖的，忘记了工作的辛苦、生活的不易。"赵喆军认为刘经纶的平易近人、举重若轻、淡定亲和、格局站位，都为与他共事的人们树立了现实的榜样。

1996 年至 1997 年在平安寿险北京分公司任刘经纶秘书的袁晓光觉得，给刘经纶当秘书是个既轻松又费脑的活儿："说轻松，是因为他话不多，只讲关键要点，无论是平常交代工作还是开会做记录，我把关键字记几个就好了，回来整理时，中心内容很完全。说费脑，是因为他只讲关键要点，在形成报告（那时候 PPT 还不普及）时，为了让内容充实、文字流畅，就要抓紧学习领导语境中出现的政策、知识以及工作中出现的情况，一旦文字形成了，刘总又一改之前言简意赅的风格，会逐字逐句地跟你核对。"

袁晓光记得刘经纶有一次回江西老家，围绕一篇讲话稿，用手机一句一字地跟他沟通："刘总的意思是要让这个稿子用他的赣版普通话读起来大家能听得明白、掌握要点。但问题是，那时候刚有手机，江西那边信号不好，讲不了两句就又断了，说是正在山沟里。过一会儿打过来又清楚了，说是车开到山顶有信号了。一有信号，我也就十分激动，嗓门儿自然放大不少。那天是个大夏天的星期日，我那时还住在平房大杂院，手机时断时续，一个上午，他到家了，稿子也沟通完了。坐在我们院里择菜的大妈也都听明白了，其中一个还对我说：'你们头儿真认真！'现在想来，那时真是突击学习和成长的时候。"

在袁晓光的印象中，刘经纶很瘦，不苟言笑，一年四季都是一身藏青色的西装，显得很严肃。"平时，我们也不敢超出工作的范畴跟他说些别的。他干什么速度还特快，我们中午加班难得蹭个工作餐还总吃不饱，因为他吃的都是挺辣的，很快吃完又上楼上班了。"一个周日，刘经纶临时通知袁晓光到他的住处改报告。"他住在东城中航大厦酒店，我是第一次去。之前，我就奇怪，那里临着二环，楼盖得抠抠索索的，咋能住人？进到楼里，穿过低矮阴暗的楼道，敲开房门，一看，就一个房间，开门就见床，一个小阳台，装修很旧，采光很差，好像连个独立卫生间都没有，和我心目中在平时管理北京产险和寿险两个公司上万人，还兼管着整个北方地区人寿保险业务的大老总形象差得不是一星半点儿。"袁晓光脱口而出："呦，领导，您就住这儿？"刘经纶回答："嗯，这儿挺好呀，有前台阿姨每天打扫卫生和送开水。好了，我们现在看稿子。"袁晓光坐在房间里唯一的沙发上，刘经纶站着，直到把稿子改完，他除了跟领导说"再见"，中间再没有提及工作之外的其他事，当然，也没有喝上阿姨送来的水。"不久以后，我随他去基层营业部检查工作。营业部的同事们正在做培训，看见领导来了，主动停下来打招呼。这时，我看到刘总笑容灿烂，表情和蔼。应营业部同事的邀请，他热情地讲话鼓励在场的业务员。之后，他还穿着那身笔挺的西装和大家一起做游戏。"袁晓光记得当时唱的是首儿歌《当我们同在一起》，配合着越来越快的节拍，大家围成一圈互相拍手，越拍越快，气氛十分热烈。平时不苟言笑的刘经纶，此时面色红润，开心得像个孩子。

　　1997 年至 1998 年，赖剑文在平安总公司和赵喆军同时担任刘经纶的秘书。作为刘经纶早期的秘书，他对刘总喝酒的事一直很难忘："1997 年，刘总除了担任北京分公司产险和寿险总经理外，还升任总公司的寿险协理，我很荣幸成为他在寿险总部的秘书，有了很多机会陪同他出差、参加会议及活动。那个年代，酒文化很盛，每一次刘总都需要喝很多酒，跟客户谈业务，甚至跟基层员工搞激励时都喝，刘总的酒量到底有多大也是大家闲聊的话题之一。"

　　有一次去贵阳出差，是一个督导区会议，会前刘经纶就开玩笑说："小赖，会议人很多，都是业务一线的，你要替我喝点酒啊！"喝酒对于赖剑文这个广东人来说，可不是一件容易的事情，他当时想，就豁出去了，不管行不行，也要分担老总的喝酒压力，这是秘书的责任。会议结束后，进入晚餐环节，觥筹交错，刘经纶在推杯换盏中就把工作推动和干部激励的事情行云流水般完成了。看着刘总一杯一杯地干，脸色早就红润了，赖剑文端着酒杯跟大家说："刘总已经喝了很多了，从现在开始的酒我来喝吧。"刘经纶笑着说："我没事，你一个广东人，不能喝，照顾好自己，别喝了。""就这样，刘总继续一杯一杯地喝，那顿饭他喝了起码有一斤白酒。刘总喝酒都是与工作和业绩相关的。酒席最后，他还问我：'小赖，你没事吧？'说实话，我从做刘总秘书的第一天起，直到现在，也没有替他喝过一杯酒，这的确遗憾，但也实实在在地享受着刘总的关心和温暖。"赖剑文说，直到现在，他还依然可以看到刘总对下属的悉心关怀。"这已经成为刘总身上一个重要的标志了，也深深影响了我与同事和下属的相处之道。"

赖剑文成为秘书时加入平安时间并不长，其主要职责是协调刘经纶在总公司的日常工作。"刘总很用心地对我个人的成长给予规划和安排，'树人'的观念早早就在他心中播下种子。他对下属的栽培非常到位。"只要遇到业务会议，刘经纶都让秘书一起参加。"当时平安保险公司还在创业初期，领导们轻车简从。刘总安排我做会议记录。有一次去四川片区开工作会议，会前还有点时间，刘总找我聊了20分钟，交代我会议纪要怎么写，应该注重什么要点。"正是由于经常参加各种业务会议，耳濡目染，赖剑文的工作能力提升很快。

1998年底，刘经纶去云南参加一个业务会议，会前并没有安排秘书同行。赖剑文给刘经纶送文件时，刘经纶问："云南会议你想去吗？"随后，他告诉赖剑文参加会议可以学到什么，会后的会议纪要应如何撰写。令赖剑文印象最深的是刘经纶说了一段话："在保险公司，做业务管理工作更能锻炼人，你可以多听听会，多跟着我跑机构，以后找机会从事业务管理方面的工作，所以要认真学习体会。"这段话激励赖剑文朝着业务管理方向迈进。"现在回顾自己的职业生涯，从行政工作到业务管理工作，再到高级管理岗位，其实就是刘总给我的启蒙和他'树人'的理念带给我的丰厚回馈。不仅仅是我一个人，凡是在刘总身边工作过的秘书，已经将近20位（包括在人保、平安、泰康的），现在都是各个领域的管理干部。"

　　赖剑文很感恩刘经纶给予他的指导和规划，使他在职业生涯的发展过程中，有一个好的起点，并深刻影响了他为人处世的风格。每当在工作中遇到困难，他都会给自己打气鼓劲："我是见过世面的！"赖剑文现任平安寿险深圳分公司的总经理，该公司是平安寿险系统内的王牌分公司。

　　"现在我也像当年的刘总一样，以'树人'为荣。"赖剑文说。

　　1997 年 4 月 21 日，唐义勋怀着忐忑的心情，到平安保险北京分公司报到，担任刘经纶的秘书，从此开始了与刘经纶 23 年的交集。起初，在他看来，刘经纶是高高在上的大领导。但经过多年相处，他的感受与最初完全不同。"刘总像是我们'秘书团队'的导师、家长和兄长，传道授业，答疑解惑，给我们的人生、工作都作指导。在我的经历里，很少有做到这么高位置、取得这么大成就的人，还会和我们普通员工保持这么紧密的联系，在我的印象中，刘总是唯一的一个。"刘经纶每年的生日都是与历任秘书们一起度过，从人保到泰康，这么多年从来没间断，每次见面他都要给大家上一堂工作要求课。

　　唐义勋和刘经纶工作上的交集，主要是在 1997 年 4 月到年底，总共半年多的时间。当时，刘经纶任平安寿险北京分公司总经理并兼任平安产险北京分公司总经理，本年还提升为总公司寿险协理。刘经纶留给唐义勋的印象是：小个子蕴藏大能量；工作严谨，注重细节；目标执着，是个强势管理者。

　　时间如白驹过隙，23 年间，很多事随着岁月的洗礼变得模糊了，但还是有一些细节留在脑海里，成为唐义勋忘不掉的记忆。"最初见到刘总，他身材不高，体型瘦小，每天西装革履，不苟言笑，走路带风，说话急促，带有江西口音，有时我们不太能听清他说些什么，这对于秘书来讲，是有些挑战的。"这是唐义勋给刘经纶做秘书时最初的感受。

1997年，平安寿险首届高峰会议在北京召开，对于北京分公司来讲，这既是荣誉，也充满压力。北京分公司半年前就开始筹备，8月16日下午正式开会。"刘总对高峰会议的准备，非常关注细节，甚至小到一个桌牌的设计和摆放。他专门召集开了几次总经理办公会来研讨高峰会议的落实工作。记得在7月底的一次会议上，刘总提到，此次高峰会议规模较大，在北京召开影响巨大，一定要达到预期效果。他对几个方面的工作提出了具体要求。"会议筹备小组由原来的12个人调整为4个大组20人，设置了宣传文艺组、文秘服务组、会务保障组、会务接待组。刘经纶是总负责人，其他班子成员每人负责一个组，各司其职。他和大家一起反复研究各组工作，狠抠细节，比如文艺宣传组如何策划演出，文秘服务组颁奖要注意些什么礼仪，会务保障组如何保障交通和安全，会务接待组如何做好食、住、游服务等，都做到预案在胸。

唐义勋回忆："高峰会议在亚运村北京会议中心举办，记得16号上午，刘总专门到会议中心理发厅理了发，理的是那种大背头式的，非常提升颜值，配上西装和胸花，很有管理者的风采。那次高峰会议举办得非常成功，得到了总公司的表扬和肯定。我从刘总身上学到了很多，比如说要想做好一件事、办好一个活动，必须做好活动前、活动中和活动后几个阶段的工作。活动前要做好活动方案、人力、财力、场地等几个方面的准备。一个活动举办得好坏，很大程度取决于活动方案、财力（预算）、人力（观众、活动人员和服务人员）以及场地协调等前期的工作是否做到了位。活动中期，组织者要确保现场高度有序，并对可能的突发事件有应对预案。活动结束，要及时并善于对活动进行总结、分析。整个过程中刘总都极为关注细节，这让我受益匪浅。"

刘经纶自 1994 年单枪匹马来到北京，空降平安保险北京分公司，通过艰辛的努力，闯出了一片天地，实现了业绩连续 3 年翻番和市场占有率连续 3 年超过 50% 的惊人业绩：第一年总保费做了 5 亿元，第二年做了 10 亿元，第三年做了 20 亿元。当时，北京分公司的业务总量基本上每年都占整个平安寿险系统的将近 15%，在北京寿险市场创造了"平安神话"。

作为刘经纶身边的工作人员，唐义勋被刘经纶对目标执着的精神深深地感动。"在 1995 年、1996 年连续 2 年取得骄人的业绩后，1997 年要想再翻番，困难可想而知。但在 1996 年底，刘经纶就定下了市场占有率保持 50% 的目标，要求员工全力以赴，完成总公司下达的各项指标任务，确保平安保险在北京市场的战略优势，力争在系统内保二争一，做到'三连冠'。刘总特别强调做寿险业务一定要在中心城市，尤其是北京、上海、广州等一线城市。"唐义勋说。

唐义勋特别提到他在 1997 年经历的两个重要会议："3 月在黑山扈教育培训中心召开的管理干部办公扩大会，制定了切实可行的保持系统第一的工作方案，做了有效动员和工作要求，并达到了年度预期目标。下半年的承德会议，做了半年总结和下半年计划，提出了个人营销业务大发展的实施方案，使目标有效落地和推动。"为了达成目标，有效铺设郊县机构是刘经纶当时推动的非常重要的举措。唐义勋记得他们发起了一个代号叫"梨花行动"的"战役"，取意"忽如一夜春风来，千树万树梨花开"的诗句，就是大力在郊县开设网点，拓展业务渠道。丰台、大兴、房山、顺义、怀柔、平谷等区（县）的网点都是那时候开业的，为完成当年任务和做大北京市场贡献了力量。为了批设这些机构，刘经纶做了很多工作，特别向中国人民银行的领导作了细致的汇报。

"3 年业绩连续翻番，估计是前无古人，后无来者，没有超人的意志和顽强的毅力，是很难想象的，这也是我从刘总身上感受到并需要终身去学习的优良品质。"唐义勋感叹道。

在平安保险北京分公司的 4 年多时间里，刘经纶从对城市市场的陌生到逐渐熟悉，有着太多难以忘怀的经历。1997 年初，刘经纶因为在北京分公司业绩斐然，被晋升为平安保险总公司寿险协理。

时至今日，刘经纶依然非常感念在北京的这 4 年。无论是事业还是生活，北京都给予了他很多。"应该说，如果没有在北京这 4 年多时间的磨炼，我不敢想象能够在事业上有更大的飞跃。各种关口我是一关一关地闯过来的，在这 4 年里我得到了全方位的提升和锻炼。可以说，我对北京的情感超过了深圳，在深圳我毕竟待的时间很短。北京是干事业的地方，我对北京的气候和文化的适应也得益于那 4 年在这里的生活与工作。我没想到来到北京这座城市快 30 年了。"

命运的飞毯载着刘经纶落地北京，他一待就是 4 年。4 年里，平安保险发生了很多变革，而这些在市场中激起的波浪也激荡着全国保险业的发展与突破。真正令刘经纶声名鹊起、被整个保险业瞩目和熟知的，也主要是他在北京耕耘的 4 年所取得的成就。正如他后来所言："没有在北京的这 4 年，就没有今天保险业界对我的认可度，就没有我在泰康保险公司做总裁的机遇，就没有我后来在保险事业里获得的荣耀。为此，我非常感谢在平安保险工作的 6 年时间里马明哲董事长对我工作的要求和安排。"

刘经纶经常觉得北京是他的福地。他不但在这座城市建功立业，这座城市也给予他庇佑。有一次，他下班开车经过西直门桥，因为极度疲劳而打盹了，差点被其他车撞下去，最终却是有惊无险。

刘经纶不止一次有遇险的经历。从少时至今，每次都令他心惊胆战。

10 岁时，刘经纶在家乡水北河中拔野草时不慎踩入泥沼，身子不断下陷，情势分外危急。他急中生智，使劲用脚不断踩沙子以加大摩擦，让身体艰难地缓缓转向硬沙，终得以脱险。

在桥头中学读初中时，有一次学骑单车，因为是下坡路，车直挺挺迅疾向下冲去，前面就是一条湍急的河流。此时，刘经纶毫无单车少年追风的潇洒，只有无所适从的惊惶，在电光石火之际，他顺势一把抱住擦肩而过的一棵大树，才得以自救成功，车子却淹没于河水之中。

刘经纶人生中的第三次遇险是和太太一起第一次回家过年。有一天坐长途公共汽车去曲斗二姐家，汽车行驶在山路上，左边是河，右边是山，正在下坡行驶时，右前轮突然脱落，汽车一头栽在山路边。幸好是右前轮出故障，要是左前轮脱落，汽车就很可能直接飞到河里了。

刘经纶第四次遇险是已经任职人保江西分公司人身保险部总经理之时。有一次，他乘单位的车从南昌到井冈山调研，行驶至泰和桥头渡口附近，山路非常险峻，在一个拐弯处，左边是悬崖，右边有一块大石头。就在这时，对面一辆车高速冲来，司机项国强为了紧急避险，猛打方向盘，既要避开右边巨石，又要避免坠河，只能与正面来车直接相撞，两辆车顶牛一般头撞头拱了起来。刘经纶坐在副驾驶座位上，头直接撞碎了前窗玻璃而受伤，所幸只是受了皮肉之苦，并无大碍。还有一次同样极其危险的事故，发生在1993年春节前，刘经纶从南昌去武汉出差。刚拿到驾照，只在马路上开过两三次车，并没有什么驾驶经验的他一时兴起，突然想自己开车，司机极其无奈地同意了。行驶途中，刘经纶为躲避路上的一个大坑，打方向盘转向的同时却将油门踩到了底，当时右边是山体，左边是水田，为了不直接撞向山岩，只能两害相权取其轻，将方向盘打向水田，结果，整个车四脚朝天翻在水田中，好在车上的人并无大碍。因为压坏了庄稼，村里的人将刘经纶一行围住讨要赔偿，场面狼狈而又尴尬。最后，惊动了当地政府和保险公司出面，赔了农民1000元才算了结。对于这次事故，刘经纶极度自责，决心在没有熟练掌握驾驶技术之前不擅自驾车。

2001年冬季的一天，刘经纶在北京昌平南口培训结束，回家路上大雪迷蒙。突然，一个骑自行车的人迎面蹿出，司机李玉尧为了避免相撞，紧急转动方向盘撞向旁边的大树。整棵树直接撞进了驾驶室，直立在刘经纶和司机中间，两人座位前的气囊都鼓胀弹出，情境惊悚至极。好在刘经纶只受了轻伤。

刘经纶的人生中多次遭遇危难，居然每次都化险为夷，可以说不幸中还是很幸运的。

再踏征程

1998 年元旦，一位特殊的客人从北京来到深圳，他的目标很直接——为了一个人而来。这位北京来客就是泰康人寿的董事长陈东升，他非常清楚，刚刚成立一年多的泰康，正面临着 3 年决定生死的挑战，急需一位有眼界、有思路、有实力、有拼劲的专业人士，与自己一起掌舵让泰康这艘船驶向寿险的深海，而这个人就是刘经纶。陈东升开门见山邀请刘经纶加盟泰康，出任总裁。

此时，升任平安集团寿险协理的刘经纶，刚刚回到深圳平安总部，一方面，如同鱼翔水底，保险事业的深海尽在眼前，他内心蓄满了畅游的热望。另一方面，刚与家人团聚，享受着小家庭的欢乐，又有些恋恋难舍。面对陈东升董事长的真诚邀请，他陷入了"幸福的烦恼"——选择的纠结之中。

对于陈东升，刘经纶并不陌生。他与陈东升第一次见面是在 1996 年 8 月，泰康人寿在北京长城饭店举行开业大典，他作为同行嘉宾被邀请参加。初次与陈东升相识，彼此都留下了良好印象。第二次是在 1997 年圣诞夜，平安保险北京分公司举办活动，刘经纶投桃报李，邀请陈东升出席，二人再次有了交集。

陈东升绝非等闲之人。他从湖北天门的县城，一路打拼到北京。他身上勤勉拼搏的闯劲、义无反顾的事业心，与刘经纶惺惺相惜。他对泰康人寿发展远景的规划，更让闻者无不怦然心动。如前所述，此时的刘经纶刚刚担任平安寿险协理，在深圳刚安下的新家凳子都还没有坐热，在任何人看来都没有离开的理由。更重要的是，面对马明哲董事长的信任，刘经纶也不好开口说离开。1998 年的这个元旦，刘经纶过得不平静。

陈东升深知，三军易得，一将难求。而且，在陈东升心里刘经纶不只是一员大将，分明是帅才。于是，陈东升请出了王恩韶、欧阳天娜、王玉泉这些辈分以及名望都备受推崇和尊敬的中国民族保险业的拓荒人，希望能以中华民族保险大业的立场和信仰说动刘经纶。在陈东升竭尽全力招揽刘经纶之时，同样求贤若渴的马明哲董事长也在拼力挽留他的这位爱将，甚至还给出了一些优越条件。

是去，还是留？自己要朝哪个方向走？ 1998 年的整个春天，刘经纶一直在心里拉扯，寻找答案。直到 4 月的一个晚上，刘经纶在沉思中，仿佛又回到了 20 多年前那个从老家泰和出走的夜晚，他甚至依稀又闻到了稻田里的稻香味。那个黑夜里奔向远方的少年，那颗义无反顾的滚烫的心，再一次燃烧起来。原来，那个"不念过去，不畏将来"的少年，一直在他灵魂的深处。

刘经纶作出了初步决定——去北京，去泰康，再拼搏一次。

"作出这个决定，我是深思熟虑的。无论如何，能够再一次创业对我来说是一次机会。我在北京有事业成功的过往，这给了我一定的信心。我对北京已有感情，也很熟悉。泰康是一家新生的股份制企业，能够成为新企业的经理人去开拓新天地也打动了我。并且与陈东升董事长的几次接触给我留下了深刻的印象，他是一个有理想、有抱负、有责任心的企业家。"

种种理由都是理由，然而，曾经在北京引领一家分公司傲视保险市场的荣耀，恐怕是刘经纶所陈述的诸多理由中最重要的。

1997年，刘经纶因在平安保险北京分公司的卓越表现，荣升回深圳总部。在12月28日举行的饯行宴上，北京各大保险公司的老总们相聚一起，可谓高朋满座。时任北京保险行业协会会长，也是泰康保险公司首任总裁的王玉泉向刘经纶敬酒时打趣道："我这个总裁是形式上挂个名，实际上人已经退休了，没有上班。我年龄大了，听力又不好，不如你来接我的班吧。"刘经纶赶紧答话："这可不能随便说，否则，我回深圳平安就无法交代了。"没过多久，酒桌上的戏言竟成为事实，命运的变化就是这般奇妙。

1998年夏天，有一次出差，刘经纶与时任平安集团副总裁李刚同行，已经下定决心的他想先给领导吹吹风，就提到自己可能准备离开平安。李刚以为刘经纶所说是玩笑之语，便没往心里去，只是一笑了之。确实，当时在平安集团，刘经纶可谓前程似锦，一般情况下，人们都只会顺势而上，不舍得放弃眼前的锦绣繁花。可刘经纶偏偏不是"一般人"。

1998 年 8 月，经过深思熟虑，刘经纶决定离开平安保险集团，加盟陈东升的泰康保险，他正式提出辞职。马明哲让公司的高管们分别做刘经纶的工作，希望他能留下，自己也找刘经纶坦诚交流，表现出真诚的爱惜和挽留之情，并表示，假以时日，刘经纶在平安寿险还会有上升的空间。

在平安与泰康这场"人才争夺战"的最后关头，陈东升和王恩绍专程到深圳拜访马明哲董事长，请求平安给予支持。最后，马明哲以极大的心胸和格局站在全国保险业大局的立场，从大公司支持新公司的角度，同意刘经纶离开。而刘经纶也承诺，只带走司机和秘书两人赴泰康就任。司机李玉尧至今仍在刘经纶身边。

离职前夕，马明哲以老领导的身份和刘经纶进行了深入交流，分析了他即将面临的挑战和机遇，并给予了真诚的祝福。今天，刘经纶依然清晰地记得那次谈话的每一个细节。马明哲所表现出的对行业发展的前瞻性判断、对创新精神的孜孜追求以及宽广的胸怀格局、对干部的培养提携，都深深地影响着刘经纶。

平安当时有个规定，凡是高层离职，原持有的公司股份一律退还。马明哲却允许刘经纶破例，离职可以不退出。可见马明哲对刘经纶的情深义重，这既是对刘经纶在平安保险的工作和奉献的认可，也是对刘经纶这个"人"的认可。然而，刘经纶没有犹豫，非常坚决地退还了持有的全部股份。"既然我离开了，就要按照公司的规定，应该退还。即使我有破例的可能，也不能破这个例。"刘经纶表示。现在，平安保险的高管离职也可以不退股份了，这是后话。刘经纶离开平安保险时并没有递交书面辞职报告，而是以国务院发展研究中心的名义发商调函进行商调，因为泰康人寿保险公司成立时是挂靠在国务院发展研究中心的。

刘经纶之前的事业抉择，太太的意见起到了很大作用，而这一次投身泰康，则更多是自己决定的。在平安保险，无论是在深圳总部自上而下的运筹，还是在北京分公司的精耕细作，刘经纶既赢得了市场，也收获了人心。然而，他不甘心故步自封，哪怕是在自己种植的绿荫下乘凉，也非其所愿。他希望自己重新出发，给生命以新的证明、新的创造。

在外地多年，刘经纶感觉最对不起的就是家人。"一直感觉亏欠太太，也很少有时间陪孩子，孩子有的时候会委屈地哭喊着'换爸爸'。"1996年春天，深圳下大暴雨，所有交通瘫痪，太太给在北京的刘经纶打电话哭诉。"当时我正在开会，接到太太的电话，说是女儿放学一个人回家，无车可坐，被困在路上，而且联系不上。那时候我女儿上小学四年级。我心急如焚，拜托我深圳的朋友们帮助去找女儿。直到晚上7点多，我才接到太太电话，说女儿回来了，一块石头终于落地了。说实话，当时我掉眼泪了。"从这件事足以窥见，刘经纶不在深圳，家人的生活中有多少不易。刘经纶的内心对家人既饱含感激，也充满愧疚。刘经纶总是说，他事业上的成就离不开家中两个人：

一个是太太魏虹，由于工作原因，自己多年在外，魏虹带着女儿在家，一边工作一边照顾女儿的学习和生活，在事业上一直给予支持，从不"干政"；另一个是女儿刘珈吟，从小到大一直自立、听话，学习、工作从不让家里人操心。2002年刘珈吟高二时，就从北京景山中学去英国念书，当时由她妈妈魏虹送她去英国，原准备多陪几天，但因不住在一起，语言又不通，刘珈吟第三天就让妈妈回国了。刘珈吟在英国圣里梅读中学，本科毕业于英国华威大学，硕士就读于美国萨福克大学，2009年毕业回国后在嘉实基金公司就职至今，工作一直很稳定，现已成为一名基金经理。刘珈吟出生至今，在父母和家人眼里一直是一个听话的孩子，给众多的亲友和同事留下了深刻的印象，2012年9月刘珈吟与竺玮喜结良缘。女婿竺玮在国家部委工作，勤奋好学，工作上进，品德良好。小外孙女竺语乔伶俐可爱，现已经上小学一年级，小家庭幸福美满。这也使刘经纶感到自豪和欣慰。

在泰康保险集团，刘经纶高居总裁之位，但他对自己的定位非常清晰。"我是董事长最重要的助手，负责公司日常经营。"刘经纶来到泰康后着手做的第一件大事是建立业务激励体系，创建营销代理人高峰会议——世纪圣典。

早在1995年，任职于平安保险的刘经纶与何志光、赵文学一同前往澳大利亚，参加了一次全球营销员寿险高峰会议。那次盛会的场景令刘经纶眼界大开，并深受保险营销文化的感染。

1996 年 8 月，平安保险公司首届寿险高峰会议在黄山举办。图为马明哲董事长和部分高管合影。照片中有总公司副总裁李刚、北京分公司总经理刘经纶、天津分公司总经理吴传明、福建分公司总经理李林、安徽分公司总经理王小平、辽宁分公司总经理朱光等。

回国后，刘经纶向平安保险总公司呈送了关于举办寿险营销员高峰会议的建议书。这份建议书在平安保险公司鼓励个人为公司发展献计献策的热潮下，很快得到马明哲董事长的肯定与支持，并批复由刘经纶主抓落实。刘经纶不负重托，经过细致规划、缜密构建，协助平安总公司寿险公司于 1996 年在黄山成功举办了第一届寿险营销员高峰大会。这是平安寿险首次有关营销代理人的主题盛会，也是全国寿险营销界的首次营销员高峰大会。由此，中国寿险营销文化开启了新篇章，而刘经纶无疑是把寿险营销文化提升至更高层次的推手。来到泰康，他成功开创了寿险的"世纪圣典"，使寿险营销员有了更高的社会地位和更真切的公司归属感。此举不但赢得了国内寿险界的注目，更为中国寿险营销文化开设了一扇通往高远境界的大门。现在在泰康，"世纪圣典"是外勤业务员的"奥斯卡"，对泰康业务的发展起到了极大的推动作用。泰康"世纪圣典"交替在国内和国外轮流举办，截至 2021 年底，已经连续举办了 20 届。陈东升董事长格外重视"世纪圣典"活动，每年都亲临现场。

刘经纶认为，寿险经营要读好"两本书"：一本是"产品"，一本是"基本法"（保险代理人管理制度）。

对保险公司而言，产品是核心，直接影响队伍建设与客户经营，保险公司在产品上要有市场前瞻性、差异性，要重视产品开发、产品销售和产品储备这三个重要环节。对代理人而言，熟练掌握产品是行业对代理人最重要的专业要求，代理人只有熟练地掌握、使用好产品，才能满足客户的要求，为客户提供专业的解决方案，从而赢得客户的认同与信任。保险代理人、保险产品、保险客户是保险经营管理的"金三角"。

代理人"基本法"是保险企业运营最重要的管理办法，是外勤员工实现自我价值的阶梯。员工熟悉"基本法"后就能对自我的未来有更清晰的认知和规划，特别是营销代理人更能从中规划自己的目标，保险企业的经营一切靠制度来管理。

刘经纶确信代理人团队的组织建设与发展是保险企业不变的主题。"只要代理人体制存在，组织建设发展就不能停。经营管理的实践一直要处在运转中。就像一辆公交车，后门下车，前门上车，汽车永远在奔跑，车内的人永远不固定。"他强调，在代理人团队经营中必须做到三个"严格"：首先，严格训练。训练无止境，这涵盖保险基础知识的训练、对各种相关领域知识的训练、对千变万化产品掌握的训练，特别是对保险理念的训练、对科技知识的训练，热爱保险才能做好保险。刘经纶认定，如果外勤代理人团队平日训练做不好，公司的长期发展也一定做不好。其次，严格管理。管理是严肃的爱，严师出高徒，管理出效益。刘经纶指出，管理不能千人一面，特别是公司在整体经营管理上，不能用一套模式总揽，中国这么大，地区间发展不平衡，管理一定要体现差异性，要在中心城市发展寿险业务。最后，严格考核。刘经纶认为，一个营销团队的出勤率最直接体现这个团队的精神风貌与核心能量，营销出勤率高是一个外勤营销队伍永续经营、良性发展的前提，因此出勤率格外重要。如果一个营销队伍的出勤率提高，那么这个团队健康发展的核心动力就会受到激励。出勤率和实动率是检验一个寿险销售团队的关键指标。

1998 年刘经纶加入泰康人寿时，正好赶上亚洲金融危机，泰康的发展速度也受到了一定影响，尤其是我国政府对金融的监管骤然收紧，从而给保险公司分支机构的设立和扩张带来了一定影响。一直到 2000 年初，泰康也只有北京、武汉和广州3 家分公司，网点铺设非常困难。

1999 年 9 月，国务院和保监会批准泰康人寿的海外增资扩股计划申请。2000 年 11 月 21 日，瑞士丰泰人寿、新加坡新政泰达、苏黎世洛易银行和日本软库银行成为泰康股东，泰康的资本实力得到了提升。尤其是瑞士丰泰与泰康建立了战略伙伴关系，签订了技术合作协议，大大地加快了泰康的国际化进程。

从 2000 年开始，泰康决定实施"一线巩固、二线崛起、三线决胜"的战略，实现了由中小型寿险公司向中大型寿险公司的历史性突破，抓住中国加入 WTO 外资开放前的政策红利，筹建了 18 家分公司和 138 家中心支公司，进而实现了超常规、跨越式的发展。

现任泰康集团党群部负责人李华安就清晰地记得 20 多年前他在武汉初见刘经纶时的印象。1999 年的李华安正在成立不久的泰康武汉分公司人力资源部任职，像很多保险人一样，对于刘经纶在保险业的名声他早有耳闻。"刘总的传奇经历我或多或少都知道一些，他在我们心里就是个难以超越的标杆性传奇人物。"可以想象，对刘经纶这样一个只闻其名不见其人的传奇人物，李华安只有一个概念性的想象。直到刘经纶作为泰康总裁来武汉分公司进行调研，李华安原有的想象才得到了验证。"与刘总近距离接触，才发现他原来完全不是我所想的那样。他极度亲和，与员工交往非常融洽。最令我受触动的是他的专业性。在开会时，他把保险体系、寿险公司的经营体系及总体框架、寿险经营特点以及团队的建设核心都讲得极其清楚，很多复杂的问题他都能一语中的。他对业务的指导和阐释，对管理者都很有启发。"

随着自己在保险业多年的耳濡目染，李华安越发感到刘经纶对保险业的认知具有前瞻性，用"高瞻远瞩"来表述也不过分。"20多年过去了，刘总很早之前论断过的寿险经营的诸多核心要点，都得到了精准的证实。"

"在保险公司，不懂业务的人永远没有发言权。"刘经纶20多年前说的这句话让李华安感叹至今。"当年保险企业内部都是各行其是，一些经营以外的中后台部门并不具有业务专业意识，服务于经营的意识也不够强。"李华安认为，刘经纶在那时就精准地认识到了保险企业要以经营业务为核心的生存王道。

调到北京泰康总部后，李华安与刘经纶距离更近，尽管实际工作中交集依旧不多，但李华安参与了由刘经纶全盘负责的几次工作，使他对刘经纶有了更深的认知。"2019年春节前夕，我们按集团惯例筹备员工庙会欢庆春节，但之前已经举办过5届，如何体现公司特色，如何在形式上创新，如何让员工积极参与，这些都是问题。刘总深度参与了这一届庙会的准备工作，从内容的策划到各个环节的设置，他都全程全心投入。"这一届庙会获得了员工前所未有的高度评价，其中反映公司经营成果及特色、公益扶贫产品的售卖等内容和由 8 名主持人穿插主持、员工进行互动的精巧设置成为活动的亮点。据李华安介绍，刘经纶总裁与陈东升董事长一起烤羊肉串的场景，令众多员工倍感温馨和亲切。这些镜头也在央视播放的泰康集团企业文化的新闻中出现，向社会展示了泰康的人情温度和凝聚力。

如今，李华安已成为泰康集团党群工作部负责人，刘经纶兼任过集团工会主席，在工作中他有了更多机会直接感受刘经纶对集团员工细致务实的关爱。令李华安甚为感动的是刘经纶对退休老同事的体贴，尤其是非常注重对退休人员的健康管理。"刘总对老同事的关爱是持久的，退休人员的生活是他关心的重点，而且这样的关心都具体落实到位。"健康报告解读、重大医疗需求与医院的对接、开通看病救治的绿色通道等，刘经纶都一件件办妥办实。

泰康人寿的办公室主任谢渝华是 2001 年加入泰康人寿的，曾担任重庆分公司副总经理，后提升为总经理。谢渝华从事保险业的经历与刘经纶大致相同，对于刘经纶仰慕已久。"刘总给我的印象非常深刻。首先，他对工作要求非常严格，专业能力极强。"每次开会，谢渝华都感受到刘经纶总能及时发现问题的症结，并且一针见血地指出来。"他不光是生硬地严格要求。当你遇到困难的时候，他会给你解决问题的办法。他的专业性很强，在领导岗位积累了很多保险管理的经验。"在谢渝华这样的后辈心里，刘经纶属于中国保险业重启后的开拓者、见证人。

谢渝华表示，刘经纶这个人很值得尊重。"刘总做事细致，从细节中把握过程。在'世纪圣典'中他总是亲力亲为，为每期活动提出非常到位的个人指导意见和工作要求，甚至给出颁奖时要播放领奖人家乡的音乐、领奖人要穿有地域特色的服装等非常细致的建议。会场布置、座位摆设、桌牌上英文字母的朝向都要求一致。在第18届'世纪圣典'活动中，他将收藏的很多珍贵纪念品等都捐献了出来，真的是一心为公。"

刘经纶的亲和力也令谢渝华非常敬佩。"他在工作之外将员工当作亲人。"很多重大活动后，刘经纶都会慰问工作人员并真诚请大家一起聚餐，以表示他对员工的谢意。一个高层领导如此平易近人，怎能不令员工感到亲近与敬重？

1998 年刘经纶加入泰康时，与时任管理层集体合影，自左至右依次为：常务副总裁任道德、顾问欧阳天娜、顾问王玉泉、董事长陈东升、顾问王恩韶、总裁刘经纶、副总裁马云。

舐犊之心

沈金龙于1999年12月底从平安保险北京分公司加入泰康总公司，刚到泰康时的岗位是总公司培训部教学主管。因为在平安时接受过总公司为期两个月的第九期组训育英班培训，所以从平安到泰康，他也是如鱼得水，工作开展起来得心应手。

他与刘经纶的交集，始于他给刘经纶当秘书。因为刘经纶从平安带来的秘书丁丁要被公司抽调到"沿海发展战略计划小组"工作。2000年，泰康正好赶上业务发展期，提出了"一张保单保全家"的先进理念，抓住加入WTO的机遇，立足全国市场，以实施沿海发展战略为出发点、三线决胜战略为突破口，迅速完成全国的网络布局。

刘经纶的前任秘书被指派去筹建青岛分公司，必须找到一个接替工作的新秘书。之所以选中沈金龙，自然有些原因。据当时负责人力资源工作的朱彬回忆，办公室接到总裁秘书候选人的招募需求，有三个条件：一是高学历，品学兼优，忠于公司，有一定的文字功底；二是严要求，要有较强的专业知识，最好做过业务或者培训；三是善沟通，有较强的协调沟通能力。人力资源部和办公室根据公司提出的三个条件，从公司员工里筛选推荐了沈金龙，而且从简历中发现沈金龙在《北京青年报》工作时，有过给领导当秘书的工作经历。这样，沈金龙就自然而然地成了刘经纶的继任秘书。

"我能被选中成为总裁秘书，觉得自己是一个幸运儿，但确实没想到自己能这么幸运，刚进公司半年就有机会为心目中的偶像级领导服务，又激动又忐忑，生怕自己能力不够，耽误了工作。"

沈金龙和刘经纶见面并没有几分钟，更多的是人力资源部总经理和办公室主任及前任秘书丁丁对他交代注意事项。"前任秘书告诉我，总裁为人特别随和，而且心特别细，不用紧张。但工作要求高，秘书工作责任重大，要做好也不容易。当时泰康还在西直门的中仪大厦办公，丁丁特意为我在楼下找了一个小饭馆接风，两个人更多的是交接工作似的聊天，我一直在内心里感谢丁丁。"沈金龙鼓起勇气上岗了，每天他都提醒自己，一定要小心谨慎，不能出错。"因为总裁秘书是一个非常重要的工作岗位，不仅要做好领导工作和生活上的保障，安排好工作会议等，还要做好领导一些工作指示的上传下达，跟其他领导的秘书尤其是董事长秘书及时沟通领导们的日程安排，以便于统筹协调工作。"

沈金龙至今还记得刚上岗没几天时发生的一件事："当时总裁从办公室出来，他的特点不只是走路快，说话语速更快，还有比较重的江西口音。总裁从秘书工位旁走过时，跟我说了几句话。可能是因为紧张，也可能是因为总裁说话确实口音比较重，总之我是完全没听清楚。当时我很尴尬，又不敢把总裁叫停，说'对不起，我没听清，您可不可以再说一遍？'但因为旁边坐的是陈东升董事长的秘书袁欣莹，一个机灵聪慧的小姑娘，我心里感觉是踏实的，我听不懂没有关系，总裁走了我可以问她……于是，尽管我没有听懂总裁说了什么，我还是鼓起勇气回答'好的，总裁！'。"

刘经纶刚一离开视线，沈金龙马上扭头问身旁的同事："总裁刚才说的是什么安排？"让沈金龙始料未及的是，小袁回答说她也没听懂！"我当时抓狂无比，要早知道小袁也没有听懂，我多问一嘴就好了，竟然答应了领导'好的'，却不知道领导说的是啥，简直太尴尬了，还耽误事……我懊恼之极，恨自己死要面子，想了各种应对之策，都无济于事。最后决定，还是去跟总裁坦白从宽。"

过了一个多小时，刘经纶从其他会议室回来了。他刚一进办公室，沈金龙就赶紧敲门，面红耳赤地向总裁道歉："真对不起，您刚才出门的时候跟我交代的事情我没有听清楚，请您再告诉我一下吧！"沈金龙至今也不知道总裁当时是什么心情，只记得总裁很温和地放慢了语速，又告诉了他一遍刚才安排的内容，沈金龙如释重负。

这件事对沈金龙的影响很大。"我从中得到几点启示：一是要尽快熟悉领导的语音语速。当然这对于我来说不是什么难事，这次我确实没有任何思想准备。二是不要心存任何侥幸心理，不懂不能装懂，尤其是在领导身边工作，差之毫厘，谬以千里，必须要严谨。三是要放轻松。越紧张越容易出问题，毕竟总裁是一个外表看起来严肃、不苟言笑的领导，但实际上他是特别关心下属、尊重同事的好领导。"

武汉大学情报科学专业毕业的方远近1998年4月加入泰康，对于第一次见到刘经纶的场景，他有着清晰的记忆："我第一次见到刘总裁，是他来武汉视察业务发展的情况，大约是在1999年的七八月份，他留给我的第一印象是：特别年轻，穿着西服，尽管比较消瘦，但很精神，走路也特别快。经过这些年和刘总裁的接触了解，我认为刘总裁是一个自律性特别强的人，管理水平特别高，很有领导艺术。"

"记得我们汇报工作时，刘总裁总是给我们指出，写报告一定要分清报告的对象是谁。报告一定要解决问题，要言之有物，听众听什么会有所触动，我们要达到什么样的目的。目标必须明确，也不能太随意。"方远近感觉每一次向刘经纶汇报工作，都是学习机会，是一次成长的机会，他深感刘经纶对他个人的成长帮助很大。

方远近一直记得刘经纶说的一句话："交代的活，应该去做。不催不问，不代表这个事情过去了。"方远近觉察到，员工和刘经纶接触的时间多了，都觉得他挺和蔼。"原来我们见他都是战战兢兢的，后来我们也变得不拘谨了。"

方远近记得有一次和刘经纶去广州出差，拜访腾讯做微信支付的领导。"我们等到了晚上11点多，一直在园区里转圈，结果那位副总因为有事临时改派一个人来见面。尽管被人放了鸽子，但刘总裁并不计较，他把自己的心态调整得很好。"

还有一次，方远近随刘经纶去深圳出差，看到平时总是一脸严肃的他和小外孙在视频上聊天，脸上笑成了一朵花。方远近说："那一刻，我觉得刘总裁非常可爱，也非常幸福。"

方远近记得，有一年，武汉市政府颁发给刘经纶一个支持地方经济发展的特别贡献奖，奖金是70万元。收到这笔奖金后，刘经纶自己又加了30万元，凑足100万，捐给了江西革命老区的教育事业。

有一件事让方远近很感慨，他觉得从这件事可以看出刘经纶的人生境界。"我还间接对刘总裁发过一次火，当时他主管IT部门。一开始我是IT部门负责人，后来公司成立了负责移动生产开发的新部门。这个部门是从IT部门分离出来的，让我担任负责人，我感觉自己的权力小了，所以很不爽。我就到集团的人力资源部门去申诉了个人的想法。刘总裁知道了这事，不但没有批评我，还叫秘书给我打电话，劝我不要冲动，让我认识到新科技的重要性，一定要好好工作，责任重大。"时至今日，担任泰康在线副总裁兼首席市场官的方远近才明白了刘经纶一直默默栽培自己的良苦用心。

丁峻峰目前是泰康在线保险股份有限公司副总裁兼首席运营官。由于她是技术出身，来泰康早期和刘经纶接触不多，没有切身的感觉，但常听业务同事说，刘经纶总裁对工作要求高，事情过问得特别细，同时也富有人情味，人品特别好，大家对他的评价很高。

后来，丁峻峰被提拔到 IT 部担任副总经理，有了与刘经纶近距离接触的机会。多年来，刘经纶讲话或布置工作给丁峻峰留下印象最深的一句话是："年年难过，年年过。""刘总裁这是鼓励大家遇到困难要想办法。他还说，压力会带来动力，办法是想出来的，市场是做出来的，人才是练出来的。解决问题的办法总会有。"

2015 年 11 月 18 日，丁峻峰到泰康在线担任副总裁兼首席运营官，与刘经纶在工作上交集更为紧密。"刘总裁工作特别勤勉，抠细节比我们想象的还要细。在申请泰康在线的牌照时，我们是全国的第二家互联网保险公司。我们仅仅用了半年时间，就申请下牌照，这在行业内也是一件不可思议的事。我觉得很大的功劳归功于刘总裁，因为他是筹备小组组长。公司成立后他担任董事长，带领我们的团队高速高效地工作，凭借敬业精神和工作的高效率，以及他平常与保监会相关领导建立的良好工作关系，才可能在这么短的时间做成这件大事。"

丁峻峰始终记得刘经纶说的话：要想做成一件事，必须踏踏实实做。"我们从他身上看到了榜样的力量。他在推进一件事情时，总是亲力亲为，特别细致深入。对于互联网保险，他抱着学习的态度，在多次不同场合的演讲中，表达都非常专业，足以见他有极好的开放学习心态。"

刘经纶的记忆力特别好，这令丁峻峰印象很深。"在他的荣休生日宴会上，所有的同事和来宾一见面他都能直呼其名，足以见得他对别人的尊重。"丁峻峰认为身居高位的领导能有这等人情实在难能可贵。

原泰康人寿集团品牌部总经理郑燕，1997年底从金融时报社进入泰康人寿公司工作。她原是《金融时报》的记者，在泰康人寿筹备时写过一篇采访报道，由此与泰康结缘。

郑燕坦言，起初她对保险还认识不足，觉得难以发展起来。1998年10月，刘经纶来到泰康，她第一印象中的刘经纶眼睛特别大，有神，人很瘦，但很精干。因为在同一层楼办公，郑燕与刘经纶时常碰面，甚至连午餐时也能遇见。郑燕回忆，刘经纶来了之后开始抓工作纪律，这一度令她很不适应。"过去我在报社工作，养成一些习惯，写东西熬夜，上班来得晚。我觉得企业就是不一样，有些不太适应。刘总裁很勤奋，7点多就来到公司，他时间观念特别强。"

1999年，泰康人寿宣传部门成立，郑燕担任负责人。每当公司各分支机构搞开业庆典，董事长和总裁都要莅临。"刘总裁工作特别细。他事先会开多次预备会，研究会议议程和落实工作。在发展沿海战略时，泰康一年就成立了12家分公司，对于庆典，我们事先会彩排。"郑燕记得，每一次大的会议或活动，刘经纶对于流程和节目都要细细地询问，经常会特别地问一句：
"郑燕到了吗？""他是一位职业经理人，听汇报，参与讨论，
事必躬亲。他有管理者的风范。每次大型活动结束，他都要慰
问一下大家和各位组织者。"这是郑燕对于刘经纶的直接感受。

郑燕介绍，随着事业壮大，泰康后来成立了危机管理委员会，
工作内容包括应对重大理赔和重大事件。"因为刘总裁是第一
责任人，我们每年3·15都要盯着央视的晚会，提前召集相关
部门排查，预防客户群体投诉事件的发生。在成立了公司危机
管理委员会以后，我们品牌部才不单独承担这个任务，而是各
个部门协调起来。有了这种机制，处理客户投诉以及社会上的
负面舆论等，就有了强有力的危机公关和处理能力。每次公司
遇见如地震、洪水等自然灾害，或者如"非典"疫情等重大事
件时，总裁始终站在第一线。"

对话：北京无可替代　进取步履不息

问：北京这座城市对您的事业发展有什么意义？

答：北京是我事业的中心，它在我心中的地位是其他城市
不可替代的。特别是1994年至1997年，我在北京工作了4年。
这4年可以说是我事业发展最重要最关键的阶段，对我整个职
业生涯具有决定性的意义。

北京这座城市给了我很多人生的财富和事业的重要积淀，
让我有着很美好的记忆。人生与事业最关键的这4年使我认识

到做人做事都要有大格局，而正是像北京这样的大都市培养了我这样的胸怀与眼界。我在泰康已经工作了23年（21年总裁岗位，2年监事长岗位），可以说人生事业达到了顶峰，这些都是在北京这座城市里经历的。

问：您本来在平安保险已处于事业的一个高峰期，却能下定决心来泰康人寿，这其中的关键原因是什么？

答：必须要说的是，我在北京取得的事业成功给了我自信，使我有勇气敢于挑战未来，敢于突破自己，并且对此充满渴望。重新回到北京，我对自己有信心，环境我熟悉，市场我熟悉，业务我熟悉，我确信自己的事业可以达到新的高度。

自从进入职场，我就从不甘于现状，永远在追求突破。无论取得多大的成绩，我从没有丧失进取的目标与理想。在江西人保，在深圳平安，在平安北京分公司，我都无愧自己，但如果不突破、不进取，难免会有惰性。

从人保最年轻的人身保险事业部总经理转入第一家民营保险企业平安，需要勇气，我做出了大胆的转型。从平安总部的高层回到北京，进入又一家股份制保险企业，我再次拥抱了未来，再次勇敢而坚定地做出了事业的转型。新的公司，新的舞台，新的自我，新的突破，这就是我事业中不断求索的，从不愿意躺在过往的功劳簿上。从人保到平安、从平安到泰康，我只有工作岗位的要求，除此之外，从未有过薪水和其他待遇要求。这是我的性格使然，我更愿意以现实的成绩单来展示自我价值。

问：您来到泰康保险公司之后，在这个新起点上有哪些不同的感受？

答：来到新公司，一定是一个新起点，但我很快适应了新的工作、环境和要求。作为辅佐董事长的企业经营管理者，我的事业目标、方向、工作角色定位都有了全新的改变。以前更多是单一的工作内容，而现在主要是通盘的全局性管理。同时，我还要快速适应并融入新的企业文化，特别是如何做好总裁这个角色，这也是对一个人综合应变能力的考验。

问：您在泰康集团为外勤营销团队打造了"世纪圣典""泰康杯"等崇尚英雄的绩优荣誉体系，您对绩优销售精英的希望是什么？

答：第一，要坚定信念。寿险是一份崇高的事业，持之以恒，诚信第一。这是一个机遇与挑战并存的时代，要想谋求个人的发展和公司的进步，就要抓住行业和公司发展的历史机遇。

第二，要坚持学习。保险对客户来讲不再是一个陌生的事物，我们必须从客户的需要出发，为客户提供专业化的保险方案，才能在市场上实现自己的价值。要学习新的知识、新的技术、新的方法，找到新的市场。

第三，要坚强奋斗。理想源于奉献，追求就要付出。寿险营销是一份辛苦的工作，一定要端正自己的心态，一定要有创业的精神，"经历风雨才能见彩虹"是我们勇往直前的真实写照。

第四，要坚定精神。伟大的事业，需要崇高的精神。我们要以坚定的精神塑造自己、磨炼自己、提升自己。"海到无边天作岸，山登绝顶我为峰"，在鲜花与掌声相伴的寿险之路上，成功永远没有终点，只有新的起点，随时都要抱着空杯和归零的心态去做每一件事情。

第五，要坚信成功。历史蕴含价值，光荣成就未来。争当第一、赢得荣誉是每一个营销人员的追求。要崇尚销售、崇尚荣誉、崇尚专业，更要追求成功。公司给大家提供了一个广阔的舞台，我们倡导"赢"文化，成功一定属于有准备的人，并永远属于有追求的人。

第六，要坚守诚信。保险是一份爱的承诺，坚守诚信是最大的原则，是保险的立业之本。保险企业要立足诚信之地，必须诚信守法、合规经营，要让诚信融入我们的日常经营管理中，赢得客户的信赖和市场的青睐。

问：我听到您讲业务发展的时候，很多次提到"组训"，请问组训是什么岗位？您对他们有什么期许？

答：组训从字面上理解，就是组织和训练的意思。组训这个词，实际上是从中国台湾地区的寿险行业引入大陆的。

组训主要从事的工作是组织发展、教育训练、营销企划。具体来说包括以下六个方面：一是负责营业单位销售人员的各种培训和辅导活动，负责产品、创业说明会的运作；二是协助营业单位进行增员、选择、评估，促进营业单位的组织发展；三是参与营业单位经营计划的分析、制订、执行和评估，切实督导营业单位的经营目标达成，推动营业单位的业务发展；四是参与营业单位日常管理活动（包括差勤、早会、组会、夕会、周会、报表及各种业务指标经营会议），检讨关键业绩指标，策划专项销售活动；五是参与所在区域市场的调研、策划、制定相关的对策；六是弘扬企业文化，培养业务人员良好的职业精神，塑造良好的企业形象等。

在泰康，有个经营理念：管理是严肃的爱，教育是最大的福利。我认为，如果一个单位的业绩好，组训功不可没。反之，如果一个单位的业绩不佳，和组训也有莫大的关系。

同时我认为，要成为一名合格的组训，或者说要做一名优秀的组训，需要从以下五个方面提高自己：一是要提高领导规划能力，二是要提高贯彻执行能力，三是要提高增员辅导能力，四是要提高自我学习能力，五是要提高沟通协调能力。

在泰康，组训是一线经营单位管理干部的摇篮。

问：作为职业经理人，您如何平衡管理与人情的关系？

答：在对员工的管理上，一定要有原则，一切从工作出发，对事不对人，并且要有一致的标准。在我看来，健康的领导与员工的关系应该是师生关系，即使是在管理与教育员工的过程中也要以理服人，要有自己的情感投入。作为领导，要在工作之余关心员工的成长，对员工要有体谅之心。我管理员工的底线原则是得饶人处且饶人。凡事讲规矩、讲标准、讲结果。我认为领导就是老师。

问：您认为现代市场化竞争，对于职业经理人的要求有哪些已经显得格外突出？

答：作为企业的高层经理人，无论任何时候，对企业忠诚和敏锐的市场头脑都是不可或缺的，而且必须具备实现目标的决心。面对任务目标，要勇于挑重担，不能推卸责任，态度上要淡定，心理上要自信。现代市场化竞争，更凸显高层管理者的职业、敬业、专业精神。待人要求真，做事要务实。

当然，现今商业社会，学习力已经变得越发重要与紧迫。我提及的"学习力"包括对市场的学习、对业务的学习、对科技的学习、对管理艺术的学习，还有对服务意识与方式的学习。

问：您提到的对"服务"的学习是很新颖的观念，如何理解？

答：我们从事的是金融保险服务业，服务是立业之本，树立正确的服务观念很重要。要正确理解服务的"三性"原则，即服务的竞争性、服务的两面性和服务的两重性。竞争性是指服务作为市场竞争的手段，其地位越来越重要，已经成为构成企业核心竞争力的关键要素。两面性是指对外做好客户服务，对内做好员工服务。对客户服务不是客户服务部门的专利，培养全员服务意识，树立服务光荣的文化。对员工服务要做到：内勤服务外勤，上级服务下级，领导服务员工。服务的两重性是指服务的行为标准化和内涵价值化。要树立比服务、比内涵、比价值贡献的良性服务文化。

问： 具体该如何实践？

答： 领导带头，服务好业务员，服务好客户。对公司各个层级的员工做到视同己出、坦诚相见，帮助解决问题和困难，没有丝毫官架子。作为职业经理人要服务员工、关心员工，懂得关心员工成长、生活和疾苦，要为员工创造成长条件。一个公司只有员工好，才能服务好客户。没有忠诚的客户就没有企业的持续发展。

我提出"超百回访"，自己就首先要做到，对抽查的每一位客户进行详细的沟通，征求客户的建议，虚心听取客户意见，集中体现服务的内涵。要提升服务档次，即提高服务质量，让客户感到公司的服务与众不同。还要深化服务层次，渐进式推出客户服务的措施，不断加深客户与公司的联系。

严慈相济

2000 年，泰康集团内部对自身的业务发展模式出现了不同声音。一种声音是坚定走精兵之路，向友邦学习精英代理人制度。泰康也有这个基础，因为最初招募的代理人都是本科以上学历。在当时的国泰人寿和保销集团台湾顾问的培训下，这些代理人个人产能高，成为当时寿险队伍的一个亮点，但是一时规模上不来。另外一种声音，就是向平安保险公司学习，抓住机遇，快速做大做强队伍，尤其是加快组织发展，加快队伍的裂变。在这样的背景下，加快业务发展，尤其是加快组织发展，有效地把握加入 WTO 的政策机遇，快速布局机构，做大规模，做强队伍，统一思想和认识，成为工作的重中之重。在刘经纶的倡导与陈东升董事长的支持下，泰康全系统召开了"加快业务发展工作会"，会上制定了一个对泰康业务发展起到至关重要作用的《关于进一步加快业务发展的若干意见的决定》。

　　会前，秘书沈金龙从刘经纶在各种场合的讲话中，意识到了这个会议的重要性，在准备这个报告时特别用心，他先听刘经纶讲大的思路以及一些重点工作要求，然后起草报告。"很多人都不了解，以为总裁的报告是秘书写的，他上台照本宣科念，实际上这个认知是片面的。只有在总裁身边工作过的人才深知他对每一个报告的用心，每个报告都要来回组织讨论修改几次，几乎可以用精益求精来形容。刘总裁的工作报告，是代表公司意志的，要经过董事长审定，可以说既有高度，又有深度，条理清晰，重点突出；既有工作要求，又有工作举措。这些都源自总裁雷厉风行的工作作风。他作报告从不讲官话套话，只讲工作重点和要点，同时，报告又坚决执行董事长的工作要求。总裁特别讲大局、讲原则，我认为董事长和总裁是中国金融保险业史上的最佳搭档。"

　　2020年，新冠肺炎疫情肆虐，全球经济受到重大折损，病毒的汹涌与浩劫可谓此伏彼起，让人不禁想起2003年发生的"非典（SARS）"疫情。

　　2003年4月初的一天，时任秘书刘东在复兴门地铁站碰到了5位身穿白色防护服的医护人员正从站内将一位奄奄一息的病人抬出并送上救护车。看着地铁里人群慌乱闪避的画面，刘东真切感受到了传言中的致命病毒的存在，顿时觉得危险就在身边。

随后的两个月，长安街失去了往日车水马龙的繁华和颜色，偶尔出现一辆还是救护车，拉着刺耳的警报驶过，消失在远处的暮霭里。

因为"非典"的不期而至，各行各业都不同程度地受到了影响。为应对市场的变化，抗击"非典"，时任泰康北京分公司总经理苗力和总公司营销部总经理于文博综合各方面信息的反馈，强烈建议快速研发出一款专门用于应对疫情的简易人身保险产品，保额 10 万元，保障期限一年。这款保险产品既可以满足市场需求，服务社会，又可以增加公司的知名度和美誉度。因为前期北京分公司已经与总公司相关部门有过沟通，但没有结果，北京分公司的申请提交总裁办公会审议并裁决，刘经纶总裁特地指示增加了本次总裁办公会专题研究此事。刘东作为刘经纶的秘书亲历了此次会议。

刘东记得当时是由北京分公司总经理苗力及总公司营销部总经理于文博提出的建议，总公司召开了有关部门参加的专题研究会，基本的意见是"非典"是烈性传染病，尚没有任何基础数据足以支持产品精算假设，如果出现全社会大面积感染，势必引发大面积赔付，其风险将大大超出保险公司的承受能力，精算师都不肯签字。"在大家意见不一致的情况下，进入会议总结阶段，刘经纶总裁最终拍板——做。在征得董事长的同意后，刘总要求所有相关部门 2 天内做好产品报备程序以及系统上线等销售准备工作，并亲自带队到保监会做专题汇报，最终得到了保监会的有力支持。3 天后，中外保险市场上第一款'抗击SARS专项保险'问世。"

"'信心比黄金更重要',在这个危难时刻,一颗小小的火种就足以燃起希望之光,增添民众战胜疫情的信心和决心。这款产品也让泰康公司再次挺立潮头。泰康第一时间对战斗在一线的医护人员捐赠保险,并组织全体员工对因抗击疫情殉职的医护人员家属积极捐赠款项,把泰康的深情问候送达医护人员和家属手中。在疫情防控期间,刘总裁每天坚持上班,一直坚守在抗疫一线。"

刘经纶在回顾这段经历时特别强调:"国难当头,作为企业绝不能袖手旁观,更何况我们是防灾减灾救死扶伤的保险行业,面对疫情要有所作为。第一,要相信党,相信我们的政府,一定能够控制住疫情的蔓延,这是大前提。'覆巢之下岂有完卵',如果疫情控制不住,不是公司要不要倒闭,而是国将不国。如果没有这一点信任和勇气,这个产品不可能问世。第二,保险公司要在国家危难的时候有所作为,义无反顾挺身而出,有甘冒风险为社会的担当。第三,面对困难局面,决策者要从大处着眼不计个人得失,勇于承担责任,迎难而上敢于胜利。从公司经营管理角度来看,首先就是要有大局观,服务好大局是公司发展壮大的头等战略;其次要有敏感度,深入分析市场需求,了解市场的脉动,准确把握市场机会和关节点;最后要有决断力,越是纷繁复杂越是考验决断能力,公司发展中决断能力至关重要。泰康是一家有社会责任感的企业,陈东升董事长也是一位有家国情怀的企业家。"

　　刚刚做总裁秘书时，刘东感到"三难"："第一就是听不太懂总裁说话。总裁的江西普通话给了我极大的压力和挑战，我那时告诫自己，要争取用最短时间理解并能够正确回馈。第二是吃辣。因为工作原因一天大部分时间都战斗在一起，生活习惯自然也逐步趋同。总裁是江西人，吃辣等级绝对一流，秘书们首先要过吃辣关。几年严格训练之后，所有秘书都已做到'不辣不快'。第三是总裁的要求极严极高，即使每天加班到深夜也很难达到要求，只能在提高承压能力和专业能力上下苦功。专业能力主要体现在写报告和组织协调上。一篇报告一般要修改无数遍，总裁的记忆力超好，每次修改不能有丝毫马虎，否则肯定过不了关；组织协调强调的是在沟通和理解的基础上，最大限度地帮助解决问题并共同达成目标。"

　　刘经纶工作起来雷厉风行，节奏超快，这让慢性子的刘东压力很大。刘东记得第一次参加总裁室领导述职会议时的情景，刘经纶脱稿论述十点工作，结构严谨、条理清晰、重点突出、一气呵成。会场掌声雷动，述职工作会变成了报告示范会。"总裁语速又快，秘书记都记不过来。从会场的反馈来看，不得不从心底里佩服总裁的超强能力。"

　　刘经纶有一个工作习惯——坚持每天抽出时间到职场走一圈：一来了解员工的工作状态；二来看望大家，给大家鼓劲。刘东起初不太理解，有什么问题叫分管领导或部门老总上来汇报一下不就行了，非要自己走一圈？"后来我明白了，作为总裁了解一线员工的一举一动是最好的考核指标。很多好的管理思想都源于一线员工，脱离了群众基础的管理是公司发展的大忌。在刘总裁的大力推动下，《关于加快公司业务发展的十条决定》极大解放了生产力，理顺了生产关系，为公司做大做强奠定了理论和制度基础。"

刘经纶总裁每天上班都走楼梯。他的办公室在 11 楼，他认为每天走楼梯不但可以锻炼身体，还可以捡烟头。虽然公司三令五申，不允许在办公大楼内吸烟，但有时候还是会出现禁而不止的现象。"楼道里的烟蒂就是最好的'管理工具'，总裁走楼梯不但震慑了违规者，更给各级管理者敲响警钟。越大的公司做到这一点越重要。"这是刘东从刘经纶细致的工作作风里得到的艺术管理启示。

在刘东心里，刘经纶的大度是出了名的，真正做到了"宰相肚里能撑船"。"总裁周围总是团结着一大批志同道合者，这种凝聚力和领导力来自总裁的肚量。记得有一次召开总公司和分公司全体骨干参加的经营分析会，有个别分公司老总因业务做不好受到批评后发难，责备总公司的政策不到位、管理方式有问题，我们都很紧张，替这位老总捏把汗，可总裁自始至终认真倾听，仔细记录，一点没有生气和动怒。事后，这位老总找到总裁，为自己的不当言行道歉，总裁拍拍他的肩膀说：'工作上有压力或者有分歧意见，都可以讲，不存在给领导面子问题，但要实事求是，当然也要讲究工作方法。'在当年的干部年终考核时，总裁依然给了这位老总高分。"

在刘东遇到个人工作发展的瓶颈提出离职时，刘经纶耐心细致地分析利弊给他以最好的指引。"总裁虽然不赞成我的执念，但尊重我个人的选择。他不是一味讲他的意见，而是听你说，由你自己作出选择。选择一旦作出，就要不犹豫，要对自己的选择负责。记得时至中午，总裁说：'既然决定要走，我祝福你，送你一个礼物！'他赶到餐厅厨房，专门为我做了一个菜，随后我们共进午餐，说了很多肺腑之言，当时的场景至今仍历历在目。我要感激总裁的培养，更要感谢总裁的包容大度。"

刘东最敬佩刘经纶的是他身上永远充满正能量。"在总裁身边工作的人都有这样的经历，不论遇到什么样的艰难险阻、困难局面，总裁从不抱怨。到总裁这里就是问题和困难的终点，总裁就是问题终结者。'始终保持乐观'——永远正能量，这一点给我很大启示。其实，工作中遇到困难和问题是常态，保持旺盛的工作状态应对困难解决问题，正是职业经理人的价值所在。面对纷繁复杂的公司经营管理问题，总裁的决策不一定能百分之百正确，但要大概率正确，即使出现偏差也要在最短时间内修正。"

刘东还介绍到，轰动一时的"上海双佣"短时间业务爆棚，刘经纶最早发出警示并妥善处理善后问题；引发行业地震的"投连投诉"，刘经纶临危受命，在最短时间内及时处理解决，最大限度地降低客户和公司的损失，得到监管部门的充分肯定，公司也在不断解决问题中发展壮大。

"总裁严谨而律己。第一，要求别人做到的自己先做到。

总裁对下属很严格，对自己更严格，自己做不到的不要求别人，比如参加会议，总裁总是先到，即使因为公务他都要提前安排好，绝不出现特殊情况，总裁在任20多年，没有发生过一次例外情况。第二，尊重规则。身为总裁的他在公司一言九鼎，很少有人质疑，但刘总从来不摆官架子，是一位充分倾听下属意见、最具民主思想的领导；另一方面，总裁始终强调要民主更要集中，对每一项工作都要有始有终。工作中一丝不苟，一个项目、一个方案要充分论证，一经出台就必须严格遵规执行，绝不能不了了之、半途而废，养成尊重规则的习惯是建设领导力的重要一环。第三，谦逊自律。与工作中的高要求不同，生活中，总裁仁厚谦逊的品格给接触过他的人留下深刻印象，无论耄耋老同志还是初出茅庐的年轻后生，总裁都将心比心，以心换心，他的关心和体贴总能触动每个人的心。"刘东记得，每次荣誉宴上，刘经纶对每一位参加者都能不分职位、背景、年纪地平等相待。刘经纶会给每一位获奖代表敬酒。几十桌敬下来，人们怕他喝太多，偷偷给他换成矿泉水，他发现后总是立即更换成真酒，以真诚表达自己对同事们的尊重，让大家充分感受到了公司和他的真心诚意。

志高行洁

　　于文博最初是从平安保险公司内刊《平安保险报》上了解刘经纶的。"当时的刘总在业内名声很响，我曾在平安武汉分公司任营销部经理、副总经理，时常从平安的内刊上了解刘总的事迹。那时不仅在平安，在整个保险业界他都是传奇般的标杆。特别是他上任后，平安北京分公司的业绩一直在平安系统内高居榜首，超过所有机构并遥遥领先，更使他名声远扬。"随后，于文博和刘经纶相继来到泰康人寿保险，于文博成了刘经纶的同事和下属。因为有了更多近距离的接触与了解，于文博更真切地认识了刘经纶。"刘总的政治智慧、大局观、目标感都令我信服，他的体内仿佛总孕育着巨大的能量，他总是从我灵魂的深处打动我。"于文博说自己对于刘经纶有一个"好感—欣赏—仰望"的认知过程。

"我能感受到在刘总这里，企业的核心价值观就是发展。他一直狠抓发展不动摇。他上任后就以公司红头文件的形式郑重发文，强调一定要加快业务发展。"于文博说，作为下属，他们时常在刘经纶面前感慨公司的困难，每当这时，刘经纶总是很坚定地说："我们公司战略清晰，只是目前太弱小了，我们要狠抓发展，发展是解决一切问题的核心与关键。"

泰康人寿市场部总经理范海东是清华大学的工商管理硕士。2000年，他看到泰康人寿营销部招聘企划岗，就去应聘，恰好是刘经纶直接面试他。"我对刘总裁的第一印象，是他的眼睛特别有神。我记得他问我'你对保险怎么看？'我是这样回答的：'保险是一个朝阳行业。泰康作为一家新兴的保险公司，发展比较快，有自己的发展定位，有自己的特色，是一个有发展前景的公司。我就想选择这样有清晰的战略而且处于发展期的公司。'"

2002年4月，范海东入职泰康。3年之后的2005年4月，范海东接替刘东担任刘经纶的秘书。刘经纶于2005年6月30日零点召开的一个会令范海东至今难忘。"因为当时泰康的业务发展面临很大的压力，这个时候特别需要坚定信心，把士气提起来，唤起精神的力量。我觉得这次会议开得非常成功，从后来我们两三年的发展，能看出这个会确实是一个转折点。"在秘书任内，这次会议对范海东有很大的触动，在当时企业发展的关键时刻，刘经纶所展现出来的专业、勇气、敬业、格局、信念都使范海东受益匪浅。

刘经纶一直倡导员工要读好"两本书"：一本是"基本法"，另一本是"产品"。这个倡议也深刻影响着范海东。"因为保险从业人员一般有两条发展道路：一条是产品销售，一条是团队建设。这'两本书'正好对应解决怎样走这两条路的问题。"

吴伟文第一次见刘经纶，是刘经纶在平安保险公司担任协理的时候。"他留给我的第一印象是不苟言笑，比较严肃，瘦瘦的、矮矮的，挺精干。"

吴伟文记得，有位骨干老员工由于种种原因辞职离开泰康人寿去了别的公司，不久体检查出得了癌症，后来去世了。"刘总裁得知这位员工家庭很困难，就个人出资给了他家里 5 万块钱，还委托营销部派人去这位员工的家里看望。尽管这是一个已离职的员工，他同样给予关心。"

和其他人的看法一样，吴伟文认为刘经纶的执行力非常强。"他对员工要求格外严格，他去分公司检查工作，非常细致。即使到了饭桌上还是谈工作。"吴伟文记得刘经纶工作之余有时候还会唱几首歌，似乎这是他少有的爱好。"刘总裁最爱唱的歌是《把根留住》。"或许，"把根留住"正好表达了刘经纶的初心。

泰康集团办公室副主任雒秋群早在 1996 年就加入了泰康，是泰康公司元老级的员工。

对于初见刘经纶，她的描述很真切。"因为是年轻的总裁，大家似乎都躲着他，我印象最深的是搬到长安街新大厦后，只要电梯门一开，我们几个人看见总裁，眨眼就跑掉了，因为我们从内心里对权威是恐惧的。"

因为刘经纶主管过办公室工作，雒秋群与刘经纶有了直接和长久的工作交集，这使得她对刘经纶有了更新的认知。"他虽然面相很威严，但内心很宽容，他在工作中常常给我们一些具体的意见，讲授职场的规则。遇到公司有大型活动，他要求得就会比较严格。"每逢周年司庆和工作会时，刘经纶会把所有办公室员工叫到一起开会，研究会议流程，探讨细节，例如车辆行驶的路线精确到几分几秒、遇到特殊天气如何应对、晴天和雨天分别做预案等。

2001年，刘经纶主导了泰康第一届寿险营销员的高峰会议，被称为泰康的"世纪圣典"，就是带领业务精英外出学习和旅游，开阔眼界，增长见识，并对他（她）们进行奖励。不用查资料，雒秋群清楚地记得"世纪圣典"第一届在北京，第二届在广州，第三届在云南，第四届在杭州。"这个活动是总裁倡议，得到董事长的同意推动的，一直坚持到现在。刘总裁还组织创作了一首会歌叫《相约明天》。记得每次活动，我们一开始是唱公司之歌，结尾是唱《相约明天》。"雒秋群因为每年都全程策划参与，所以对泰康这个经典项目很有感情。

据雒秋群介绍，为了鼓励内勤员工的忠诚度，公司制定办法，给内勤员工颁发司徽，每五年增加一颗星。工作时间长的内勤员工领到了金司徽。通过这些细节，员工有了荣誉感、仪式感和归属感。

"每当办公室组织活动，刘总裁对我们的要求就是每一次活动都要有创新，选择学习考察的城市或旅游城市都要有新意，议题也要创新。印象中我们在埃及金字塔、印度泰姬陵、澳大利亚悉尼歌剧院、法国巴黎凯旋门、南非开普敦市政大厅都举行过活动。总裁要求我们选择的地方要有特色，而且是常规的旅游团不太去得了的地方。他很关注参与活动的优秀营销员的吃、住、行。在酒店的选择上，他要求选择住当地最好的酒店，要保证安全。车辆的司机，他都要求有十年以上的驾龄。对于出行航空公司的选择，他特别注重品牌航空公司，要求我们不能选出过重大事故的航空公司。"雒秋群跟随刘经纶工作多年，深感他对工作细节的苛刻，她认为总裁可以令员工最大限度、最快速度地学到很多宝贵的东西，使得员工在事业上快速成长。

每次耗费心力的"世纪圣典"活动结束后，刘经纶都会请会务组工作人员吃饭慰劳。一开始雒秋群认为是犒劳工作人员，后来她发现其实除去犒赏员工的辛劳之外，刘经纶更多的是希望可以和员工一起对这一企业王牌项目进行复盘和反思。"其实事后聚会是刘总裁的用心良苦，是一种自我检视，同时也会提出下一届活动的一些工作要求。"她印象最深的一次是2008年在悉尼，晚餐上每个人都说"总裁，我错了，我××做得不好。"随后，刘经纶和大家相互敬酒，给予鼓励和祝福，让员工既看到工作中的不足，又能身心愉快。

"刘总裁非常关心公司退休的老同志，像对第一任总裁王玉泉，公司高级顾问王恩韶、欧阳天娜等，每逢春节或中秋前夕，他都会代表董事长和公司登门慰问。在经营管理上，刘总裁非常严格，他自己以身作则，出国从不带秘书，找一个人兼职。每次出国的后勤服务人员，他要一个一个地选择，坚持一人多岗。"

对于刘经纶的严谨仔细，泰康研修院综合管理部视频工作室负责人郭伟深有同感。"我负责公司音视频的编辑工作。那时候公司的摄像设备被当成宝贝，一套价值20多万元，另一套上百万元。我的主要工作是独立完成公司的会议、重大活动的拍摄，并编辑成纪录片。每次做好片子，刘总裁都要审片，即使是遇到了周日，他也会驱车赶来，非常认真。当时我觉得这种工作让办公室主任审就可以了，但刘总裁都是自己审并提出修改意见。"

郭伟也参与了多届"世纪圣典"。雒秋群的种种感触，他都感同身受。"刘总裁对这项工作的要求非常严格细致。每每开汇报会，他对于圣典方案的每一个议程、每一个环节的审核和把控都滴水不漏。我们承办人必须将各环节的汇报准备得非常充分，才能过关。刘总裁要求每年的活动方案都要与往年有不同之处，要新颖、有亮点。对于颁奖时的背景音乐，既要振奋人心还要年年不同，这个细节就能看出他对工作要求之严格。"

郭伟承认跟随刘经纶总裁做事比较难。"因为他要求的标准高，但是我觉得能学到的东西多，个人能力提升得也比较快。他会给你一个空间，让你来成长。刘总裁批评人不严厉，而是润物细无声，目的是让你把这件事做好。"郭伟也谈到公司每次举办完活动，刘经纶都要代表董事长举行一个答谢晚宴。每一个人都要总结在此次活动中的成败得失。"刘总裁从不夸人，只要说出'还行'两个字，就已经是相当高的褒奖了。"

泰康在线的助理总裁岳洁2001年研究生毕业。当时她看到泰康人寿招聘两名专业人员的广告，就去应聘，笔试过关后的面试是刘经纶负责的。面试结束后，岳洁打听到内部消息，据说只有一个女的名额，她担心泰康领导层希望再录用一个男的。初生牛犊不怕虎，岳洁直接找到刘经纶总裁办公室，谈了自己的优势。可能是她的自信和执着，打动了刘经纶，最后她被录用。后来很多次在不同的场合，刘经纶见到岳洁，总是笑着说："差点把岳洁给拒了！"

进入泰康后，岳洁先后在核保部和业管部工作，重心在业务发展上。岳洁说："后来在和刘总裁的接触中，发现他是一个很严格的人，他在每次的工作报告中都谈网络的部署，还有很多细节诸如会议要达到的效果，都非常精准。他对员工特别关心，特别是对基层员工。"2012年，泰康保险公司在发展中遇到了很大的困难和挑战，由于银保业务出现了很多投诉，基层公司业务发展压力巨大，内外勤员工面临各种指标考核压力。"面对这样的局面，刘总裁从两个方面解决。一方面，加快电子化和移动化建设步伐，他认为这是未来发展的趋势，减少人为因素的干扰和纠纷。每每有新产品上线，他都体验一遍。当觉得系统慢、出现卡顿等情况时，他认为是IT资源有限，需要加大资源投入，对 IT 系统加大带宽进行升级，后端 IT 服务必须做好支持前端的业务发展。另一方面，对一线人员加大激励力度，同时对于内勤员工也推出了奖励计划，诸如国内学习考察等奖励，进一步提升了员工的忠诚度。公司的活力被进一步激发出来，很快走出了困境，业务再次起飞，很多员工从心底里感激董事长、感激总裁。"岳洁对刘经纶的敬佩与尊重正是从他临危不乱、运筹帷幄的工作气度中油然而生的。

2007 年，泰康人寿河北分公司在时任总经理程康平的推动下，率先创新，寻求业务渠道的突破。当时分管总经理沈金龙和时任信息技术部经理赵小莉两人，在没有系统，没有产品，没有队伍的情况下，开始了电销之路的探索。在程康平的推动下，他们招募了第一批员工 11 人，并从内勤抽调了 11 台电脑，赵小莉兼任电销部经理，利用她 IT 专业的优势，自主开发了河北泰康自己的电销管理系统。

创始团队利用从同行那里学习的现场管理模式，包括电销人员的录音，开始了模仿式创新，坚持每天进行线上线下培训通关。考试合格后，电销团队开始利用线上的优势，邀约客户线下销售个险产品，这是电销最初的探索。如今，当初的 11 人已经成为泰康电销的核心团队，甚至产生了保费过亿的区域经理人。

泰康总部个险事业部的督导张捷去河北督导和调研个险工作时，程康平总经理带她参观了电销的职场，介绍了这个创新的业务模式。张捷感觉很新奇，回到北京后，把河北的电销业务创新探索向刘经纶进行了书面简要汇报。

刘经纶通过秘书范海东指示说要现场听取一次汇报，张捷把这个指示转达给河北分公司。程康平带领分公司总经理室成员，做好了充分的准备和汇报文件，到北京进行专题汇报。

当时，电销在中国的寿险行业尤其在内资保险公司还是新事物，但是外资的中美大都会依据其国外经验在电销业务的经营上已经取得了很大的成绩。在泰康内部，这个业务并不被看好，尤其是高层意见不统一，认为电销业务是"不务正业"。在这种情况下，河北分公司也是带着压力进京汇报的。

刘经纶主持召开协调会，召集营销部门、IT 部门、财务部门、物控部门以及相关人员参加会议，并邀请北京分公司的王丽莉副总经理和沈维东经理列席会议。在听取河北分公司的汇报后，刘经纶做了重要总结：首先，明确态度，对河北分公司的电销业务创新给予表扬和支持；其次，明确河北分公司和北京分公司作为泰康电销的第一批试点单位；最后，相关部门，包括 IT、物控和办公室等都要大力支持这个创新，要开发系统和配备电脑设备，人力资源部门协调编制支持。

可以说，这次会议开启了泰康全系统电销业务的春天。总公司在创新业务事业部的体系内，设立了电销业务事业部，由王道南挂帅，朱彬任副总经理。之后，电销事业部又从创新业务事业部分设出来，单独成立事业部，再后来演变成为新业务事业部。电销业务目前已成为泰康大个险一个重要的组成部分。

为进一步推动各地监管机构对泰康保险县域网点经营牌照的批复进度，陈东升董事长、刘经纶总裁亲自出面，赴全国多家机构拜访当地监管局相关领导，沟通汇报公司积极响应国家和政府发展要求，开展县域保险创新发展模式的战略及布局思路，争取监管部门对泰康公司的经营给予支持，同时希望加快批复进度。

2007年11月29日，公司总保费超过300亿元，得益于深入贯彻落实"双超"战略，加快组织发展，启动县域保险。在取得成绩的同时，刘经纶敏锐把握市场机遇，专门发了年度第18号总裁工作备忘录，提出"做好组织发展和县域保险是个险工作的当务之急"的指示。

2007年，泰康保险公司用一年的时间，为"县域保险"的市场尝试做准备，形成业务发展基本原则。

刘经纶介绍，2007年6月，泰康公司在井冈山召开了业务发展研讨会，会上形成了发展县域保险的基本原则。一是农村市场比较脆弱，一定要统一思想，充分认识，认真规划，精心准备，全力投入，确保成功，不能失败。二是选择经营管理水平较高的公司在经济发达地区有步骤地推进；对经济发展相对滞后的一些农村地区，宜放缓节奏，暂不进行推广。三是保证经营管理水平，用专业化的管理体系经营出不低于城市的业务成果。四是建立县域网点盈利模式，争取在3～5年内实现县域网点产出平衡。

依据上述原则，泰康公司出台了《关于发展县域保险的决定》。这份文件明确了泰康发展县域保险的方向，确立了指导思想，规划了发展进程。

　　至 2007 年底，泰康公司出台了一系列纲领性的制度文件，保证了县域保险的有效实施。例如，《乡镇营销服务部管理办法（试行）》明确了县域网点的批设、筹备、开业的流程和日常运营管理办法，强调了依法合规经营的重要性，县域网点须在获得保险经营许可证和营业执照之后方可开业；《乡镇营销服务部分类管理办法》体现了对资源优化配置和网点合理布局的要求；《县域培训体系大纲》规范了县域培训工作，建立了县域特色的培训体系，成为提升县域代理人转正率和留存率的保证。

　　在 2008 年 6 月的延安县域战略研讨会上，泰康公司再一次强调了县域保险发展的基本原则，总结了县域保险的成果，丰富了管理思想，推动了县域保险的进一步发展。

　　独具特色的《泰康驻村代表管理办法》和《县域泰康村活动方案》，以 "驻村代表" 和 "泰康村" 的建设为依托，规划了中心乡镇有营业部、行政村有营业组、自然村有业务员的县域三级营销网络，突出了泰康县域的品牌特点。针对县域特点制定的《组织发展推动方案》，为吸引县域优秀人才、推动县域组织的快速发展提供了保证。此外还出台了与业务运营、财务管理、客户服务、风险管控等相关的多项制度，从各个方面进行了规范和规划，奠定了县域保险健康发展的基础。

　　2008 年 5 月 12 日 14 时 28 分 4 秒，四川省发生里氏 8.0 级强烈地震，震中位于阿坝州汶川县。远在北京的刘经纶正在位于复兴门的泰康人寿大厦 11 层召开全国业务经营分析会议。会议中四川方面的视频信号突然中断，陷入了一片黑暗，电话无法拨通。至此，总公司与四川方面失去了联系。几分钟后，大家知道了四川地震的消息，焦急万分。与此同时，四川分公司也一直试图与北京总部联系，但始终无果。直到当天晚上，时任四川分公司绵阳中支公司总经理杨杲终于用小灵通打通了总部的电话。接电话的正是刘经纶，他急切地询问了分公司内外勤员工的安全情况，在得知无伤亡的情况下，立刻指示：总公司已安排采购救灾物资、食物、生活用品等，会在第一时间送到大家的手上，请大家放心。同时指导部署中支对接相关理赔事宜：一是马上设立报案点，让受灾的客户能在第一时间找到泰康，让受灾的客户能在第一时间感受到泰康的温暖；二是只要身份核实，先行支付部分赔款，让客户在遭受亲人的生命及财产损失的悲痛情况下，能感受到保险的关爱；三是在确保安全的情况下，分公司要第一时间组织员工进灾区，为灾民送食品和水，解决他们的基本生活问题。

范海东陪刘经纶随即去汶川了解灾情。范海东回忆："我们到了之后还有余震，刘总裁一直在奔波，从一个城市到另一个城市，看望客户，慰问基层员工。尽管当时的情形很危险，但刘总裁没有顾及个人的安危，他觉得危难之际要给伙伴们信心，给客户送去鲜花和理赔款，表达保险人的关爱。在医院的病房里，我们理赔的客户手捧着鲜花，拿到了理赔款，其他病床的病人流露出非常羡慕的眼神。两个晚上的时间，我们连轴转，从成都到绵阳，再到德阳，马不停蹄。"

6月3日，刘经纶一行参加了四川分公司"以爱的名义，点燃火红六月"的特别动员大会。在会上，刘经纶强调：要积极履行保险行业的社会职责，接受社会与人民的检验；要密切做好灾区服务工作，妥善处理灾后新形势与新问题，快捷解决理赔；要关注现阶段政策要求，提高效率，扩大影响，锻炼队伍，加快业务发展，提高灾区员工的政治大局意识；要及时总结在抗震救灾中涌现的先进事迹，激发重建家园的勇气和信心；要倍加关心灾区员工及其家属，将员工安全放在首位，发挥泰康大家庭的团结互助精神。

6月4日，刘经纶在时任四川分公司助理总经理李天顺的陪同下奔赴广元重灾一线，慰问广元中支伙伴。在炎炎烈日下，刘经纶一行前往广元受灾最严重的朝天服务部，看望在恶劣条件下坚守岗位的泰康伙伴。

震后的灾区连日高温。6月5日一早，刘经纶考察服务部及临时理赔点的工作，并走进伙伴们搭建的临时帐篷关心驻守人员的生活起居情况。

在德阳市第二人民医院，刘经纶看望了地震遇难客户的家属并现场送交保险赔偿金。狭小的病房里住着三位重病患者，一位刚接受完脑瘤切除手术的女性躺在病床上不省人事，她的丈夫不幸在地震中遇难，只留下一个9岁的儿子。刘经纶亲手把遇难客户的10万元保险金递交给孩子的监护人，并一再鼓励孩子："这是爸爸留给你的，要好好学习。"

6月6日，刘经纶参加泰康四川分公司法人业务系列的特别早会，在期许讲话中，刘经纶表达了法人业务系列的关键点在于客户资源累积，希望朝气蓬勃的法人系列走上专业化制胜

　　2008 年 5 月 12 日汶川大地震，泰康当天就紧急成立由刘经纶担任组长的抗震救灾领导小组和理赔服务应急小组。随即，刘经纶迅速深入四川绵阳、广元、德阳、都江堰等灾区，看望客户和员工并现场指挥理赔服务工作。

的道路。在参观职场时，刘经纶走进各部门经理室，向各业务板块负责人询问具体工作情况。上午 9 时 30 分，刘经纶又立即在四川分公司连线总公司召开网络会议，共同商讨震后理赔、安置等工作。

2010 年 8 月 24 日 21 时 36 分，河南航空公司一架 E190 型客机在黑龙江伊春机场降落前失事，机上共 96 名乘客，其中 44 人遇难，52 人受伤。

刘经纶获悉空难事故后，第一时间打电话询问相关情况，要求迅速了解乘客及排查公司客户名单，安排理赔工作。空难发生不到 12 小时，泰康人寿保险公司经紧急排查便已确认有 7 名客户出险，其中 5 名身故，2 名受伤。25 日 9 时，公司理赔应急小组正式成立，刘经纶任组长，迅速启动重大突发事故理赔应急机制，同步开通 95522 报案绿色通道和理赔绿色通道。

25 日，刘经纶率相关人员一行于当日 24 时抵达哈尔滨，下飞机后，不顾疲劳，直接坐车连夜赶赴伊春。随行的秘书龚珅介绍，一路上刘经纶顾不上进餐、休息，安排遇难及出险客户赔款送达事宜。经过一夜的颠簸，于 26 日上午 9 时 30 分到达伊春，在详细了解事故的具体情况及客户信息后，上午 10 时，刘经纶来到遇难客户家属居住的酒店，将 50 万元理赔款支票交到他们手中。随后，刘经纶一行又前往医院看望在事故中受伤的客户，带去公司诚挚的问候，并每人送上 2 万元慰问金。

时任黑龙江省政法委书记、空难工作组现场总指挥黄建盛，时任黑龙江省保监局副局长盛晔接见了刘经纶一行，对泰康公司如此迅速赶到事发地并进行赔付的行为表示赞许和肯定。

龚珅介绍，在刘经纶的指挥下，仅5天时间，公司就完成了对5位泰康保险身故客户的全部赔付，共支付赔款250万元；对8位受伤被保险人进行了探视，并给予每人2万元的慰问金，共计16万元。

刘经纶代表公司和董事长亲赴一线送赔款，在泰康公司内外引发了强烈反响。央视新闻等权威主流媒体迅速对泰康公司的理赔举措进行了报道。泰康快速的理赔服务，展现了一个充满社会责任感的企业形象。

赤子之情

从 2006 年开始，受资本市场回暖影响，老百姓的投资理财意愿高涨，泰康人寿抓住市场机遇，实时推出了适合消费者需求的理财产品，这些产品在银行渠道销售得非常火爆。当时，银行保险渠道是公司最大的保费来源以及最大的客户来源。在泰康公司的一次银行保险会上，分管业务的贾莉萍副总裁向总裁一一介绍参会人员。当介绍到杨伟涛的时候，她说："总裁，杨伟涛是负责企划的，有悟性有灵性，踏实肯干，改日我推荐他给您做秘书。"虽然杨伟涛不清楚贾莉萍为什么会这么说，刘经纶可能也已经忘记，但对杨伟涛来说，那是印象深刻又难忘的一次近距离接触总裁的机会，又有这么一句话铺垫，尽管当时杨伟涛也不清楚"做秘书"意味着什么，但这让他在心理上跟刘经纶之间建立了一种微妙的联系。

  时光飞逝，转眼到了2012年，公司人力资源部和办公室再一次为刘经纶总裁挑选秘书，经推荐和考察，杨伟涛顺利成为秘书候选人。9月10日，杨伟涛搬到11楼办公，正式成为刘经纶的新一任秘书。

  9月23日，是刘经纶女儿刘珈吟和女婿竺玮大婚的日子。头天晚上，刘经纶在碧水大厦宴请江西老家来的亲戚以及深圳等地来的朋友，大概10点结束，安顿好亲戚朋友之后，回到家里快12点了。他突然召集相关亲友开会，要把第二天的全部流程梳理一遍，各块工作由谁负责、怎么去做、要注意什么细节等等，一一听取汇报，并做出详细要求。"我没有想到这么大的一个总裁要操心这些细节，甚至有点觉得没必要，我只是理解为总裁太爱女儿。随着日后跟总裁接触时间的增加，我才明白这正是总裁成功的原因之一。总裁做事情想得特别多、特别仔细，各方面的关系都会照顾到，尽最大努力追求一个'完美'的结果。"杨伟涛对当晚印象极深，经常提到那个凌晨。

  "女儿出嫁，最难过的是父亲！我看着珈吟一步步长大，一天天变美，她是我的骄傲，今天我要把这颗掌上明珠，交给他人，我的心里是五味杂陈，有嫁女儿的高兴和快乐，有送女儿的失落和伤心，也有对女婿竺玮的嫉妒和醋意。女儿总要长大，总要嫁人，总要开始自己的生活。"这是刘经纶在婚礼上讲话内容的一部分，当时他的眼睛里闪着泪光，令现场的亲朋们很是感动！

  2013年2月10日、2014年1月31日、2015年2月19日、

2016 年 2 月 8 日，这些是每年农历大年初一的时间。在举国欢庆春节之际，泰康人寿保险公司仍会有许多内外勤伙伴放弃与家人团聚的机会，坚守在岗位，奋战在一线。

杨伟涛这几年的初一上午，都随刘经纶到公司在北京的职场看望员工，并连线武汉等职场，代表董事长和公司慰问各职场加班的人员。

"在运营职场，总裁会详细询问假日期间新契约承保、理赔突发事件应对、95522 电话支持等情况。在 IT 职场，总裁会认真听取系统运行以及运维支持情况。在北京分公司职场，总裁会了解分支机构的发展情况，强调加强团队建设、提升专业技能、强化经营管理的重要性。在与武汉分中心电话连线时，总裁会询问业务承保比率、95522 电话咨询等工作……"

"你们辛苦了""给你们拜年了""新春好"……刘经纶走到每个加班员工座位前都会亲切地问候，对大家春节期间坚守岗位、辛勤工作表示感谢，并通过他们向其家人致以节日的问候和新春的祝福。

"看似平常的领导问候和看望员工，总裁坚持了那么多年，这说明总裁很有责任心，并且十分关心员工。而且这一坚持就是多年。总裁心里始终装着公司，时刻想着员工，这是一种高度自觉的大局意识、责任意识，这是一种难能可贵的担当精神、奉献精神，值得我们每一个人去用心学习、用行动去传承。"这是杨伟涛做秘书的几年所深切领悟到的刘经纶的为人。

2012 年 5 月 24 日，刘经纶出资 105 万元发起的泰和"海清睿智教育奖励基金"在江西省南昌市成立，时任江西省副省长洪礼和等领导出席了成立仪式。这个基金以刘经纶父亲刘海清的名字命名。刘海清是个读书人，教过书。在 105 万元捐款中，5 万元是刘珈吟和竺玮节省旅行结婚费用捐助的。基金的宗旨是奖励泰和县考上大学、中专的优等生，奖励作出贡献的优秀教师以及资助考上大学的贫困生。十年来，刘经纶个人及家人共为"海清睿智教育奖励基金"出资 1000 万元，奖励和捐助学生达 202 人，表彰优秀教师 30 人次。

同年 8 月 17 日，在泰和县举办了第一届奖励表彰大会，对当年泰和县 21 名中考、高考优秀学生进行奖励。在表彰会上，刘经纶直抒胸臆，表达了一位从山里走出来的成功者回馈乡土的饱满热忱和真挚深情。"作为一个江西人，生在泰和，长于泰和，只为回报社会，回报家乡，履行一个企业家的社会责任，尽自己的微薄之力，去帮助和资助品学兼优的学生和爱岗敬业、成绩突出的优秀教师。"

谈到家乡的教育时，他更是动了真情："'百年大计，教育为本'。教育是国家发展的基石，教育振兴直接关系国民素质的提升和国家振兴。只有一流的教育，才有一流的人才，才有国家的强大和振兴。我希望通过个人微薄之力，助力家乡泰和的教育事业发展，也希望能够带动更多的人参与到教育帮扶中来，让更多学子能够事业有成，走进大学，放眼世界，去拥抱更加美好的未来。"

2012年5月24日，刘经纶作为发起人个人出资105万元设立泰和县"海清睿智教育奖励基金"，首届捐赠仪式在江西省南昌市举行，时任副省长洪礼和向其颁发捐赠荣誉证书。2021年8月27日，第十届"海清睿智教育奖励基金"表彰会在江西泰和县举行，刘经纶个人追加捐款500万元，县委书记孙英剑代表泰和县接受捐赠。10年间，刘经纶累计向该基金捐赠资金多达1000万元。

刘经纶从大山中走出来，成为中国保险业的领军人物，依靠的就是教育。所以，他对教育于贫困山区孩子的重要性有深刻的认知和感受，始终坚信"知识改变命运"。他希望能够通过努力为泰和县提升办学水平、培养顶尖学子、优化城乡教育均衡发展作出一些贡献，也能为社会各界人士关心支持家乡教育事业树立一个榜样。

泰康人寿助理总裁杜彦斌 2005 年从首都经济贸易大学毕业，之后来到泰康人寿应聘，顺利地进入了 IT 部门工作。2020 年 2 月，由于工作业绩突出，他升任泰康人寿保险助理总裁。

刚入职时，杜彦斌就对刘经纶有了强烈的印象。"入司第一次开大会我就见到了刘总裁。第一印象他眼神犀利，说话干脆，不拖泥带水。刘总裁每天上班来得很早。刘总裁的办公室在 11 层，我们 IT 部门在 10 层。早上上班我也习惯早到，偶尔会遇见刘总裁。他不坐电梯，从一层走到 11 层。看见他上楼，我会加快或减慢步伐，刻意避开他，尽量避免和他打招呼。因为我觉得他是领导，很严厉。"

2012 年，刘经纶开始直接分管 IT 部门，杜彦斌有了更多与刘经纶近距离接触的机会。"当时 IT 部门业务很低迷，发展不太顺利。8 月份，我记得在金融大厦开了一次会，刘总裁用一个半小时讲了 IT 的重要性和未来的规划。"

2013 年，在泰康集团广州策略会上，刘经纶再次畅谈 IT，谈科技的发展和重要性。杜彦斌不禁感叹："IT 的春天来了。"不到半年的时间,刘经纶对于 IT 的理解又有了全新认识,并形成了一个较完整的认知框架。"他还带我们去腾讯考察。对于全面依靠互联网,拥抱大数据,他有着自己战略性的判断。公司的科技组织架构随之发生了很大变化。"2014年底,刘经纶提出:"保险的互联网比互联网保险更伟大!"

2015 年,刘经纶对泰康集团的 IT 建设提出了十字方针:安全、准确、稳定、创新、服务。2016 年,泰康加大集团化建设力度,科技平台经过将近 9 年的建设,发展迅速,变化很大。据杜彦斌介绍,2012 年时,泰康人寿 IT 团队有 200 多人,现在泰康集团及各子公司总部 IT 人力已经到了 2280 多人,还有4500 多外包人力。

2012 年到 2019 年,刘经纶每周都给 IT 部门开例会,进行 IT 工作的沟通。"总裁以管理者的视角看世界,每次开会我们都能学到东西,多年的积累,让我觉得自己等于上了一个MBA 班。"杜彦斌说。

在杜彦斌心里,刘经纶是职业经理人的楷模。"我们做 IT的很辛苦,遇到开门红或节假日,遇到月底或元旦,为了做好业务保障,雷打不动地加班,但是刘总裁都会来一起加班,节假日还陪着我们。"

泰康保险公司信息技术中心总经理杜宇是在 2011 年接触的刘经纶。"记得有一次 IT 系统发生故障,停机十多个小时。我们在给总裁做汇报时,总结了很多原因,包括 IT 的诉求和担当，我们提出来一个全面解决方案，全系统停机停网两天，对业务系统进行全面修正。刘总裁坚定地说：'不行，怎么能让业务停两天？绝对不可能。'他明确指示，要确保业务正常运转，同时完善科技板块的建设。"

尽管刘经纶要求高，对员工工作考核得也很严格，但杜宇认为刘经纶实际上毫不固执，善于虚心反思，并且乐于承认工作中的不足。对于省级分公司的IT建设，刘经纶起初态度很明确，IT分公司不应该各地单独设立，应由总公司统一管理。后来公司召开IT策略会议，讨论公司在IT方面面临的问题，各分公司谈了自己的现状和想法，经过对各分公司的诉求进行分析和总结，形成新的共识，科技团队不但不能减，反而要壮大。"刘总裁觉得他自己前期的想法有些偏颇，在分公司的IT建设和技术支持上应该承担更多的发展责任。刘总裁确定这一战略后，科技部门才确定从后台逐步向前台过渡。通过这件事可以看出刘总裁是一个很开放的人，他在不断地调整自己的认知和态度。"

"IT部门每周都开会，刘总裁喜欢听，也愿意听，听了之后呢，他有自己独立的思考。他对基本情况非常了解，而且能适时改变。"2013年至2014年，移动互联网保险"小荷才露尖尖角"，IT创新迫在眉睫，而泰康最早在微信平台推出产品，在业界引起了不小的轰动，表现出了很强的创新能力。

杜宇介绍，泰康人寿IT机构组建了两个部门，一个是移动互联网研发部，另一个是大数据部，后来还成立了一个研究院。IT在代理人的营销体系中发挥了巨大的作用，使业务线上线下能进行互动，使整个客户服务体系逐步往线上搬。按照"一个客户，一个泰康"的要求，提升客户的服务体验。对于公司来讲，也实现了价值的最大化。从 2016 年开始，泰康客户服务 90% 以上都在线上。刘经纶还提出了一个"四字策略"：采、存、析、用。采就是采集，存是存储，析是分析，用是使用。"四字策略"对于大数据的定位，非常清晰。2015 年开始，泰康科技板块发生了很大的变化，获得了突飞猛进的发展。

在杜宇的心里，刘经纶为人非常有亲和力，并且身先士卒。

"2014 年春节公司大搬家，2015 年春节是与腾讯合作做红包活动，2016 年春节与阿里巴巴合作做红包活动，三年的春节 IT 部门都没有休息，除夕夜是刘总裁陪我们在公司度过的。"

2012 年，刘经纶开始直接分管科技中心。在集团内部，大家越来越有共识：科技将在公司发展和经营中发挥至关重要的作用。泰康又设立了健康险研发部和信息安全部，提出了"科技驱动"的口号，后台支持部门逐渐向前台科技转移，发挥驱动力，转变角色，创新发展，提升服务能力。在这个过程中，刘经纶的正直和开放给大家留下了很好的印象。"刘总裁很正直，不会因为某件事误判对你产生不好的影响。他在工作中，总是给一些方向上的指导，让团队发挥自己的主观能动性，从而解决问题。同时，他也很严厉，当我们犯了错误时，他会严肃地批评，要求我们多思考。他自己也在不断地学习，求新思维至上，为我们树立了很好的榜样。"杜宇说。

　　2017 年 12 月 7 日，泰康保险集团科技年度策略会在福建召开，刘经纶到会并提出加快电子化、移动化、数字化发展以及科技驱动公司发展的工作要求。

众多与刘经纶在工作上有直接关联的泰康员工，都对刘经纶有共同的感受：对工作严格要求，不含糊，勤勉无私，有大局观；对员工讲情重义，关怀备至。

泰康集团办公室创新中心管理处经理陈立新自 2013 年开始与刘经纶有了紧密的工作联系。"2013年，泰康创新中心启用，当时是刘总裁分管。我们成立了一个项目团队，有了和刘总裁近距离接触的机会。在工作上他是一位严师，对我们严格要求，尽管严厉但又不失人情味。不管是中层管理干部，还是下级员工，大家都把他既当领导又当兄长。"

2017 年，陈立新爱人怀孕，需要住院。"因为我家就在公司附近，距离最近的是北大国际医院。当时建档非常困难，自己没有人脉关系无法解决。刘总裁不知道从哪儿听说了这件事，就在办公室问我情况，我说需要该院领导签字才行，北大国际医院环境好，家人希望在那儿能获得一个全周期的高品质的孕产服务指标。刘总裁听明情况后，当着我的面用手机给朋友打电话，像给自己办事一样。我和他女儿年龄一般大，他传递给我的是一份发自内心的关爱。联系完之后，他交代秘书带我去见北大国际医院的院长。这个事情，对于刘总裁可能是一件很小的事，但对于我是天大的事，他对一个下属员工能如此细致入微地关怀，我真的很感动。"至今谈起此事，陈立新的感激之情仍然溢于言表。

陈立新表示，在跟随刘总裁工作的 7 年多时间里，他学到的东西非常多。"对于我们这些 80 后、85 后的年轻人来讲，能从他身上学习怎么做人做事。我们看到，他做人做事都有独到之处，有格局，而且是大格局。"

在陈立新看来，身为总裁的刘经纶是公司战略坚定的践行者，是董事长的得力助手。"他在工作中，一直给我们讲：'做任何事，公司的利益最大化。'刘总裁是一位非常优秀的职业经理人，既是我们的领导，又是我们的兄长。"陈立新觉得在人生中能遇到这样一位好领导、好导师，是一件非常幸运的事情。

他还特别提道："刘总裁很讲究工作方法，哪些是需要他拍板的，哪些是可以让员工领悟的，他的分寸拿捏得非常好。他对每位员工给予充分信任，对员工也非常关爱，在平时单位组织的活动中，他既抓大事，也会关注到每个细节。"

原泰康人寿执行副总裁、首席人力资源官胡昌荣直言，从现在的实际结果来看，刘经纶加盟泰康，是泰康保险公司的幸事。"陈东升董事长有远见卓识，而刘经纶有精湛过硬的专业能力，两者结合，为泰康带来全方位的发展与飞跃。"胡昌荣认为，刘经纶最大的优点是执着，正确的事绝不轻易放弃，既专业又专注，泰康人信赖他的不单单是专业与经验，更有他的职业操守与品德。"刘经纶的专业性是毋庸置疑的，而且他的专业是来自多年的基层市场磨炼，完全值得信赖，可以说泰康保险公司多年来的有序健康发展与刘经纶的付出紧密相关。"同为泰康保险公司高层的胡昌荣，对刘经纶有着不同于常人的钦佩。"董事长与总裁紧密配合搭档23年，在全国金融保险界没有，恐怕在全球也难寻。坦率而言，在公司的业务大计和发展方略上，在日常工作中，刘经纶难免与董事长有不同意见，但是他们往往会把业务上的分歧解决在讨论之中，有的时候他们之间发生工作意见分歧，都会找我交流。但是无论有什么不同意见，刘经纶都会服从董事长的决议。这种以大局为重、公司整体利益至上的内心格局，对于他这样级别的人来说是难能可贵的，我觉得非常了不起。"

原泰康人寿执行副总裁马云在人保时期就和刘经纶有着密切的同事关系，在工作中他们也成为知心朋友。"早在1982年我就在人保与刘经纶相识了。在泰康我们又是20多年的同事，产险寿险分设经营是中国保险业的惊天之举，对中国保险业的发展有着巨大的推动力量，而刘经纶正是其中最关键的推动者和实践者，1991年他就率先在江西成立了人身保险事业部，开启了产险和寿险分设的先河。如果没有刘经纶的创新举措，中国保险业产险和寿险分设可能还会有一段摸索时期，中国保险史会铭记刘经纶敢为天下先的功绩。"在马云的心目中，刘经纶无疑是中国保险业恢复初期的先行者，是值得记入保险史册的杰出保险人。刘经纶有勇有谋，有魄力，有激情，敢想敢干，智勇双全，有头脑，也有敢闯的豪情，而且有格局、有大局，是一位优秀的职业经理人。

原泰康人寿副总裁贾莉萍1996年4月加入泰康，2012退休。她认为泰康保险公司最大的优势之一就是班子实力强，并且稳定。无论是战略决策还是业务线推动都特别令人赞赏与敬佩，董事长有战略思维，班子团结。贾莉萍最佩服刘经纶的就是敢为人先，率先垂范，勇往直前，从不推诿与退缩。从 2004 年贾莉萍担任泰康人寿副总裁至退休，任期内国际、国内保险业乃至金融界出现过若干波澜，刘经纶沉着应对、处变不惊的状态给她很大震动，让她一直心怀敬佩之情。"我们企业在 2008 年亚洲金融危机、2009 年投连险风波这样的大背景下难免遭遇发展的困境，也是公司经营的艰难时期，这些困难关头刘总表现出的大将风范令人折服。他自信，有担当，作为高层管理者敢于负责，面对迎头而来的困难，总是冲在最前面，给员工无穷的信心和鼓励。"贾莉萍记得，有一次，一位员工拿着一份棘手的文件需要找领导签字，因为内容敏感牵扯到很大的责任，经办人没有找到愿意签字的高层领导，正巧刘经纶路过，了解情况后，看过文件，直接签字批复。"这件看似偶然的事，显示了刘总的担当之心和决断能力。"

在投连险的整改过程中，泰康的模式得到了当时的保险监督管理机构中国保监会的高度认同，并提议全保险行业参照泰康模式推进整改。贾莉萍认为："这其中有着公司的实力，有董事长的领导，也显示了总裁的专业、格局、眼光。"不光如此，刘经纶的与人相处之道也令贾莉萍敬重。"刘总待人宽厚，唯才是举，即使对那些反对他的人，只要他觉得可堪大用就一定会重点培养。刘经纶总裁与陈东升董事长相处亲如兄弟，刘总裁非常尊重陈董，刘总经常对我们班子和同事说公司只有一个声音，那就是陈董事长的声音。"像很多了解刘经纶的人一样，贾莉萍心中的刘经纶是一个没有"小我"、德才兼备、智勇双全的金融保险界大人物。

泰康保险集团执行副总裁、泰康养老董事长兼首席执行官李艳华对刘经纶的记忆同样深刻而美好。"我记得总裁是 1998 年 10 月 8 日来到泰康的,一个月以后,总裁做了一个关于泰康发展的十大建议的报告。十大问题现在我记不清了,只记得当时给公司带来很大的震动。我那时对总裁的第一印象,就是一个帅小伙,炯炯有神的眼睛一看就充满智慧,我们也对总裁充满了期待。"

李艳华表示,在工作上有任何的问题,人们都会想到刘经纶总裁。"比如开办职业年金,需要地方支持。有几个省是总裁比较熟悉的,包括我们想请总裁去西藏,见自治区主席,总裁都非常支持我们,去做很艰难的工作。我们都非常感谢总裁。"

李艳华尤其记得由刘经纶创办的"世纪圣典",每一届他都亲自参加。"每一次总裁都是先行部队,来机场接陈董和我们的各位会长,不管是几点,哪怕半夜到目的地,总裁都是亲自迎接,这一点让我们非常感动,也觉得要学习总裁这种工作精神。"

李艳华特别提到,刘经纶在生活中没有一点总裁的架子,反倒是很淳朴。无论走到哪里,他都带着辣椒和榨菜。2007 年泰康在法国巴黎举办"世纪圣典",他的午餐就是面包夹辣椒酱,吃得津津有味。"那时候我们也受到了总裁的感染,也是面包夹着辣椒酱,吃了一顿记忆犹新、非常开心的午餐。"

李艳华还说，他们最羡慕刘经纶总裁的就是公司每年的大会主持人、每年的表彰决定都是他来宣读。刘总裁与董事长在一家公司连续搭档21年，在中国乃至世界企业中也是未见的，也许还破了吉尼斯世界纪录。

泰康保险集团执行副总裁、泰康资产总经理兼首席执行官段国圣曾在平安保险公司与刘经纶共过事，但真正了解他是在泰康保险集团。"总裁非常精明能干，特别厚道。和他共事20年了，我非常肯定，总裁是一个很好的领导、同事和朋友。公司有一些事情，陈董要总裁出去协调，也许这件事情并不是总裁分管的工作，也有一些事情陈董没有指示，但是分管领导找到总裁，总裁一定是以泰康的利益为出发点，身体正，位置准，以大局为重，以泰康的利益为重，一看就是可靠、值得信任和跟随做事的领导。"

段国圣说对刘经纶的第一感觉就是非常亲，有什么工作问题除了董事长，他第一时间就会想到总裁，去寻求他的帮助。"他就像我的老大哥一样值得信任。"

中国人寿保险股份有限公司原总裁万峰与刘经纶认识近40年。"我们是1982年的9月份在西安小寨饭店参加人保全国人身保险讲习班认识的，我当时是吉林的人身险干部，他是江西的，就在这个班上我们认识了，结下了不解的情谊。我们在中国保险业一起奋斗了40年，他在中国保险界特别是在寿险界是一位难得的人才和优秀的管理者，在业内有着极好的口碑。"

新华人寿保险原总裁、创始人孙兵与刘经纶更像因保险而结缘的"战友"。"我给刘经纶的总结就是：有话就说，有酒就喝，有事就办，就是痛快。有什么问题，刘经纶不会犹豫，他会直接说，说的并不是恭维、敷衍的好话，他是怎么认为的就会直接说出来。而且在中国保险历史上，像泰康保险公司这样董事长和总裁亲密合作 21 年并且到现在为止公司管理这么好的是绝无仅有的。"除去兄弟之情，孙兵对于刘经纶更有赞赏和佩服。

对话：最大的欣慰在于毕生坚持做好一件事

问：在您的事业追求中，最让您欣慰的是什么？

答：我一辈子就投入在保险这一项事业里，这是最令我感到欣慰的。

在事业上我坚守一生只做一件事，并持之以恒把它做好。同时，我服务的三家保险企业——人保、平安、泰康都是世界 500 强，我是三家企业从小到大、由弱变强发展过程中的重要参与者，也是见证者。我个人事业发展的平台也是在不断上升。在这个过程中，我毕生一直在努力拼搏。对事业中所有的变动，我更多的是考虑突破，而不是追求回报。同时，我在几十年的保险生涯中一直坚守底线，廉洁自律。

问：有没有什么令您感到遗憾的？

答：事业上我最大的遗憾是没有尝试自己创业。坦率地说，我完全是有这个机遇的。我在保险领域工作多年，又有很多志同道合的朋友、同事。我也有条件取得创办企业的资本金，早年创办保险企业并非不可能。

我有这样的遗憾并不代表我觉得现在结果不好。只是觉得在事业发展中如果有这样一个尝试，自己的人生会更丰富，更有深度和广度。我觉得就像是自己打了个盹儿，错过了一次机遇。现在我的身份就比较单纯了——一个纯粹的职业经理人，同时我认为自己也是一个称职的职业经理人。

问：一路走来，您觉得中国保险业已经发生了哪些深刻的变化？您预判将会有哪些新的变化？中国保险界要为此做些什么准备？

答：中国保险业取得了伟大成就，我是其中的参与者、见证者和经历者。过去的40年，中国保险业由小到大，由弱变强。这样的变化主要表现在保险需求的变化、服务功能的变化以及管理要求的变化上。这些变化对于保险从业者的要求也有着很大的不同，可以说是科技武装未来，科技强则公司强，企业发展才能持续、健康、稳定。

可以确信，将来保险业的趋势将更加专业化、细致化、个性化，比如养老、医疗等专业保险需求将会更突出，人们对保险的规划将更完善。国家社会保障政策的完善也会使商业保险需求越来越大。保险占比支出在家庭生活中将会有大的增长。服务个性化趋势越来越强，产品个性化趋势越来越强。保险对于行业的区分细分也会越来越显著，职业化的保险服务会更具指向性。我们必须做到市场化、专业化、规范化、科技化和国际化。

问：您作为总裁与陈东升董事长同在一个大型金融企业搭档23年，实现这样的传奇，您觉得有些什么人生经验值得总结？

答：我在总裁岗位21年，监事长岗位2年，和陈东升董事长和谐相处23年，主要是因为我们有共同理想，有共同的价值观，我们在讲原则的前提下相互尊重。同时，我认为陈东升董事长有格局、能包容。

在与陈东升董事长的相处中，我一直坚持几个原则。第一，工作行事要到位，不错位。第二，要善于补台。第三，要讲究执行力。作为一个企业应该只有一种声音，在工作导向上，还没有决定的，征求我的意见我会直言，但一旦公司定下来的决议，无论我内心是否认同，我都努力执行。第四，要敢于担当，工作不能懈怠，要勤勉努力。第五，要廉洁自律，大公无私。这些都是我这23年的真实体会。

问：对于企业的人才选拔与任用，您认为职业经理人应具备什么素质？

答：所谓德才兼备，最重要的是品德好，能力大小德为先。人才是由职业、专业、敬业决定的：职业看重的是职业操守和德行，专业指的是技术水准，而敬业指的是态度。这在人才身上是一体的，但品德是最重要的。

问：在特别困难的时候，您是如何走出内心困境，冲破心灵难关的？

答：最重要的是自己需要冷静下来。学会忍耐，也要有耐心，更不要轻易冲动。所谓对与错都是相对的，多想想现在的处境是因为什么，如何才能突破现在的状态，绝不要怨天尤人，要学会换位思考。

情深言浅

刘经纶的妻子魏虹 1980 年参加工作，1982 年经过招干进入银行系统。她与刘经纶结缘还是在课堂上。当时，身为人保最年轻处长的刘经纶作为保险学科兼职老师进入江西银行学校任教，而魏虹与刘经纶相识时尚未毕业。

说起对刘经纶最初的印象，性情率真的魏虹甚为坦诚："我当时觉得他很土气，并没有什么过人之处。让我对他有不错印象的是他的踏实和善良。真正让我愿意和他相处的是他那双大眼睛，我没法抵挡他的眼神。我爱上他也就是因为他这双眼睛和他的为人。"魏虹坦言，最初也有些人不看好他们的感情。

1984 年底魏虹调入中国工商银行江西省分行信贷处，工作上的交集使她对刘经纶有了更多的了解，也使得他们的心灵有了更多的理解与默契。"我觉得刘经纶这辈子是入对行了，他就是适合做保险，我陪伴他风雨几十年，看到的都是他在事业上的努力和实干。他的主要精力都用在工作上，常常顾不上家，工作就是他的灵魂。"作为刘经纶的伴侣，魏虹见证了刘经纶的艰辛跋涉。

在刘经纶事业发展的几个重要节点，魏虹的态度对他最后的选择几乎都有着决定性的意义。从离开国企人保到南下加盟彼时刚创建的股份制企业平安，从势头正盛的体制内最年轻的处长到重新开始、前途未知的新航程，从气候饮食熟稔的内陆江西到沿海开放的深圳，魏虹都给了刘经纶最坚定的支持。"说实话，他当时是有顾虑的，毕竟放弃看得见的大好前程，奔赴未知的平台，有很多不舍，但我极力主张他去闯、去试。我那时在银行信托投资公司工作，收入不比他低，家里不完全指望他。我知道他的潜能，在事业上他需要突破自己。"魏虹说。同样，从深圳平安北上加盟泰康，魏虹也是毫无保留地支持。"在深圳做得好了，我担心他会变得安逸松懈，当又一个激发他内心动力的时机出现，我依旧愿意给他鼓舞与支持。"魏虹确信刘经纶内心对于事业的坚韧、热爱和投入可以使他做得更好。有事可做，做之能好，这是刘经纶心之所向、爱之所倾，魏虹深知于此。"在事业的追求上，他是想什么就去做什么，做什么就成什么。"这如水般平淡的点评里，饱含着魏虹对刘经纶深沉的欣赏和信任。

毫无疑问，刘经纶再次由事业高光的峰峦之上来到刚刚铺设建筑地基的泰康，是需要勇气和义无反顾的决心的。他与陈东升董事长的珠联璧合，成就了今天世界 500 强的泰康。"我很敬佩陈东升董事长，他与刘经纶 23 年如兄弟的关系成就了泰康的今天。刘经纶也一直是带着感恩的心为泰康奉献，与陈董事长共事。"在家里谈起刘经纶的工作，魏虹由衷地感慨，是陈东升董事长给了刘经纶施展的平台，是保险行业成就了刘经纶的人生。

刘经纶几乎全身心扑在了工作上，能顾上妻女的时间很少，魏虹从没有在心里埋怨过。"他是个不善言爱的人，但他对我们和家庭的爱是满满的，都装在他心里。"虽然生活让刘经纶表达爱的时机少之又少，但心心相印令魏虹始终能感受到他对亲人与家庭的眷念深情。

有教育专家说，一个人在 6 岁之前如果和父母关系亲密，那么他这一生都会与父母关系亲密，反之则关系疏离。女儿自出生至上学，包括后来远赴英国读书，刘经纶一直辗转奔波于事业，陪伴女儿的时间少之又少，以至女儿刘珈吟小时候常哭闹着要"换爸爸"。

在刘珈吟的记忆里，父亲总在出差，和她们两地分居，情感交流很少。加之，父亲也不擅长表达。"作为丈夫，我父亲对于爱人的情感是缺失的。在一个家族观念浓厚的年代，这是他那一代男人普遍的现象。这也直接影响了我的择偶观，让我决心今后一定不要选择父亲这样的男人成为我的伴侣。"刘珈吟真正理解和懂得父亲是在进入社会之后。"进入社会，经历了很多事情，有了自己的事业与家庭，我对父亲有了新的认识。"刘经纶目标远大、勤奋执着、宽容大方、无私奉献、处处为他人着想的品格，令女儿刘珈吟强烈感受到人性的光辉。"父亲总在自我实现，他真正可以做到付出不求回报。即使在我们看来有的人很不懂感恩，他也无所谓，他的付出总是竭心尽力，无论别人如何对他。"

成年之后，刘珈吟明显感受到了父亲的变化。"我父母有很多观念不一致，文化冲突也较明显。早年父亲常年奔波在外，一心扑在事业上，我母亲带着我很不容易。如今，父亲与母亲相处更多，懂得了妥协。"母亲的一次生病住院让刘珈吟更真切感受到父亲对母亲的深爱。"在母亲生病的时候，父亲把母亲就诊入院的每一个细节都安排得细致入微，工作再忙也一定赶去陪床照顾。"父亲对母亲的关爱和处理家庭事务时独当一面的能力，都让刘珈吟深为敬佩。

刘经纶为人处世的气度和品行也深深感染着他的女婿竺玮。"我岳父家族观念很重，所以在他心里深埋着回报家乡的情怀和夙愿。他有着近乎一个族长般的心胸与视野，对于帮助乡亲族人毫无保留，不遗余力。同时品性大气，不求回报。"作为一家人，竺玮坦言岳父身上有着很多自己需要学习的品质，抛开亲情，只谈做人做事，他觉得刘经纶都是自己的人生标尺。不仅仅因为刘经纶是长辈值得敬重，更因为刘经纶的德行和操守确实是做人做事的楷模。

华泰财险深圳分公司经纪重客一部业务经理左清兰，多年来一直强烈感受到刘经纶对家人友人情深义重，对事业专注投入，对自己严格自律。对于刘经纶一家，左清兰是一位格外特殊的人物，不是亲人却胜似亲人。

左清兰的老家在江西省吉安市永新县。1992 年，刘经纶的学生刘岗生——左清兰的舅舅找到她，希望找个老乡照顾刘经纶上小学的女儿，并陪伴女儿成长。因为身为父亲的刘经纶事业繁忙，不能有更多时间陪在女儿身边。左清兰答应下来，她来到南昌，成为刘经纶家的一员。当时，刘经纶的女儿刘珈吟刚上完小学一年级。

刚到刘经纶家时，左清兰不会说普通话，刘经纶就陪她讲老家话。"叔叔不管工作多忙，睡得多晚，总是早上七点起床，然后做早餐。尽管叔叔的应酬非常多，下班很少能按时回来，但只要他回来，必定下厨房做菜。我的厨艺都是他教的。"左清兰说。

1993 年，刘经纶一个人去了深圳。左清兰记得："当时我们都是书信交流，他让我写信汇报家里的情况，我写去了他也及时回信。他每次从深圳回来还给我带礼物，比如发卡、好吃的食物，还有穿的衣服。他有一次给我买了一个很漂亮的发夹，我非常开心。我觉得他没有把我当成外人，也让我体会到了家的温暖。想起来，我那个时候挺快乐，蛮幸运的。他不管什么时候打电话来，都会提醒我，不能放弃学习，一定要坚持学习。我每次写信有错别字，他都会提醒我，教我正确的，非常有耐心。"

大约在 1994 年 9 月，左清兰随刘经纶一家来到深圳。"当时住房条件很差，也就一间房，我们在中间拉上一个帘子。做饭是在楼道里，我印象最深的是叔叔和他的同事们都会做菜，大家经常聚在一起吃饭，挺热闹的。在那个简易的房子里住了一年的时间，叔叔买了住宅，大约有 120 平方米。"

刘经纶一直关心左清兰的成长，重视和监督她学习，后来她上夜校，参加自学考试，读了法律专业，拿到了大专毕业证。刘经纶一直夸赞她。"现在我才明白，以前叔叔让我写信也是督促我学习和进步。"

2001 年，刘珈吟出国读书，左清兰与刘经纶一家的缘分并没有因此结束。在刘经纶的帮助下，左清兰先去平安保险公司的行政管理部担任接待员，后来又做文印室的打字员，还做过一段时间的接线员。1996 年，左清兰认识了现在的先生庄志一。"他当时在保费部工作，主要从事保险培训和收展工作。1999 年，我俩结婚了。当时平安保险公司有个规定，夫妻俩或直系亲属不能在一个公司。2000 年 8 月，叔叔就介绍我到华泰财险，至今一直在华泰财险公司工作。"

刘珈吟比左清兰小八岁，初中毕业就去了英国读书，但她们之间经常发电子邮件，互相问候。"我结婚的时候，她还寄了两块表作为礼物。2007 年，我生小孩，她从美国寄来了礼物。珈吟在放暑假的时候都会回国来深圳玩，就住在我家。叔叔基本上过一段时间就会打电话问问我的情况，我给他的回复都是说'叔叔放心，挺好的'。叔叔后来到北京发展，他每次来深圳，都会第一时间给我打电话。"

说起刘经纶，左清兰的钦佩之情溢于言表："我觉得叔叔心胸宽广，非常勤劳，很有责任心，我非常崇拜他。不管是工作，还是家庭方面，特别是做人方面，他身上有很多闪光点值得我们学习。"

左清兰记得刘经纶有一句霸气的座右铭："想什么做什么，做什么成什么！"她觉得刘经纶有严格的自律精神。"他天天早起，上班走楼梯。他教导我们要吃苦耐劳，做事要有专注力，做人要有亲和力。"

谭欣在 2017 年至 2020 年任刘经纶的秘书，他感受最深的是刘经纶的做人做事、智商情商、修身修为都堪为师表。

身为秘书，他见证了刘经纶每天的公务繁忙，从早到晚需要参加无数会议，接打无数电话。"早上，总裁 7 点左右出门，从北京北五环外的住所到长安街复兴门的公司上班，路上需要一个多小时。在路上他就开始打电话，安排好一天的工作。晚上出席完活动，到家一般是 10 点左右，在回家的路上他也不能闲着，还得处理手机上的工作事务。有时候深夜 12 点，我们还能接到他的工作电话。在我的印象中，他就像他的手机一样没有好好休息过，总是电话不断、微信不停，联系总裁的不管是达官显贵，还是邻里乡亲，或者素昧平生的陌生人，总裁都是一视同仁，并不会因为对方的身份不同而区别对待。有人给他打电话，他一定会接，不开会的时候他接，开会的时候要求我替他接，能办的事情一定办，不管大事小事，难事易事，急事缓事，从来不敷衍了事。"

谭欣记得，有一次他和刘经纶在回昌平办公职场的路上，接到一个老乡来电，这个老乡谭欣认识。"我感觉这个老乡是莽撞冒失的，他不知天高地厚地希望总裁帮助办一件不能去办的事情，我前前后后接过几次他的电话，婉言告知他了，后来他再来电话我就不接了，可是他并不死心，还烦扰着总裁。来电铃响起后，总裁紧锁眉头，对我说这是强人所难。当时总裁虽然极不情愿，但还是亲自接了电话，把事情原委和对方又解释了一遍。"这件事令谭欣深感刘经纶做事得体，做人襟怀宽宏。

在泰康集团的日常经营管理中，董事长和总裁就是班长和副班长的关系，董事长管战略规划，总裁管落地执行。谭欣眼中的总裁做事谨慎认真，讲规则、讲制度、讲流程，凡事以董事长为先，从来不会越权办事。"但凡需要董事长和他参加的会议，他总会要求我去和陈董事长的秘书敲定时间，就着董事长的时间再来安排他的时间。但凡可以由陈董事长或者他去出席的活动，他都会要求我们去请示陈董事长，按照董事长的要求来安排相关工作。做事情明晰主次、突出重点，这样的细节不胜枚举，这凸显了总裁在泰康23年职业生涯的智商情商。"

首先，在谭欣的眼里，刘经纶除了有很好的功名外，一辈子都在奉献，从不索取。"毫不夸张地说，总裁就是他们整个家族的希望，是身边同事和好友的寄托。"在刘经纶的60岁生日宴上，公司原副总裁贾莉萍说，多年来大家都形成了习惯——"有困难找总裁"。谭欣说自己在日常工作生活中，看到的确实也是——"有困难找总裁"。

谭欣无数次见证了泰康集团工作中大大小小的"有困难找总裁"：泰康健投推进养老社区建设，刘经纶亲自出马，使江西赣园养老社区从拿地到开工，在所有社区建设中速度最快；泰康在线车险销售资质落地，刘经纶出面联络银保监会、各地银保监局安排工作沟通汇报；泰康养老参加全国各省职业年金项目招标，刘经纶亲自带队赴江西、湖北、天津等实地参与……

"有困难找总裁"不仅体现在泰康的工作中，在商会、校友会中也有很多例子，每天都在发生。"我感觉总裁每一天的工作就是在解决各种别人很难解决的问题。"谭欣说。

刘经纶的现任秘书刘莹皓说："刘总工作生活中的点点滴滴都给我留下了深刻印象，也成为我人生路上的宝贵财富。"刘莹皓首先感受到的是刘经纶对下属的耐心。刘莹皓之前长期从事法律工作，对秘书工作的内容、需要关注的问题、具体的工作方式、与领导沟通的技巧等可以说都是门外汉。面对他这个一窍不通的新秘书，刘经纶总是不厌其烦地耐心教导，告诉他事情的来龙去脉，交代工作中要注意的具体问题。一篇讲话稿如何撰写、一场商务活动如何接待、一次会议如何安排，每一个小细节都提出明确的要求和指导。"去年，江西省工商联向部分企业家、商会会长征集对 2020 年上半年国民经济运行情况的看法和建议，并且要求第二天给反馈。对于这一为国家经济发展建言献策的机会，刘经纶监事长当仁不让，立即告诉我他的初步写作思路和想法，让我开始起草。我是第一次接触这类探讨国民经济发展的命题，写稿时总感觉无处落笔，抓不住要领，草草写了一篇稿子交差，结果当然不合格。刘总并没有生气，也没有批评我，而是耐心地给我讲写作思路，告诉我他想具体表达的观点和想要突出的思想，让我继续修改完善。在刘总的指导下，文章的站位和立意立刻拔高了，从国家经济发展方向到江西经济政策，最后落地到民营企业家的家国情怀，由远及近，提纲挈领。这次，我信心满满地将文章发给刘总审阅。刘总看后仍不太满意。他告诉我，文章的段落结构有问题，逻辑也不是很清晰，告诉我应该怎样去调整、完善。经过他的点拨，我也发现了文章结构的问题，同一个论点分散到不同的段落去说，前后段落逻辑上也不合理。我认真地再次对文章进行修改。改好后给刘总，他又对文章的具体用词提出修改意见。他告诉我，这类文章的行文要言简意赅、符合主流媒体的语境和用词习惯，要用数据说明问题，突出文章的核心思想。我再一次对文章进行修改。就这样一遍又一遍，修改了六遍以后终于按时交稿。后来我才了解到，刘总是利用参加会议的间隙，专门挤出时间来指导我修改这篇稿件的。这种手把手指导写文章的方式，是老师循循善诱、教导学生的方式，我也对这样一位良师般的领导倍加珍惜。"刘经纶对一篇文稿的起草和修改令刘莹皓受益匪浅。

其次，刘莹皓感受到的是刘经纶对工作的细心。起初，刘莹皓觉得，作为泰康集团的监事长、北京江西企业商会会长和北京江西师大校友会会长，刘经纶每天的工作是十分繁忙且充满挑战的，按理说应该没有时间关注工作中的具体细节。然而，事实与他的想象恰恰相反，刘经纶是一位高度重视工作细节的领导。安排任何活动，他总是要求刘莹皓整理出详细的流程时间表并要精确到分钟，然后对照时间表逐一安排每一个环节的具体工作，并提前准备活动延迟的预备方案，不允许任何浪费时间的情况出现。一项项工作都是以具体时间来交代的，清楚、明了。"时间就是效率、时间就是生产力，这是我从刘总那里学到的工作原则。会议通知的具体内容、参会人员的座位次序、会议的纪律要求、稿件的标点符号、客人出行的接送安排，刘总都会——过问、安排。他经常会提醒我那些我很容易忽略的细节问题，让我感到羞愧。对细节问题的一丝不苟，也许才是真正能够干成事、干大事的秘诀之一吧。"刘莹皓说道。

最后，刘莹皓感受到刘经纶对事业的专心。"刘总对待自己的事业，总是保持一种钻研的精神和专注的态度。担任泰康集团监事长以来，刘总仍然关心、关注公司的发展，严格按照监管部门和公司监事会的管理要求做好各项工作，经常带领监事到各机构进行专题调研，给管理层提出工作建议。刘总告诉大家，监事会不能是'神仙开会'，监事们也不应该做'好好先生'。监事会应当真正发挥依法独立的监督作用，为公司的发展保驾护航，维护股东和消费者利益。刘总对事业的专心还体现在对工作的严格要求上。对事业的专心是刘总成功的品质，更是我工作学习的榜样。"刘莹皓说。

"我还能强烈感受到刘总对家乡的爱心。对已过花甲之年的刘总来说，永远割舍不断的是自己浓浓的乡情。家乡可口的菜肴、家乡亲切的乡音、家乡熟悉的面孔、家乡温暖的回忆，总能让刘总绽放出惬意的笑容。"2020年对国家和个人来说，都是充满磨难和考验的一年，上半年疫情刚得到有效控制，紧接着的夏天南方又洪水肆虐。地处长江中下游的江西首当其冲成了洪灾最严重的地区之一。刘经纶立即行动起来，深夜开会，要求北京江西商会秘书处了解家乡灾情，询问家乡急缺的抗洪救灾物资，要求务必带动北京江西企业家为家乡抗洪救灾贡献自己的力量。北京江西企业商会迅速行动，积极响应江西省防汛抗旱指挥部办公室和共青团江西省委的号召，立即组建3支防汛救灾青年突击队，奔赴江西鄱阳湖抗洪抢险一线，奋力吹响北京青年赣商集结号角，冲锋在前，逆水而行，迎难而上，用行动构筑"北京赣商堤坝"。后来刘莹皓还了解到，每次家乡发生自然灾害，刘经纶总是第一个带头捐款捐物，支援家乡抗灾。刘莹皓深刻感受到刘经纶是一位不忘故土、回报家乡，有担当、有情怀的企业家。

笃行不怠

一个公司从诞生到壮大，其中的风云变幻、卧薪尝胆以及成长的阵痛，只有亲历者才能道出其中的种种滋味。

泰康保险公司1996年成立初期，只被批准设立北京一家分公司。泰康作为一家志在四方的企业，在全国铺设机构成为市场策略的必然之选。然而，如何规避拔苗助长的风险是企业经理人不得不面对的难题，而种种急缺的资源中，人才的发现和使用成为重中之重。在机构下沉铺建中，如何选人用人成了刘经纶的工作重心。

1998年，泰康保险公司在武汉、广州两地建立分公司。在国内的保险花园里，泰康"小荷才露尖尖角"。2000年上半年，泰康有3家分公司成立，下半年又诞生2家分公司。"网络渠道建设是企业建设走向全国的重要途径，在公司初建时期，我将精力主要集中于机构批设、人才与精英团队的发现和组建，我们的机构在较短时间里较高效地下沉进入发达城市，为全国机构铺建奠定了一定基础。"一方面是机构大幅铺建，做着市场开拓，另一方面还要对地方机构建设的风险进行管控，刘经纶在这两者之间努力做到平衡。从 1998 年进入泰康之后的 10 年时间里，刘经纶为泰康保险公司全国机构的建设投入了大量心血。到 2008 年，泰康保险公司基本实现在全国主要城市铺建机构的目标，这也是陈东升董事长提出的工作要求，由总裁刘经纶具体实施、执行落地。

2007 年，泰康保险集团董事长陈东升参加了一个亲戚孩子的婚礼。看到孩子长大成人另组家庭，他联想到家长将来的养老问题，就萌生了进军养老行业的想法，并开始酝酿筹备。陈董事长的想法得到了刘经纶等公司高管的支持。

2008 年，泰康保险开始组建团队，在接下来的时间考察研究了日本、美国等发达国家的养老机构及其模式，足迹几乎遍布国际上知名的养老机构。其中美国的 CCRC（持续照料退休社区）模式作为高品质养老的范本，为泰康提供了绝佳的参照，泰康决定将其引入中国。在此基础上，泰康做了大量的国内市场调研，进行充分论证，之后向中国保监会递交了关于请求允许投资养老地产试点的报告。2009 年 11 月，泰康获得了保监会关于同意建设养老社区试点的批文，成为中国保险行业第一个"吃螃蟹"的企业。

2010 年，陈东升董事长带领泰康董事会成员及部分公司高管考察美国养老社区。同年，泰康之家有限责任公司成立。2012 年初，泰康之家旗舰店——燕园奠基。同年 4 月，泰康发布新的关于保险产品和实体医养社区相结合的产品计划，也就是第一批"幸福有约终身养老计划"。此计划作为综合解决方案丰富了保险的内涵，实现了支付端和服务实体的有机结合，标志着保险产品衔接养老社区创新商业模式的正式形成。2015 年 6 月 26 日，结合了美国 CCRC 模式及中国医养结合模式的高品质养老社区泰康之家·燕园正式开业。泰康之家·燕园一期位于北京昌平新城核心区域，占地约 14.3 万平方米，建筑面积约 31 万平方米，具备约 2700 户独立生活养老单元和 207 张康复护理床位的承载量。作为泰康之家的实体旗舰社区，燕园也是中国首家获得 LEED 金级认证的险资投资养老社区，其开业标志着泰康之家成为高品质养老的代名词及中国养老社区第一品牌。

自 2015 年在北京的旗舰社区泰康之家·燕园开业以来，泰康已经在全国开业运营了 12 大社区，完成了北京、上海、广州、成都、苏州、武汉、杭州等 24 城的重要战略布局。

在泰康之家的选址上，泰康公司遵循着风景优美、交通便利以及周边配套设施完善的原则，基本上是选择距离市中心半小时交通的核心圈，以便于老人们的子女和亲朋好友探访，确保老人们的养老生活不脱离社会。

　　2012 年 6 月 6 日，刘经纶和陈东升董事长及泰康部分高管，在北京市昌平区南邵镇参加"泰康之家旗舰社区奠基仪式"，并为奠基石培土。以此为出发点，高品质泰康之家养老社区作为泰康保险集团大健康战略在全国正式启动。

2016 年 7 月 18 日，长三角地区首家泰康之家——泰康之家·申园一期开业。申园位于上海历史发源地松江，占地面积约 9.1 万平方米，建筑面积约 26 万平方米，可承载约 1900 户独立生活养老单元，提供约 440 张康复护理床位。

2017 年 1 月 18 日，泰康之家在粤港澳大湾区的旗舰社区——粤园一期开业。粤园占地面积约 5.8 万平方米，建筑面积约 11.6 万平方米，可承载约 890 户独立生活养老单元，提供约 355 张康复护理床位。

2018 年 3 月 3 日，泰康之家·蜀园一期于成都市上风上水的温江国际医学城开业，距离成都市中心约 30 分钟车程，所属区域为四川省着力打造的健康产业板块。蜀园占地面积约 7.7 万平方米，地上建筑面积约 18 万平方米，配备有约 1840 户独立生活养老单元，约 245 张康复护理床位。

2019 年 11 月 3 日，苏州泰康之家·吴园一期开业。吴园位于国家级旅游度假区阳澄湖半岛中心位置，由享誉世界的华裔建筑大师贝聿铭弟子莫平主持设计，并引入嘉德艺术中心和国际品牌酒店等机构，形成了多功能养生度假业态。吴园占地约 31 万平方米，建筑面积约 17.8 万平方米，提供约 1195 户独立生活养老单元、约 550 张康复护理床位，并配套有约 295 套酒店房间。

2019 年 12 月 21 日，武汉泰康之家·楚园一期开业。楚园由日本建筑设计大师隈研吾设计，距离武汉市核心区约 20 分钟车程，占地面积约 17.5 万平方米，地上建筑面积约 23 万平方米，可提供约 750 户独立生活养老单元，并配备约 335 张康复护理床位。

2020 年 10 月 25 日，杭州泰康之家·大清谷一期开业。大清谷地处西溪湿地和之江国家旅游度假区之间，坐落于群山之中，享有丰富的景观资源，占地面积约 4.4 万平方米，地上建筑面积约 4.6 万平方米，配备约 355 户独立生活养老单元及约 75 张康复护理床位。

至此，泰康之家已经初步完成了全国东西南北中的布局，以"离城不离社会"为宗旨，打造中国新型养老的"样板间"。

运营部门是刘经纶从任泰康总裁起直至 2020 年转任集团监事长为止始终主抓的部门，这些部门在泰康的发展历程中也始终扮演着服务创新先锋的角色。

多年来，运营部门、IT 部门一直秉持亲和务实的工作作风。作为公司总裁的刘经纶坚持每月亲自对客户进行回访，与客户进行细致交流。这样扎实的回访不仅是对客户的尊重和关爱，也是对代理人团队的检阅和考察，同时也是对公司服务管理能力的检验。

刘经纶介绍，那些年每个月由客服部门按照客户购买险种、客户所在地区、业务员背景等类型筛选出代表性客户，他抽出时间专门做回访，与客户沟通。这在业内属于首创。每次回访，他本人、客户部总经理、业务部负责人及秘书均会在场。

刘经纶相信，自己的回访对于公司和客户、代理人都有着特别的意义。"当客户得知是公司的总裁做回访时，他的内心一定会有所触动，感觉到自己作为客户被高度尊重，对自己投保的公司投入感情，公司的人性化形象更加具体，公司服务好的形象更容易在客户心里凝聚。同时，也使得客户对公司的代理人能有更大的信任。"

刘经纶在与客户的交流中从不敷衍走形式，他会紧紧抓住几个关键性问题与客户进行交流。"您是否自愿购买保险产品？""你对公司的服务是否感到满意？""代理人对您有无诱导性表述？""您对您的权利是否清楚？""您的保单是不是您本人签的字？""您对我们公司的服务和发展有哪些建议？"这些寻常回访的问题从作为公司总裁的刘经纶口中说出，常常令客户觉得意外，然而对拉近公司与客户的关系却能收到非比寻常的效果，大大提升了客户对公司的好感度与信任度。

除去亲自与客户的交流之外，刘经纶还十分注重强化与代理人队伍的联系和互动。他说："我需要双向的深入了解。"他常常用专门时间致电代理人代表，与代理人交流，了解他们的工作状态与生活情境。对于那些被客户赞赏的优秀代理人，他会亲自打电话送去公司的鼓励与表扬。对于做得不够的代理人他会善意提醒，提出自己的希望。"在和代理人的交流中，我也会关注几个关键问题。比如，代理人对公司发展规划有什么建议，对公司产品与文化有什么想法，认为公司还需要为代理人提供什么支持，等等。"刘经纶相信，对代理人群体的贴近和理解同样也是公司长治久安、永续发展的基石之一。从代理人处收集了诸多问题后，刘经纶会对其加以提炼和聚焦，然后召集有关部门进行集中分析和讨论，并作出适宜的决定加以改进。刘经纶说："了解一线动态对于我而言是非常重要的，不仅能最深度最确切地了解市场动态和员工队伍建设状况，也能更丰富经理人的思维，拓宽管理思路。"在刘经纶看来，亲自专时专用地致电客户和代理人代表，都是为了提升企业的精准服务。

2006 年至 2016 年，是泰康公司运营创新的快速发展时期。在这一时期，刘经纶倡导并致力于核保核赔由纸质化向数字化转型，并将核保核赔的数字化作为运营部门建设的主要内容。

2007 年，随着寿险市场竞争的日趋激烈，各家保险公司的业务压力与日俱增，泰康也不例外。

泰康保险集团运营电子化、移动化从 2009 年开始实施。电子化的核心是运营由纸质服务为主转变为以电脑和移动 PAD 为主的电子化服务；移动化的核心是运营由以电脑为主的电子化服务转变为以手机终端为主的移动化服务。一开始的时候，公司里很多人并没有特别关注到这些转变，是在刘经纶的大力支持下，首先由运营中心自发推动变革。2010 年，泰康上线电子化投保，投保效率由周、天提升至小时。2011 年，泰康在保险行业首创 3G 移动理赔，借助 PAD 实现理赔从报案到结案付款。2012 年，泰康实现移动保全。2013 年，泰康在行业首创手机理赔、手机投保，借助微信的流行，在公众号实现分钟级的投保、理赔业务办理。2016 年，泰康的运营服务功能在手机微信端全部上线。

2012年前后，电子化投保正如火如荼地在泰康系统内推广，由于初期系统流程不完善，在一些关键业务节点服务偶有中断，业务一线对此抱怨很大，业务部门负责人甚至在一些场合发表"电子化投保不是我们要求做的，是运营中心要求做的"的言论。闻听此言，刘经纶在公司大会上严正声明：电子化投保不仅仅是运营中心的工作，更是整个公司的战略要求，有问题或者困难可以沟通解决，但是所有人都必须服从公司的战略要求，这不是具体工作问题，是整体大局观的问题。在推动运营电子化、移动化的过程中，刘经纶总是不遗余力地给运营部门加油打气。没有刘经纶的力挺，泰康运营电子化、移动化不可能顺利推动。

2015年，在刘经纶的推动下，公司逐渐看到运营电子化、移动化所带来的效果，在大会小会上均会提及这项工作。最有效果的推广方式就是在各种会上进行现场演示，2014年公司半年工作会、2015年公司年度董事会、2015年西安"世纪圣典"营销峰会均安排了运营手机服务的介绍和演示环节。刘经纶善于用这种亲近员工、气氛轻松又直接展示效果的方式开展工作。

刘经纶在领导业务运营的建设中始终重视与科技的联系。"保险业的发展一定是由科技赋能，科技也是保险业的重要竞争力之一。我很欣慰公司高层一直重视科技，始终保证了公司各项工作需求中的科技发展在国内保险行业中位居前列。"刘经纶认为运营部门与科技的联系更紧密，他对科技上的求新发展一直没有懈怠。运营与科技的结合可综合为营运。"运营部门的科技竞争力满足了公司在业务上的发展，公司的经营需要科技生产力的支撑，我们运营部门的科技力量也满足了公司的战略规划需求。总之，科技运营服务一线，支持一线。"对科技力量的关注与看重市场实践的检验成果令刘经纶分外欣慰。

"在科技力量的指引下，很难得的是我们公司的发展没走弯路，没有在市场上花冤枉钱。"实在的话语透出的是市场对科技观念的回馈。

"我们的运营建设在当时整个保险市场还缺乏超前意识的时候，就一直处于技术和思想领域的第一方阵。我们从一开始就非常注重思想和技术前沿的探索。这符合泰康一直注重专业建设、基础管理的理念，这也是董事长一直关注和倡导的。"泰康保险公司核保核赔在 2013 年至 2016 年由电子化转向移动化，在 2016 年开始实现数字化、智能化、在线化。整个运营部门始终不放松探索创新的步伐。

所有敢为天下先的探索都会遇见种种阻碍，刘经纶坦言，泰康在探索之路上同样遭遇过这样那样的阻力。"当时我们遇到了很多分公司的反对，主要理由是影响了分公司的业务发展。当时董事长很支持我下决心将改革坚定进行到底，只要我们前进的方向是对的，即使暂时影响业务，改革也要大步向前。"

对于坚定改革，刘经纶是底气满满的，他的底气来自自己的专业权威和对市场的前瞻判断。"董事长的支持、高层的统一认识、我的专业性以及对市场的把控能力，让我有底气把改革进行下去。"泰康开始在全国范围内调遣英才，组建虚拟办公室，将移动化、数字化推进到一个全新的阶段。"公司创新显现着企业的价值观、经营理念，需要稳健并持续发展，看准方向坚持去做。"刘经纶说这是他进入泰康后不断力推创新的信念。

刘经纶的管理思维是，关于科技的核心技术要自己人掌握，而非将其外包，借以增强企业运转效能。

2016年8月22日，在泰康成立20周年时，泰康保险集团正式成立，并在人民大会堂举办了盛大的庆典活动。庆典上，陈东升董事长代表公司正式提出了"诚信经营，客户体验"的一号工程。

在刘经纶的提议和推动下，泰康为员工建立"诚信档案"。无论内勤还是外勤，均设置诚信分数，诚信分数被纳入考核体系。诚信，成为泰康每位员工必修的人格素养。

大到公司每次的隆重会议，小到职场机构的晨会，集体宣读公司诚信誓词成为一个重要的环节。"这不仅仅是形式，更重要的是要将诚信的思想注入公司每一位员工的心里，成为所有工作的思想基础。"诚信的仪式感逐渐成为员工内心的价值导向，形式也内化为思想。

"服务好很重要，但诚信更重要。"这是刘经纶与员工交心时常常提及的。刘经纶认为，一个企业或者一个人，没有诚信一切都是空谈，具备诚信，才值得被信任，才是企业或个人生存与发展的基本前提。

　　2016 年 8 月 18 日，泰康保险集团正式获批成立。2016 年 8 月 22 日，泰康 20 周年庆典在人民大会堂举行。在 6000 名现场观众的见证下，刘经纶与陈东升董事长及公司董事、监事、高管共同为泰康保险集团成立揭牌。

新世纪伊始，刘经纶就在陈东升董事长的支持下开创了"泰康在线"，并与之一路风雨同行。

2000 年 8 月 22 日，www.taikang.com 泰康在线官网正式开通，开启了泰康互联网保险服务和业务的创新探索之路。2008 年 6 月 17 日，泰康人寿创新事业部成立，泰康在线从官网正式转型为业务部门，开展"电话 + 网络"独特的创新销售模式，承担多元化的业务发展。2015 年 11 月 18 日，泰康在线财产保险公司成立，泰康在线从一个寿险公司的事业部独立出来，成为一家专业的互联网财险公司。

筹备阶段，刘经纶作为筹备组组长和拟任董事长，核心任务是全力推进筹备开业工作，泰康在线创造了行业内最快申请获批和最快筹备开业的纪录。2014 年底，泰康人寿启动泰康在线财产保险公司的筹备工作，并向保监会提交筹备申请。2015 年 7 月 22 日，中国保监会以保监发〔2015〕69 号印发《互联网保险业务监管暂行办法》，自 2015 年 10 月 1 日起施行。

2015 年 6 月 25 日，中国保监会批复同意泰康在线的筹备申请。2015 年 10 月，保监会验收组对泰康在线进行验收，并给出"代表互联网保险创新发展，代表泰康人寿数字化经营，代表保险行业转型升级"的结论。

2015 年 11 月 7 日，泰康在线经监管批准开业。2015 年 11 月 12 日，泰康在线完成工商注册。2015 年 11 月 18 日，泰康在线在武汉大学万林艺术博物馆成立。

改变未预见

互联网金融战略发布
暨泰康在线财产保险股份有限公司开业活动

泰康在线 TK.CN

　　2015 年 11 月 18 日，泰康在线财产保险股份有限公司在武汉大学万林艺术博物馆举行成立仪式。这是首家由国内大型保险企业发起成立的专业互联网财产保险公司，也意味着泰康保险成功进军财险业务，迈入保险集团化发展新阶段。左起：丁峻峰（副总经理）、王道南（总经理）、陈东升（集团董事长）、刘经纶（在线董事长）、方远近（副总经理）。

泰康在线注册于湖北省武汉市江岸区建设大道 738 号浙商大厦 36 层，分别在武汉和北京设立经营场所。北京主要是经营管理团队，武汉主要是三大中心和武汉业务团队。为了做好泰康在线的车险落地服务工作，泰康公司分别向全国 20 个省市派驻服务团队。

作为集团总裁并兼任泰康在线董事长，刘经纶亲自主抓泰康在线的许多项目，基本上每周都会开一次专门的工作例会。在员工们的印象中，刘经纶特别为泰康在线的车险落地销售付出了很多努力。

经过多轮沟通汇报，2016 年 12 月 28 日，泰康在线获得保监会批准，获准增加机动车辆保险业务，拿到车险牌照，并在北京、湖北、山东三个省市经营车险业务，试点时间为一年。2018 年 3 月 5 日，经保监会批准，泰康在线开始在北、上、广、深等 20 个省（区）、市经营车险业务。这期间，刘经纶先后深入各地保监局，拜访局长、分管副局长，甚至财险处长，沟通车险经营需求，争取监管认可和支持。

每次到地方机构分公司出差，只要当地有车险业务负责人，刘经纶都会叫来和当地寿险公司老总一起交流，研讨推进当地寿险带车险业务。刘经纶应用他在保险业 40 年深耕积累的资源，推进各地车险销售资质落地，无论车险业务在哪里落地有何困难，他都会亲自出面协调。

在战略演进上，刘经纶规划了泰康在线清晰的发展建设脉络。

2015 年 12 月，公司成立之初，在当时互联网＋热潮的冲击下，泰康在线确立"全面拥抱互联网，实现互联网生态经营"的发展思路。

2016 年 4 月，泰康在线按照业务发展方向，提出"DIG"三大业务模式，即直销＋互联网合作＋集团协同三大业务线。2017 年 6 月，在集团大健康战略日渐明晰的背景下，泰康在线积极融入集团战略，提出聚焦车险和健康险两大核心业务的发展思路，明确了下一步的业务聚焦和工作重心。2018 年 12 月，泰康公司进一步深化对核心业务的认识，提出"做大做强财产险，做大做强健康险"的发展共识，一方面突出财险主业，一方面全面对接集团生态体系建设的要求，做大支付端。

2019 年 6 月，在半年会议之前的子公司汇报中，泰康在线经过反复讨论，提出"打造手机上的健康险和财险公司"的战略，相比之前强化了科技诉求，开始了从保险支付向服务布局的探索。目前，泰康在线正朝着"做最大的互联网健康支付方，做最大的互联网财产险公司，做泰康保险集团科技驱动排头兵"的方向发展。

对话：经理人最应被记住的是责任担当

运用全面的经营管理知识和丰富的管理经验，独立对一个经济组织（或一个部门）开展经营和进行管理，并达到预期的经营效果。这是刘经纶心目中职业经理人的职业标准。

问：您认为称职的职业经理人需要具备哪些素养？

答：我认为作为一个称职的职业经理人应当达到以下七个方面的要求：责任感、专业化、国际化、市场观、领导力、免疫力、奉献精神。

问：对这七个方面如何细化理解？

答：责任感。要有良好的基本素质和品德情操，有强烈的责任心、事业心，必须要能够顶上去、扛起来，勇担使命。一切以事业为重，一切以事业为主轴。用心经营，在工作中有信心、恒心、企图心，有远大理想。大家肩负着为公司创造价值、创造利润、塑造品牌的任务，公司的经营是大家的使命，更是大家的事业！

专业化。目前，保险企业的管理正在经历由经验型向专业型、知识型的过渡。没有专业化的素质，就管理不了现代金融企业，管理决策的失误是最大的浪费，是公司最大的成本。专业化的管理干部需要现代企业经营的专业知识，需要保险企业经营的知识和经验，需要有对社会、经济、文化一般性知识融会贯通的能力，需要能够关注、追踪社会经济发展及科技进步。专业型干部还应当有良好的创新能力和学习能力，敢于否定自己，不断更新知识，不但有丰富、提高个人能力的愿望，也有紧跟时代的紧迫感。要时刻保持创新意识，不断强化创新能力，努力追求创新突破。没有创新或者学习能力，企业是做不好的，事业也不可能成功。

国际化。要观念国际化、思维国际化、语言国际化，就是要有现代国际金融企业的理念与技术，要有走出去、请进来的胸襟与气度，要有研究、学习国际企业的能力和知识。国际化，就是要学习借鉴世界经验，以全球化的眼光来规划工作、要求自己。

市场观。市场观有两层意思：一是有开拓市场的魄力，二是有敏锐的市场洞察力。作为管理者就是要在管理气质上，敢作敢为，敢于决断，不畏葸不前；在意志方面，坚韧不拔，锐意进取，能够积极开拓新的市场空间；要关注市场、分析市场，适应市场、引导市场，保持对市场动向的敏锐观察和快速反应。职业经理人如果没有敏锐的观察能力，不清楚市场上、行业里、社会上、国际上的变化，就很难把握发展的方向，很难在市场中占据主导地位，所以要适应市场，不断观察。

领导力。作为管理者要具备将下属统一到一个目标、一个愿景下的远见卓识和令人信服的专业素质。作为领导要具有两个要素：第一是老师，第二是服务。要有较强的组织管理能力，能够统筹全局、有大局观念，才能明确自身的使命，以高站位、高格局、高目标严格要求自己；有规划和分析的能力，对竞争的态势有清楚的判断；有知人善任、团结同事的能力；有强烈的创新求知的能力；有良好的沟通能力，能够实事求是地处理问题；有科学精神和理性思维的习惯；职业经理人还要有很强的执行力，最重要的是要身先士卒，躬身入局。光说不练，没有积极的行动力，事业是难以成功的。要亲力亲为，自己要付出。

光讲理论没有实践是不行的,机会是闯出来的,市场是干出来的,自己要有很强的执行力、操盘力、掌控力,要有极强的进取心。

免疫力。职业经理人更要有免疫力,要有底线思维、风险思维。如果没有底线,就算事业做得再大、再成功,也不能持续。只有把握住风险,方向才能正确,才能够持续发展,任何事情都有标准,有要求,有防火墙,要有一定的辨别能力,辨别是非好坏,辨别是不是具有可持续性。我认为底线思维、免疫能力非常重要。

奉献精神。一个职业经理人要有不断奉献的精神。做到持续付出、持续奋斗、持续坚守。企业家也是慈善家,没有奉献精神的企业家不是合格的企业家,企业家要有极强的爱心。

总之,合格的管理者需要具备的是健康的人格、专业的技能、进取的精神,这些是职业经理人的素质。公司的经营首先是人的经营,"发展是硬道理,管理是真功夫,业绩是试金石",做一名现代金融企业的称职干部,必须有务实的态度、求实的精神,以追求公司价值为己任,扎扎实实地做好每一项工作。只有明确这一点,才能用它去指导工作、提升技能。

问:在您心里,职业经理人必备的事业操守是什么?

答:首先是忠诚职业。我们每天上班前,问一下自己为什么要做这个行业,起早摸黑,两鬓染霜就是为了赚钱糊口吗?当然这无可厚非,但谁不希望自己从事的工作,能够换来丰衣足食、家庭幸福,能够受人尊重,能够实现自己的人生价值,能够为社会创造更多，能够为后人留点什么……一是，保险是爱的事业。从某种意义上讲，我们从事的行业最能体现人生的价值，最贴近人性，相伴终生的人一定是亲人是挚友，是心灵的互通、感情的慰藉，是亲情和友谊，是爱意和关怀。有人说保单是商业"福音书"，这有一定道理。二是，作为旗帜产业，原本应处于资本市场的核心，然而由于历史的原因我们落后世界很多，保险的密度深度等各项指标都很初级，市场发育不健全。正是这些问题的存在，给了我们巨大的机会和发展空间，我们可以发挥自由的想象，向既定的理想出发。三是，泰康的每位员工不论职位高低，角色多么不同，进入公司就是求得个人价值最大化。市场是试金石，管理是真功夫，身经百战的业务经理是市场人才，默默耕耘的内勤员工也可以是管理人才，公司以负责的态度给每个人提供适当的机会，"江山代有才人出"，公司健康发展需要人才不断涌现。

其次，履行职责。第一，公司发展进入高速成长通道，承担责任和获得机会并存。大家要对自己的职业，对公司发展负责。必须全力以赴，认真对待，仔细研究市场，做到知己知彼。第二，要严谨自律。泰康的干部对内代表泰康的文化，对外代表公司的形象。必须严格要求自己，思考问题要以公司发展和公司利益为根本点和出发点。要树立员工表率，树立"你有多优秀，你的员工就有多优秀"的思想。第三，处理好过程和结果的关系。管理重过程，经营看结果。要注重每个工作的流程和衔接，每个细部功能和实施的效果，每个指令的落实和追踪等。管理是经营结果的基础，结果是管理水平的反映。管理得好，井井有条，管理不好，效率低下，不会产生理想结果。第四，勤奋敬业，培养团队精神。管理人员是一级领导，要想业务员所想，急业务员所急，要深入基层，解决工作问题，解决员工困难。对业绩好、潜质好的人员注意培养锻炼，多创造机会给他们发挥的空间。第五，要善于沟通，以情感人，以心换心，多付出多辛苦，你的团队就健康，就具有凝聚力。第六，要加强学习，提高自身修养，提升领导能力。既要坚持原则又要用合理的方法处理问题。要杜绝简单粗暴，意气用事。

最后，实现目标。人生离不开目标，没有目标就会失去方向，没有方向就没有动力。工作就是要订立明确的目标，并努力实现目标。有能力实现目标是职业人的重要特征，是一种职业本能，也是基本工作技能。企业经理人的使命就是带领企业取得成功，要能够打硬仗、打胜仗，千方百计做到使命必达。这是评价企业经理人最核心的标准。例如：公司下达的保费指标是最低的工作要求，企业经理人回去就要制订力保目标、力争目标、奋斗目标，给自己压力就是给自己空间。

制定目标可以衡量管理者的水平，可以反映管理者的性格。目标制定过高不利于激励士气，过低又没有意义。掌握合理的弹性和经验尺度体现合格经理人的综合素质。公司在创业，个人在创业，要敢想、敢干、敢于实践、敢于超越、敢于与众不同，创造差异优势。制定目标不能目光狭窄，要和同业好的比，和同业强的比，和同业大的比，和同业快的比。总之，各机构明确自己的业绩指标、财务指标、人才指标、服务指标、训练指标、经营指标。细化到人，落实到位，年中考核，年底评价。

问：哪些素养可以为职业经理人的事业前景加分？

答：虚怀若谷，渴求知识。每个经理人都要养成终生学习的习惯，保持学习的心态。人无完人，合格的经理人应清楚地知道自己的不足，利用一切机会弥补欠缺，充实自己。多方面持续的学习力是现代企业经理人不可或缺的素养，特别是保险行业。

首先，要学习市场知识。市场瞬息万变，我们在市场前沿，如果不能熟练把握市场的脉动，很难做出符合市场实际的清晰判断。决策将变得孱弱无力，漏洞百出。这就需要多读书、多看报、多看新闻。要掌握国家经济政策，了解市场的波动，熟悉银行一般知识、证券投资知识和保险的一般知识。要了解金融改革、经济金融体系、金融机构业务情况。我经常讲"市场是做出来的，人才是练出来的，办法是想出来的"，就是要建立正确的市场观。同时，对同业公司要了如指掌，建立信息平台，搜集有用信息，并经常对照反省自己的不足。还要深入客户，一方面了解员工的工作情况，另一方面可以取得第一手的市场需求，了解客户的需求点有利于我们对症下药，有利于改革旧有的服务体系和工作流程，以适应客户的需要为根本。还要努力提高对外交往的水平和能力，做好业务相关市场的维护和开拓。处理好党团、政府、监管、财税、工商、公检法等方面的关系，为业务发展铺平道路。

其次，要学习业务知识。业务是公司发展的中心工作，业务的学习永无止境。作为管理干部只懂管理，不懂业务，无从管起。以前没做过业务，没有业务感觉，开口就知道是外行，管理很难实施。要虚心求教，快速成长，弥补业务缺欠。

要善于学习积累业务知识，总结业务经验，积沙成塔。学习业务首先要牢牢把握业务发展的规律性，比如营销组织发展是营销发展的规律，离开组织谈营销就成了无源之水、无本之木。做营销业务不是做精品，业务发展是建筑在合理的人力基础之上的。有业绩必须有人力，但有人力不一定出业绩，关键看如何管理。"增员—选择—训练—激励—管理"是营销工作的主题，不会增员，不懂增员，不加强增员的力度，业务就上不去，增员上来了就看你如何训练、如何激励，看你的管理水平。

要十分熟悉各项业务制度，"基本法"要烂熟于胸。多问几个为什么。强化业务知识，要从基础抓起。

再次，要学习技术知识。时代飞速发展，要求提升管理人员的综合素质和技能。学技术，就是要训练自己成为公司需要的复合型人才，比如信息技术的运用可以大大提高工作效率，办公自动化、局域网、广域网这些新知识新技术，就有必要花时间和精力去学习强化。开始时不一定顺利，但逐渐培养训练，就可以熟练运用。

学习业务管理知识，要掌握"两核"的一般性原则和基本知识，学习业务流程，了解保单出单程序、保单的单位成本、法定分保的要求等。

学习财务管理要懂得技术，要了解财务软件的使用、财务管理的规定和要求、熟悉财务三大报表的内容和含义等等。

学习精算原理，要懂得一般精算理论、准备金提取、养老年金的计算，等等。

最后，要学习管理知识。"管理是严肃的爱""管理是真功夫"，要消化吸收公司健康的管理理念，要学管理理论。现代管理理论诞生的时间并不长，主要是为提高生产效率，节省劳动时间。很快，管理学发展丰富成为企业获得利润的最有效手段，管理的概念才深入人心。

要敢于管理。首先是以身作则，自己做得好，才敢管别人，多数干部在实施管理时效果出不来，关键就是对自己的管理没有跟上。其次是要善于管理，刚柔并济，实现管理目标。

要善于管理。管理团队首要就是制订合理的管理指标，明确管理要求，不用面面俱到，坚持执行就有效果。要使用科学的管理工具。要研究开发适应管理的工具，使管理程序化、制度化。要运用管理技巧。领导管理要讲艺术，坚持原则的同时要善于梳理矛盾、解决矛盾，注重管理艺术和方法，达到管理效果。

问：随着时代的变化，保险业的发展也日新月异。如何保证自己一直拥有先进的思想和不过时的专业眼界？

答：第一，要不断学习，永远保持好奇心和求知欲。要持续学习新的科学、新的知识、新的趋势、新的经验、新的实践等。

第二，要善于敏锐观察。对市场的变化要有敏锐的洞察，观察市场新的需求、新的问题，知己知彼才能百战百胜。观察力很重要。

第三，要善于总结，对发展中的得与失进行总结，做到"吾日三省吾身"。如何更有成效地发展，发展中遇到问题如何解决，这些都需要不断总结和反思，分析优势和缺陷，思考成功和失败的原因，举一反三，融会贯通。只有总结过去，不断反思，才能取得更好的发展。

第四，要深入思考。没有分析就没有比较，没有比较就没有鉴别，没有鉴别就不知道对错。所以，要全面思考市场的竞争、同业的竞争，保持头脑清晰，不断创新。特别要了解市场，了解同业，放眼世界。要多思考别人为什么成功，想想自己为什么做不到——是我们做的事情不符合市场还是没有按规律办事？是战略不够明确，还是坚持不够？

总而言之，在事业发展过程中，市场需求不断变化，要有清晰的战略，坚持努力，保持清醒的头脑，持续学习、观察、总结、思考，付诸实践，才能保持不过时的专业眼界。

问：请您谈谈学习力的重要性以及如何保持旺盛的学习力。

答：任何社会的进步都由科技变革带来，科技是第一驱动力。科技发展非常重要，持续学习科技才能适应社会变化。任何梦想的实现也都源自持续学习。以我自身来讲，知识改变了我的命运，让我从大山里走出来，走进了世界 500 强总裁的办公室。因此，学习和保持学习力的重要性我深有体会。

要清晰认识到学习的重要性，任何人的成功都源自理想、目标、实践。人生一定要有目标，一定要有学习动力，要清晰地了解自己为什么学习、学习的重要意义、学习会带来什么、不学习会面临什么。任何成功，都是由知识积累带来的。要珍惜每一次学习的机会，实现知识的不断积累。此外，要学以致用，知行合一，才能真正保持旺盛的学习力。

学习的最终目的是帮助我们实现生活和事业的目标。知是行之始，行是知之成，知和行相互促进，才能真正实现良性循环。

问：同事都敬佩您对细节的把控力度，您如何看待工作中的细节问题？细节的重要性体现在哪些方面？

答：多年的思考感悟让我认识到细节决定成败。任何工作都要看结果，但同时也要关注过程，过程就是细节。要认识到细节的重要性，它决定一份工作、一项事业的成功与否。

我认为细节的重要性体现在多方面。

首先，抓细节与定战略不是矛盾的。要看细节有没有前瞻性、战略性，是否与战略思维一致。

其次，抓细节与建系统不是矛盾的。要看细节是不是有系统性，细节不是一个孤立的环节，细节与细节之间的关系，相互连接，相互依存，相互作用，是一个体系化的过程。

最后，抓细节与操作性是统一的。要看细节是不是有可操作性，如果就事论事，也难以成功。

成功自有成功的道理。作为企业领导面对工作，一定要亲力亲为，所有的成功都在细节当中体现。纵观古今中外，所有的成功放大来看都是由细节决定的。

问：您一生只专注于保险事业，是否觉得单调？您的人生价值感来自哪儿？

答：我一生中只做了保险这一件事，但并没有感到单调。从 1979 年接触保险，到现在 40 多年了，一直在做保险，也可以讲是不忘初心。为什么不觉得单调？因为做保险很有意义，它是一项爱的事业。

首先，对我而言，它不仅仅是一份工作，更是一份事业，不只是简单的谋生。谋生当然重要，但当你把保险作为事业来做就不会感到枯燥，就能感受到它的意义。

为什么我会专注做保险？保险是有意义的朝阳产业，是爱的事业，个人的发展，社会的发展，国家的管理都离不开保险，每个人、每个家庭、每个民族、每个国家对保险都有需求。此外，保险也不是一成不变的。短短 40 年间，整个保险行业都随着经济的发展、国家的强盛、人民需求的变化而发生着深刻的变化。时代对保险业不断提出新的要求，保险业必将拥抱时代的需求，财富管理、健康医疗服务、养老服务逐渐纳入到保险的范围，让我学习到了许多全新的知识，进入了许多全新的领域，极大丰富了我的人生体验。能够从事这份工作，我一直认为是上天给我机会，我始终把保险当作事业来做，坚持做保险到现在让我有很强的成就感，也算是功成名就。

问：保险对您人生的影响是什么？

答：在市场经济大潮中，事业的成功与否决定着个人的命运。从 1979 年开始接触保险，到现在 40 多年，我从事了一份有意义的事业，从中懂得了许多。在这段生涯中，对保险的内涵、保险的趋势、保险的意义，我有了更深刻的认识。人寿保险，让我懂得保重身体，意识到身体的重要性，事业成功离不开健康的体魄，所以我非常珍惜身体，倍加爱护身体，坚持锻炼身体。

随着全社会对保险的需要日益增长，人们对保险需求不断增加，我们赶上了保险发展的好时代。我从保险这份朝阳产业、爱的事业中，也充分体会到、意识到助人为乐、无私奉献的涵义。我这一辈子走得稳、做得顺，保险对我的影响很重要。

问：在漫长的保险生涯中，您对生命有了哪些更深的感悟？

答：我认为人首先要活着，没有生命就没有一切。其次要能够活动，没有好的身体，生活品质也得不到保障。这也是我从保险的发展中领悟到的。再者，我认为人要活好，要活得精彩，人生要有自由，这样的生命才有意义、有尊严。保险影响了我的思维、事业、人生观、价值观。

问：您认为事业与家庭是怎样的关系？

答：事业与家庭都很重要，并不矛盾，要力求做到两不误。事业与家庭之间的关系怎么处理，关键在于要明确主次、轻重和先后。要有原则，要有底线。

2019 年 1 月 2 日，刘经纶最后一次以总裁身份主持泰康新年特别晨会，至此，他已连续 20 年主持泰康新年特别晨会。

桑梓情深

2008 年 11 月 25 日，对于在京打拼的赣商游子来说是一个值得纪念的日子。这一天，北京江西企业商会隆重成立，时任全国政协副主席、全国工商联主席黄孟复与时任江西省委副书记、省长吴新雄为商会共同揭牌。北京江西企业商会的成立，标志着江右商脉历经千百年后在京城得以赓续，北京赣商有了自己的大本营。

北京江西企业商会历经 3 届。第 1 任会长为科瑞集团董事局主席郑跃文，监事长为泰康人寿保险股份有限公司总裁刘经纶；第 2 任和第 3 任会长由刘经纶担任。

14 年砥砺奋进，无数次春秋载歌。如果说，当年的北京江西企业商会还只是小荷露角、雨后春笋，那么，今天商会已长成了参天大树。有人这样评价，在北京的 28 家省级异地商会中，浙江商会创办最早，福建商会做得最大，而江西商会发展最快，此话不虚。"厚德实干，义利天下"的新赣商精神，"不忘初心、精准服务、创新引领、共享发展"的商会理念，"友爱互助、共携发展、重振江右商帮辉煌，饮水思源、恩报桑梓、力促赣鄱大地崛起"的宏伟蓝图，江西省委、省政府的持续关怀，京赣两地领导和乡友的大力支持，广大北京赣商的同心同德，共同促成了北京江西企业商会的时代传奇。

成绩是有目共睹的，变化是显而易见的。

一、用荣誉来凸显。2013 年和 2019 年，北京江西企业商会两次荣获北京市民政局颁发的"5A 社会组织"最高荣誉称号；2016 年荣获江西省红十字会授予的"最具爱心商会"荣誉表彰；2017 年荣获共青团中央授予的"先进商会奖"；2018 年荣获"精准扶贫先进商会"表彰；2019 年荣获北京市"非公党建示范单位"表彰和江西省"四好商会"称号；2020 年荣获全国工商联授予"抗击新冠肺炎疫情先进商会组织"表彰、北京市行业协会商会综合党委授予"党建工作先进单位"表彰、北京市工商联授予"信息工作先进单位"表彰、北京市异地商会第三联合党委授予"党建工作先进商会"和"抗疫先锋队"表彰；2021 年荣获全国工商联评选的全国"四好商会"称号。

二、用数字来概括。北京江西企业商会现有：文化艺术、医疗健康、金融智库 3 个人才委员会；信息技术、服饰鞋帽、建筑、女企业家 4 个行业分会；法律服务、投融资服务、财税服务、赣菜服务、国际交流服务 5 个专项服务中心；下辖江西省 60 个市、县（区）在京成立的商会组织；团体会员企业1万多家，直属会员企业上千家；副会长以上成员108名，其中上市公司30余家、世界500强企业1家、中国500强企业5家；会员单位总资产近3万亿元，年纳税额超200亿元，在北京省级异地商会和各地江西商会中名列前茅；先后有11位会员企业家担任全国人大代表或全国政协委员、3人担任全国工商联副主席，居北京省级异地商会和各地江西商会首位。10余年来，北京江西企业商会共举办了近2500场次大小活动；帮助会员企业融资超过360亿元；为会员提供法律援助1800多例；为1400多家会员企业提供人才招聘服务；为2600多位会员及乡友提供就医协调服务；2012年支持推动创办了北京临川学校，帮助4000多位会员及乡友解决孩子在京读书难题。据不完全统计，北京江西企业商会会员企业累计返乡投资超过1400亿元；为支持社会公益慈善事业捐款捐物超过27亿元；投入精准扶贫资金逾8.7亿元；支援湖北、江西和北京等地区抗击新冠肺炎疫情捐款捐物逾3.62亿元。2018年9月，作为北京异地商会党建工作牵头的省级商会北京江西企业商会会长，刘经纶被北京市委社工委、北京市综合党委任命为异地商会第三联合党委的党委书记。联合党委下辖5省（河北、江苏、江西、广西、青海）80家（含省、市、县3级异地在京商会）的党建工作，共有总支和支部42个，党员、流动党员440余人。

　　三、用形象来描述。北京江西企业商会历经3届，办公场所也迭经变迁，先是借江西省驻京办一张桌子使用，后来搬到江西大酒店十七楼 150 平方米的地方，几年后又增加了二楼 350 平方米，命名为"赣商之家"，办公条件得以大幅改善，商会服务功能也进一步健全。2021 年 3 月 20 日，在江西省驻京办的支持下，北京江西企业商会迁入江西大厦二期一楼办公，新"赣商之家"焕然一新，各方面功能更加完善。商会准备将此打造成北京赣商的"大本营"、抱团发展的"大平台"、展示江西的"大舞台"，让新的"赣商之家"成为在京江西人的精神家园和商业名片。

四、用评价来验证。北京江西企业商会成立 14 年来，得到了京赣两地各级领导的关心和支持，特别是江西省委、省政府领导的关心。2019 年 4 月中旬，时任江西省委书记刘奇、时任省长易炼红分别在南昌会见由北京江西企业商会组织的北京省级商会赴赣考察团。2018 年北京江西企业商会成立 10 周年之际，刚刚上任 1 个月的省长易炼红出席纪念活动并做了重要讲话，他在讲话中说："北京江西商会成立 10 年来，团结广大在京赣商，不忘初心，负重前行，奋力拼搏，友爱互助，形成了强大的凝聚力、号召力和影响力，为推动赣京两地经济社会发展和交流合作发挥了重要作用，做出了突出贡献。实践证明，北京赣商是全球赣商的一支重要力量，是优秀赣商方阵中最具代表性的群体。家乡人民为你们点赞！你们既有高度，又有温度。"全国工商联副主席、江西赣商联合总会会长郑跃文称赞："北京江西企业商会不愧为各地江西商会的一面旗帜，它承载了赣商的希望与未来！"北京江西企业商会不仅在党建引领、队伍壮大、会员服务、文化建设、赣商回归、社会公益等方面做得有声有色，成绩显著，还在维护首都社会安定，支持京赣两地发展与合作上倾力付出，贡献良多。

面对所取得的成绩和荣誉，作为会长的刘经纶始终抱着谦逊的态度。他在商会 10 周年庆典上表示："北京江西企业商会走过的 10 年，是创业创新的 10 年、开拓进取的 10 年，也是团结和谐的 10 年。商会所取得的所有成绩，都是大家共同努力的结果。商会的明天，更有待于全体会员共同奋斗！"

上下同心者胜，同舟共济者赢。北京江西企业商会之所以有今天的成就和地位，主要得益于广大会员企业家的团结奋斗，更凝聚着作为商会"领头雁"的刘经纶的辛勤付出与无私奉献！

商会的一位班子成员这样评价刘经纶作为会长的贡献，他用五个"巨大"来归纳：一是从创办商会到发展商会，贡献巨大；二是从班子建设到制度建设，贡献巨大；三是从有形资产到无形资产，贡献巨大；四是从品牌建树到社会影响，贡献巨大；五是从团结会员到以身作则，贡献巨大。姑且不论他的归纳是否准确，但其中蕴含的尊敬之心和感激之情是真实准确的。

的确如此，商会工作的点点滴滴，商会发展的方方面面，无不倾注着刘经纶的理念、情感和心血！

乡情难舍，乡味难忘，刘经纶心心念念要为家乡做的事情很多。近年来，江西省政府提出弘扬赣菜文化，力推赣菜进京，他没把这事当成身外事、无关紧要的事，而是从弘扬赣都文化的高度加以重视，并将其视为分内事、紧要事来抓好抓细。自

赣商致敬改革开放40周年暨北

企业商会10周年纪念活动合影

2018年12月9日

2018年12月9日，以"新时代 新征程 新跨越"为主题的"赣商致敬改革开放40周年暨北京江西企业商会10周年纪念活动"在京举行。全体在京赣商以及北京市28家异地省级商会代表、国内外40多家江西商会代表、江西省及各地市驻京机构代表等共1000余人参加活动，刘经纶代表北京江西企业商会致辞。

2013年6月起，在刘经纶的倡导下，北京江西企业商会联合在京的80多家赣菜餐厅成立赣菜品牌推广联盟，组织赣菜调研活动，召开交流会，举行赣菜推介活动，创作赣菜宣传歌曲和MV，制作北京赣菜美食地图……通过整合商会优势资源，致力培育打造赣菜品牌。刘经纶本人也独爱赣菜，一直以来，他日常商务接待都安排吃赣菜。2019年11月18日，由江西省政府驻京办联合北京江西企业商会开展的"江西菜进部委"活动，首站走进中共中央对外联络部。来自商会赣菜品牌推广联盟单位的赣菜大厨，用新鲜的江西绿色食材制作的20多道精品赣菜，得到大家的一致好评。

2020年11月，《江西省打造赣菜品牌三年行动计划(2021— 2023年)》正式出台，该行动计划推出一系列举措，力图打造赣菜品牌，发展赣菜产业。刘经纶积极响应，立即部署北京江西企业商会筹建赣菜餐饮服务中心。2021年4月2日，众多赣籍民营企业家汇聚南昌畅叙乡情、共谋发展。刘经纶在会上做重点发言，对如何做强做响赣菜品牌、加快推进赣菜进京提出了十点建议：一是以北京江西大酒店为赣菜推广中心，全面推广赣菜、赣茶、赣酒及江西小吃、江西水果等；二是挖掘赣菜文化，制定和推广赣菜标准；三是加大政策支持，加快赣菜队伍建设，培育名师、名店；四是建立和完善赣菜原材料供应产业链；五是每个地市评选出一款有代表性的特色赣菜，打造1至2款赣菜爆品重点宣传推介，同时每个地市在北京扶持1至2家赣菜企业；六是征集赣菜宣传口号，提升赣菜品牌影响力，设立赣菜进京基金；七是设计赣菜统一使用的形象识别系统，如赣菜 Logo、餐具、装修风格色系等，设立赣菜推广研发；八是举行赣菜进部委、赣菜进高校、赣菜进部队等推广活动，扩大知名度，每年在北京举行一次赣菜品鉴推广会；九是收集整理北京赣菜餐饮名录，利用信息技术制作北京赣菜美食地图，在北京设立赣菜配送库储中心；十是同"美团""饿了么"等电商平台合作，开展赣菜餐饮专项推广。这些建议引起与会领导和赣商企业家的共鸣。

大家都说，刘经纶就是江西"老表"的代表、井冈赤子的楷模、新时代"三牛精神"的真实化身。"为民服务孺子牛、创新发展拓荒牛、艰苦奋斗老黄牛"的精神在他身上体现得淋漓尽致、具体入微。

谢忠宝、毛祖棠、张慧萍、冷科生是北京江西企业商会的4 名核心成员，跟随刘经纶 10 多年。在他们的眼中，刘经纶就是一个好大哥、好家长、好领导，通过他们的回忆与叙述，能更真实地展现刘经纶"最可爱、最可亲、最可敬"的一面。

作为商会秘书长，谢忠宝与会长刘经纶有着最为直接的工作对接。他最敬佩的是刘经纶的大局观和团结意识。"作为一个社会组织，最需要讲求的是大局和团结。我们商会的成员，无论所在企业大小，无论男女老幼，无不敬重和信任会长。刘会长就像这个商会的大家长，热情善良，心细如发，包容大度，对待工作又极其认真，一丝不苟。"谢忠宝介绍，刘经纶几乎每个月都要到商会秘书处召开工作会议，总结商会每月的工作情况，部署安排下个月的工作计划，并随时在秘书处工作微信群里对紧要工作、重点工作进行调度推进。刘经纶把秘书处人员当成自己的家人，给予高度信任、关心包容，十几年来，成员只进不出，这在社会组织中尤为鲜见。

谢忠宝还介绍，一直以来，刘经纶坚持践行"会员至上"的服务理念，身为世界 500 强公司总裁的他，每年要花费很多时间特别是休息时间来处理商会工作和会员事务，长此以往，商会会员中形成了一个共识：有困难找会长！

"商会现在可以说发展到了最佳时期，社会组织中最高的两项荣誉我们都拿到了，一个是全国工商联授予的'四好商会'，另一个是北京市民政局评出的'5A 社会组织'。北京江西企业商会能取得优异的成绩，并在 28 家北京省级异地商会中脱颖而出，跟刘经纶会长的领导能力、组织能力、协调能力和担当精神、奉献精神、实干精神密不可分！"谢忠宝说。

刘经纶心中一直有个愿望，就是在北京建立赣商大厦，打造"赣商之家"，确立永久会址。2017 年，江西大厦正在筹建二期工程，刘经纶知晓后马上与省政府驻京办沟通，积极争取北京江西企业商会参与合作共建，并建议将江西大厦二期冠名为"赣商大厦"。后来由于各种原因，合作共建没有实现。2021 年 3 月，刘经纶和商会领导班子决定将商会秘书处整体搬迁至江西大厦二期一楼办公。

刘经纶还多次在会长会议、理事会会议上强调："一个商会，一个组织，不能没有文化，没有精神，没有灵魂。文化是立会之本，精神是固本之基，二者缺一不可！""商会既要留下物质遗产，更要留下文化遗产。"他还专门给秘书处下达了任务：要求每两三年，出版一部"有分量"的关于赣商文化的图书。

自 2013 年接任会长以来，刘经纶亲任顾问，部署完成了3 本书，分别是《江右商人》《江右和商》《读江西》。其中，《江右商人》以宏阔的视野、丰富的史料、精致的图文，呈现了900 年江右商帮"人数之殷、操业之广、渗透力之强"的辉煌历史。《江右和商》在《江右商人》的基础上，进一步揭示了优秀商帮的和谐密码，触摸到赣商先贤的炽热情怀。2015 年出版的《读江西》，"让人们从文化角度认识江西、了解江西、热爱江西，因而也愈加热爱祖国的大好河山，更能从中品鉴中华源远流长的历史文化"。3 部专著的相继问世，使得北京江西企业商会顺利走上了文化传承和精神重塑之路，同时也垒筑起研究和弘扬赣鄱文化、赣商精神的坚固阵地。目前，北京江西企业商会已启动了《京华赣商》一书的创作。

"我眼中的刘会长既是厚德实干、义利天下的北京赣商领头羊，更是一位可亲可敬的兄长。"这是秘书长助理、办公室主任张惠萍对刘经纶的由衷评价。"工作时，刘会长对我们要求很严格。每次商会组织活动，会前他要认真听取各项筹备工作汇报，会中他会及时提醒我们关注点滴细节，会后他要求我们及时总结经验和不足。生活中，会长就是我们的好兄长！"

在她心里，刘经纶不是亲人胜似亲人。最能体现刘经纶和大家亲如一家的就是每年秘书处的厨艺大比拼，作为评委的刘经纶，不仅认真品评，而且一定要自备原料，撸起袖子，戴上围裙，亲手为秘书处同事做几道纯正的家乡菜！

张惠萍眼里的刘经纶是一个细心周到的好领导。"对秘书处的年轻人，从帮忙张罗找对象、婚礼主婚，到生孩子起名字，他都像家长一样操心、关心。正是因为有这样一位好家长，我们这些远离家乡的'北漂'和在京创业奋斗的赣商才能紧紧团结在北京江西企业商会这个'大家庭'！"

刘经纶在对待商会工作上一丝不苟，严格有加。张惠萍难忘的是秘书处的年终工作述职。"以前我们就是拿着打印的稿子念，后来会长认为这样很不正规，缺乏职业态度，要求我们在述职时自己制作 PPT，在演示中做述职报告。他要求极为严格。"她还记得有一次述职，商会特地请北京市民政局相关负责人来指导。在听完大家的述职后，市民政局领导感叹说："刘经纶会长是以世界 500 强的标准来要求秘书处工作。"

在秘书处工作多年，张惠萍深切感受到商会在刘经纶引领下的发展壮大与社会影响力的不断提升，这与他的倾心挚爱和无私奉献息息相关！

竭力为商会会员和在京乡友纾解上学难、就医难问题，是近年来商会的重点工作、特色工作之一，秘书处助理、宣传部部长冷科生见证了刘经纶对此倾注的关心和支持。

因"户口在江西老家，无法报考北京普通高中"，长期以来，超过 30 万名江西籍在京经商务工人员的子女入学难，这一直是个巨大的痛点。随迁子女就学难，已从高中蔓延到小学、初中，上北京的小学、中学需要"五证"，很多江西籍孩子因为没有"五证"而不能在北京读书，被迫留守老家。即使有"五证"，也只能读到初中，非京籍学生在北京建不了高中学籍，在京参加高考更是不可能。而北京的教材与江西的教材不衔接，高考试卷也不一样，学生从北京转回老家读高中很难适应，这个问题一直困扰着商会很多会员和在京乡友。时常有会员和乡友找到商会领导和秘书处寻求关系协调，解决孩子的在京上学问题。漂在北京的江西学子该怎么办？刘经纶一直思索着这个问题。

2012 年，在刘经纶的支持下，北京江西企业商会推动整合江西临川的优质教育资源，利用民间资本在京创办一所 12 年一贯制的特色学校——北京昌平临川育人学校（简称北京临川学校），以帮助广大会员和江西籍乡友解决子女在京上学难以及不能异地高考的困扰，让孩子既告别留守家乡，又能在京享受到家乡的优质教育。在创办学校的过程中，刘经纶多次亲临学校考察，召开专门会议探讨学校发展，并就办学面临的困难向当时分管教育的江西省副省长朱虹做了汇报。2014 年 12 月 11 日，刘经纶陪同时任江西副省长朱虹来到北京临川学校考察调研，并和北京临川学校党支部书记胡雨龙向朱虹副省长汇报了学校的办学宗旨、师资力量、教学模式、办学特色、校园文化、办学成果和当前遇到的困难。朱虹副省长现场办公，要求省教育厅马上进行调研，帮助北京临川学校解决教师编制和异地会考难题。省教育厅对此高度重视，按照朱虹副省长的指示，派专人前来调研，并于 2015 年 1 月 15 日召集抚州市教育局、北京江西企业商会和北京临川学校的负责人在省教育厅共同协商，提出了解决办法。

刘经纶对北京临川学校的创建和发展给予了无微不至的关心与帮助，并安排专人兼做北京临川学校的招生宣传和联络服务。学校办学过程中如遇到重大困难，总是想到找他来帮助协调解决。2019 年，北京临川学校租赁的办学场所——北京吉利学院因要移交给北京大学，刘经纶积极帮助协调办学场地。2020 年上半年，北京临川学校的小学招生指标突然被当地教育部门限制，刘经纶又找到当地区政府领导沟通协调，很快帮助学校解决了这一问题。如今的北京临川学校蓬勃发展。在校学生由创办之初的 70 余人发展到 1300 多人。截至 2020 年，已有 6 届学生参加中考和高考，屡创佳绩。特别是在 2020 年的高考中，本科上线率达 72.1%。创办北京临川学校是破解当前异地高考困局的创新之举，在北京异地商会中独树一帜，影响甚巨，刘经纶为之付出了巨大努力！为表达对刘经纶的感激和敬意，北京临川学校聘请他为荣誉校长。

刘经纶还特别关心商会会员的医疗健康问题。全国最优质的医疗资源主要聚集在北京，商会会员和家属以及全国各地的江西乡友来京求医都面临挂号难、就诊难、住院难等各种问题。平时，刘经纶和秘书处经常接到会员或乡友关于求医问药的求助，甚至还有着急要住院做手术救命的，刘经纶利用自身资源亲力亲为联系协调专家帮忙，取得了较好成效，还帮助几位病危中的会员亲属挽回了生命。但个人的资源是有限的，随着求助的人越来越多，刘经纶深感亟须成立一个医疗服务组织。在他的倡导和组织协调下，在江西省驻京办和省卫健委的关心支持下，积极整合北京各大医院的江西籍医学医药专家资源，于 2019 年 9 月 7 日成立了北京江西企业商会医疗健康委员会（简称北京江西医委会）。时任江西省副省长孙菊生出席成立大会，并为北京江西医委会揭牌。中国工程院院士、北京大学党委常委、常务副校长、医学部主任詹启敏当选北京江西医委会第一届主任，黄洁夫、赵白鸽、刘经纶、郑跃文、严佛元、丁晓群等人受聘为北京江西医委会顾问。詹启敏主任在就职讲话中表示，在实施推进"健康中国"的战略背景下，成立北京江西医委会，顺应了新时代的发展，将为江西在京医学医药领域的乡友搭建一个联络乡情、共享资源、学习互助、服务家乡、成果转化、合作发展的平台，并有利于为江西乡友在京看病就诊提供服务，有利于为江西籍年轻医学工作者在京发展给予指导，有利于为家乡医疗机构培养人才进行帮扶，有利于在促进京赣两地医疗健康交流合作及支持家乡发展建设等方面作出积极贡献。

刘经纶对北京江西医委会的工作非常关心，专门安排商会秘书长谢忠宝兼任医委会秘书长，秘书处宣传部部长冷科生兼任医委会副秘书长，负责医委会日常运转和协调服务。北京江西医委会自成立以来，做了许多工作，取得了显著的成效：发展了310多位医学、医药专家加入医委会；累计帮助商会会员和家属以及京赣两地乡友提供求医问药和挂号服务达1200多次；组织医委会110多人次分4批次参与回乡义诊活动，累计为九江、南昌、萍乡、赣州、上饶、吉安等地区的上万名乡友提供了义诊服务；与"春雨医生""人民医生"等互联网医疗平台合作举办了抗击新冠肺炎疫情在线义诊活动，60多位医委会专家代表参与，累计提供咨询服务超万人次；编印了首期会刊《北京赣医》；组织20多位专家代表回南昌参加省卫健委主办的"京沪粤赣籍医学专家春节回乡联谊会"，并获得省卫健委颁发的"健康公益行动贡献奖"；举办了2期"北京赣医讲堂"；为江西部分医院来京培训交流和攻读学位的医务人员提供了帮扶服务；开展了远程会诊中心系列筹建工作；帮助医委会部分成员协调解决工作、生活和家乡事务中的困难与问题；促成了部分医委会专家与商会企业开展科研交流合作；开展了医委会"突出贡献奖"评选活动。北京江西医委会快速稳健发展，同时也为北京赣医打造了一个交流学术、反哺桑梓、成就事业的互助平台。

作为一名金融保险老兵，刘经纶深深知道，金融是现代经济的核心，是实体经济的血脉。金融活经济活，金融稳经济稳。为促进京赣两地金融领域合作交流，创新京赣金融对接平台，依托首都北京的政策、资金、人才等优势，助力江西金融事业和经济高质量跨越式发展，在江西省政府驻京办和江西省地方金融监管局的关心和支持下，北京江西企业商会金融委员会于2021年9月28日正式成立。时任江西省委常委、常务副省长殷美根出席成立大会并为金融委员会揭牌。著名经济学家、中国资本市场研究院院长、中国人民大学原副校长吴晓求担任主任委员，刘经纶受聘为金融委员会顾问。金融委员会的成立，正是刘经纶主导的商会服务专业化的体现，也是刘经纶为支持家乡发展贡献的又一份力量。

在大家看来，刘经纶是"赣商之家"的好家长、北京赣商的领头雁、商会发展的主心骨，北京江西企业商会则是他多年来精心培育和倾力维护的精神家园、宝贵财富。数百年前，江右商帮凭人数之殷、操业之广、渗透力之强称雄天下，比肩晋商、徽商，成为明清三大商帮之一，北京亦以多达66所江西会馆，居各省在京会馆数量之首而成为江右商人长袖善舞之地。今天的北京江西企业商会和北京赣商，在前人的基础上又大放异彩，江右商帮的优良传统和新时代赣商精神在这里得以传承和弘扬，北京赣商品牌在首善之区高高擎起，一批又一批北京新赣商聚拢在商会身边，共同描绘宏伟蓝图，奋力踏出前行跫音！

校友情怀

　　1988 年 10 月，"正大南大江西师大北京校友会"（简称
"江西师大北京校友会"）在北京成立，这也是北京地区成立
最早的校友会之一（当时校友会名称为"正大南大北京校友会"，
其中的"正大"指创办于 1940 年 10 月的"国立中正大学"，"南大"
指 1949 年 8 月 1 日由"国立中正大学"改名的"国立南昌大学"）。
2003 年 4 月，江西金融职工大学（江西银行学校）整建制并入
江西师范大学（简称"江西师大"），成为江西师大财政金融
学院的前身。

　　因为刘经纶曾经就读的江西银行学校并入江西师大时间较
晚，所以他加入校友会的时间也较晚。尽管他进入校友会时间
不长，却很快显示出自身的能量，在集体中发出自己的光与热，

并以无我之心承担了校友会发展大计中的很多责任，赢得校友们的赞赏与尊敬。

2012年10月28日，经第7届会员大会表决通过，正大南大北京校友会正式更名为"正大南大江西师大北京校友会"。2013年7月，江西师大北京校友会第7届理事会一致选举刘经纶担任会长。

刘经纶上任后完善与规范了校友会规章制度，搭建了校友会内部沟通顺畅、外部联系通达的各种有效平台，增加了聚会与文体活动举办的频次。江西师大北京校友会建立了教师、企业家、金融等多个分会，恢复了会刊；增加了向母校主动汇报工作，为母校发展建言献策，捐资助教助学的频次，并成立了母校就业北京工作站；主动与20多个海内外原国立中正大学、原国立南昌大学和江西师大兄弟校友会保持紧密联系，有效促进海内外华人团结，为国家反独促统作出贡献；加强党建，开展公益活动。刘经纶尽己所能，为校友会各项活动的举办提供了大量便利与支持。

刘经纶表示，作为会长，他要引领校友会扎实全面践行校友会的宗旨：服务校友、服务母校、服务北京、服务江西，为京赣两地经济文化发展、祖国和平统一大业作出积极贡献。他说："我希望我们可以努力发挥校友会应有的作用，成为母校成立最早、最具影响力和创新型的校友会。"

江西师大北京校友会秘书长刘凌林在与刘经纶的接触中，感受到他有很多值得学习的品质。"与他交往，你会感到很轻松，他非常平易近人，实在、热情。温和的外表下有一种内在力量，总让人感到他精力特别充沛。"在校友会的组织建设与发展中，刘经纶忘我投入，时常在凌晨还给刘凌林打电话商议事务。"他总是像一团火一样燃烧自己！"这是刘凌林对刘经纶的精彩评价。

更令刘凌林钦佩的是刘经纶的"大我"之心。"他默默做了很多公益的事情，对社会上的公益组织非常关注，给予了很多无私支持。"对于像校友会这样的组织，要想有长远规划与愿景，资金是个绕不过去的坎儿。而江西师大校友会发展建设的资金很大程度上来源于刘经纶个人的付出。"不光是经济上的援助，包括办活动、开会的场地协调等许多方面，刘经纶都给予巨大支持，他是个有大格局、大情怀的人。他对校友会的付出，可以说事无巨细。"

2018 年，江西师大北京校友会成立 30 周年，这是北京校友的一件盛事。已经担任北京校友会会长的刘经纶不遗余力地投入到准备工作中，从筹划纪念、内容设置、会议细节设计、出面邀请母校书记和校长，到布置会场等诸多环节，他都躬身参与。此次活动，母校的书记、校长、副校长和各院系负责人均到会祝贺，同时还举办了"新时代江西师范大学发展与校友会建设论坛"。这次纪念活动办得十分成功和精彩，与刘经纶倾心竭力的有效组织和经济支持密不可分。

立三十周年庆典合影留念　2018年7月21日

2018 年 7 月 21 日，"新时代江西师范大学发展与校友会建设论坛暨正大南大江西师大北京校友会成立 30 周年庆典"在泰康商学院举行，相关领导及各地校友共计 350 余人出席。正大南大江西师大北京校友会会长刘经纶在庆典上致辞。

刘凌林坦言，刘经纶加入校友会，改变了这个组织的格局。"原先，我们的校友会一直青黄不接，受困于资金与场地等各种原因，处于半休眠状态，甚至濒临解散。刘经纶的加入使得整个组织焕发了生机，重新有了活力。"刘经纶进入校友会，特别是担任会长之后，亲力亲为地参与机构组织的建立和健全，努力吸收各界精英校友加入，举行各种联谊和友情赛事，开设公众号、校友群，发展线上交流，同时创建合唱团、健身俱乐部等文娱组织，建立校友情感联系的纽带。在经费支持上，刘经纶总是尽力奉献。他在校友会的发展建设中充分承担起领头人的核心责任，鲜明地树立起个人威望与号召力。因为刘经纶对于校友会事业的巨大热情，更因为他的大力作为，江西师大校友会的面貌焕然一新。

江西师大北京校友会副会长赵小夏曾经在江西省驻京办工作多年，20世纪90年代初她在科教处工作时就在负责校友会建设工作，可以说是校友会逐渐成长起来的亲历者。"因为刘经纶在事业上做得很成功，我的工作内容就是联系各行各业在北京的江西人才，自然我很早就知道了这个人。"赵小夏对刘经纶早有耳闻。

追溯江西师范大学的历史，不难发现它有着纯正的红色基因。"我们的风气很正，讲政治、讲规矩、讲奉献。"赵小夏为身处其中的校友会深感光荣。她承认校友会的创建、发展并非一帆风顺。"我们的会员岁数偏大，大部分是体制内的国家机关工作人员，这虽然保证了我们的校友会有高素质，但因为会员身份单一，所以缺乏活力。在刘经纶加入之前也少有实业家、企业家加入，所以在活动经费上一直捉襟见肘。"赵小夏坦言，之前校友会在思想意识上格局不够开阔，还存在轻商的观念。

而校友会的欣欣向荣恰是从刘经纶的加入开始的。"在江西银行学校并入江西师大之后，作为成功人士的刘经纶就引发了学校的关注。我在与他的接触中，感到他有着强烈的社会责任感和奉献精神，和有些企业家不一样。他人品好，严于律己，宽以待人，有资源，有实力。刘经纶的到来使我们校友会产生了一系列内在改变，展现出崭新的面貌。他自身很优秀，也以自身的魅力和能量吸引、团结了一批有德有能的校友企业家加入我们。"她对于刘经纶做事的态度尤为赞赏，"从刘经纶处世的态度和方式看，我非常欣赏他的为人。"

赵小夏谈起她特别感佩刘经纶的几件事：江西师大北京校友会有一本纪念学校文化历史、校友风采的书即将付梓，其中有一页记载刘经纶个人历年来为学校及家乡捐赠750万元，刘经纶在看到样稿后，将其改为700万元。在书的图片页上，原本用了刘经纶的两张照片，而排版时这两张照片被分开了，刘经纶看到后毫无异议，并没有像众人想象的那样要求调整，以此突出自己。刘经纶极其重视校友会的文化建设，2013年有会员建议成立合唱团，得到了他的积极支持，高品质的钢琴采购费以及课时费均由他个人支付。2018年，在校友会成立30周年庆典的前一天，筹备会议结束后已是夜里10点，刘经纶才说出要赶往人民医院探望第二天要进行手术的妻子，与会者闻之尽皆感动。最初，刘经纶加入校友会时，某些校友有异议，思想陈腐的排外者认为刘经纶商人出身，会影响校友会品质；在校友会会长换届时，也有人干扰刘经纶以正常程序履职会长。刘经纶对这些都有所了解，他表示："越是对我有不同看法，越是不理解我的人，我越要让他们在校友会心情舒畅。"时间给出了最好的证明，那些起初对刘经纶有所怀疑的人后来都与他相处得融洽和谐，成了最"挺"他的人。

日久见人心。赵小夏认为自己所认知的刘经纶是一个极富牺牲精神、舍"小我"为"大家"的领导者。她这样给刘经纶下结论："他是一个政治上能信得过，永远不会投机钻营，能够团结众人，与人为善的组织核心人物，热情、平易、有担当。"会员中有人生了孩子，都要请刘经纶为新生儿起名字，"这足以见出他在校友会中的威望和大家对他的敬重"。

江西师大校友会副会长曹瑛起初以为刘经纶或许只是挂个"会长"的名。"作为一个世界 500 强金融企业的总裁，繁忙的企业事务可以想象，他挂个名我们都会觉得很自然。"可令曹瑛倍感意外的是，刘经纶的专注投入与热切奉献，完全不是"名誉"那么一回事儿。"在刘经纶成为会长之后，他完全担当起校友会建设、发展的领导责任。对校友会的后继发展做深入思考，对年轻人的成长如亲人般关怀。同时，他心胸开阔，愿意听取大家对校友会的意见，不计较个人得失。用人方面充分信任，倾心培养。"曹瑛深刻感受到校友会在刘经纶上任后多方面的显著改变，最主要的是有了生机与活力。"相比之前，可以很明显感觉到人心凝聚在一起的温情和团结。"作为副会长，曹瑛的体会很有代表性。"曾经我们组织里年纪大的校友居多，也没有什么活动，每年只是象征性聚一下。但是自从刘会长上任后，在他的引领下众多年轻伙伴加入我们，整个组织一下就活跃起来。各种体育、文艺活动、讲座以及党建等活动丰富多彩。"曹瑛见证了校友会在刘经纶上任后从呆板到活跃的转变。刘经纶成为校友会会长后非常注重与母校的沟通联系，积极参加社会事务，整个校友会在社会上逐渐成为有影响力和活跃度的外地高校在京的知名校友会，也是母校在外地最有活力和影响力的校友会，同时得到了母校的充分肯定和认可。由于刘经纶在各方面的出色表现和影响力，2016 年 9 月 25 日，母校成立江西师范大学理事会，一致推荐选举刘经纶为理事长。曹瑛坚信刘经纶在校友会如此投入绝不是为了沽名钓誉。"他在商界的成就人所皆知，有目共睹，事业的成就感他早已有了。如果不是真心热爱母校，不是对同窗有深厚情谊，他犯不着如此投入，而且大部分都是牺牲他的休息时间。"

　　曹瑛印象最深的是刘经纶对前辈校友的谦恭和体贴。"刘会长上任后，我们非常注重在一些特别日子里对老前辈校友的拜望和问候，他做得特别细致，除了对我们敬赠的慰问品有精心的安排之外，在时间上也一丝不苟。如果我们约在下午 2:30 到，他一般都会带领我们提前到，但不会提前敲门，一定是到了 2:30 才会敲门。这个细节特别体现出他对前辈校友的用心用情，也足以从侧面告诉我们为什么他可以这么多年成功经营管理一个大型的金融保险企业。"

副会长邱萍的感受也和曹瑛完全相同。"我们有很多前辈高龄校友，自从刘经纶成为会长之后，校友会对这些老前辈都格外关注，走访与探望成为常态。我们都真切感受到刘经纶对他们的敬爱和热忱关怀，有时候我感觉自己在这件事情上都没那么有动力，但刘经纶对老一辈校友的关爱始终火热如一，光是这一点就令我非常佩服。"

2020 年，江西师范大学 80 周年校庆，刘经纶带头为母校个人捐款 10 万元，并为江西师范大学第一任校长胡先骕在校园树立铜像以示纪念。刘经纶个人已累计为母校捐款数百万元，充分体现了他回馈母校的赤子之心。在邱萍看来，这是刘经纶作为校友会会长能担当、肯担当的具体奉献与体现。

邱萍坦言，自己其实早已萌生退意。但之所以愿意继续作为副会长为校友会工作，很大程度上是因为刘经纶个人魅力的感召。

江西师大北京校友会从半停顿状态转变到今天这般有生机活力，如果没有刘经纶作为引领者，是难以实现的，执行会长庄卫东对此深以为然。"刘经纶是个极具奉献精神的人，他真诚无私，作为会长，对于校友会的大方向把握得非常好，充分体现了他的智商和情商。"刘经纶担任会长后，对校友会的规范和长远发展非常重视，除了认真修订和完善校友会章程、会费收取和管理办法等文件外，还出台了校友会的《民主决策制度》《重大事项报告制度》《监事会工作制度》《财务制度》《捐赠使用公示制度》《印章管理办法》《分支机构管理办法》等十余项规章制度，为校友会的规范、健康和长远发展奠定了坚实的制度基础。同时，刘经纶还组织人员积极做好校友会的发展规划和年度计划，并且每半年在会长办公会或常务理事会上对相关工作计划的落实情况进行跟踪和动态调整，保证了校友会的主要工作都能够实实在在地落实到"四个服务"上，并能够促进校友会持续、健康的发展。

校友会的工作属于公益性质，大家都是利用业余时间来参与，企业和政府的工作方式都不能很好地适应校友会的管理。特别是在出现不同意见时，如何统一意见和快速推进工作进展，非常考验校友会管理层的意志和能力。刘经纶在这方面表现非常突出，给庄卫东留下了深刻印象。有校友对某项工作有不同看法时，刘经纶都会耐心地进行交流，倾听意见，在不违反原则的前提下，尽量将不同意见吸纳进来，完善相关工作方案。对于校友的误解，刘经纶一定会耐心地进行解释。如果感到对方还没有完全理解，或者是有所保留，刘经纶还会动员其他人去进行解释，直到得到对方的认可，保证工作的顺利进行。总之，刘经纶非常善于团结校友，在他的带领下，校友会发展非常迅速，聚集了从 1940 年以来母校各个时期的校友，并积极发展刚到北京的年轻校友。校友会的管理团队在刘经纶的带领下，特别团结、特别能吃苦、特别有战斗力，获得了主管部门、母校和广大校友的好评。

"刘会长的奉献精神一直深深地激励着我和广大校友，我们都把他当作楷模，积极向他学习。"江西师大北京校友会执行会长庄卫东如是说，"作为一位世界500强企业的总裁，刘会长的收入肯定是不菲的。但能够像他一样拿出如此高的收入比例来回馈家乡、回馈母校、回馈社会和资助贫困儿童的，还是凤毛麟角。我们知道他每年都会从个人收入中拿出钱来做公益事业。特别是，刘会长在做这些事情的时候，不是简单的捐献，而是深入思考、仔细筹划，将这些钱都用在非常有意义的事情上，持续推进相关工作进展，带动相关人员一起来做公益。例如，刘会长个人已累计投入1000万元在家乡设立'海清睿智教育奖励基金'，奖励优秀学生和教师、资助贫困学生，并经常向该基金追加捐赠，在奖励和资助的条件、方式和金额上，刘会长都有非常深入的考虑，务求获得实效。在工作如此繁忙的情况下，每年都出席基金的颁奖仪式，同时以颁奖仪式为契机带动社会各界对基金的支持。为了奖励优秀校友杰出代表，刘会长还向母校提议并个人出资100万元设立江西师范大学'杰出校友奖励基金'。"

"校友会之所以能有今天的发展，除了刘会长个人和团队的能力与奉献以外，与刘会长能够充分利用资源、争取广泛的支持，也是分不开的。"庄卫东深有感触，"在获得母校的支持上，刘会长一方面积极和母校的书记、校长及各级领导沟通，同时还积极为母校的发展献计献策，做贡献，深得母校的肯定。

刘会长一直从多方面全方位支持北京校友会的发展。在获得主管部门的支持上，刘会长每年都要亲自去向相关领导汇报工作，邀请相关领导到校友会来指导。在进行北京江西企业商会的工作汇报时，也不忘介绍校友会的工作，加深主管部门对校友会的了解。记得有一年换届，时间非常紧，由于材料交晚了，一直没有得到主管部门的批复。眼看就要延期换届了，刘会长联系到相关领导，取得他们的谅解，特事特办，加急审批，保证了换届的按时进行。"在争取广大校友的支持方面，刘经纶更是花费了大量的时间和精力。在北京的校友中，不乏政界、学界和商界的杰出人士，这些杰出校友都和刘经纶保持着良好的关系，都非常关心校友会的发展壮大。在与其他校友会的交往中，刘经纶也非常注意取长补短，积极拓展校友会的发展空间。在和江西其他高校北京校友会的交往中，刘经纶获得了这些高校校友会的广泛尊重和赞誉，被推为江西高校北京校友会的总会长。

江西师大北京校友会副会长刘劲松也谈到刘经纶担任会长以来，整个校友会面目焕然一新。"刘经纶成为会长之后，整个校友会越来越有生机与朝气，对整个校友会有多元化的改革，更有了贴近时代的新定位。这充分显示了他作为领导的远见。"在刘劲松看来，刘经纶有着所有优秀领导人共有的特质——精力充沛。"而且他经营建设校友会非常无私，奉献当头，一旦产生费用，他总是个人最先担当。"以前校友会活动常受经费

　　2019 年 7 月 25 日，刘经纶参加江西银行学校（现江西师范大学财政金融学院）首届保险专业入学 40 周年同学聚会，梅国平校长等校领导出席聚会。在这次聚会上，刘经纶代表 100 名同学向母校个人捐赠人民币 100 万元整，用于成立"杰出校友奖励基金"。

与场地的限制，而刘经纶无私的付出，很大程度上实现了费用与场地的自由，也保证了江西师大北京校友会的健康发展和社会影响力的提升。

当然，作为世界 500 强大型金融保险集团的总裁，刘经纶绝不只是具有精力充沛的特质，更具有出色的领导能力。对于一个组织而言，建立健全一种简洁适用和便于执行的规章制度，是实现其规范运行的重要制度保证。在江西师大北京校友会副会长、前秘书长戴长洪看来，校友会能够有现在的成绩，与刘经纶担任会长以来一直强调规范化发展，不断加强校友会内部管理制度建设是分不开的。期间，刘经纶主持建立、健全、完善校友会各种规章制度，严格实行校友会年度工作报告制度，并向校友公开校友会工作情况和财务情况，使校友会成为有章可循、规范运行并良性发展的社团组织。

更让戴长洪赞赏的，还有刘经纶善于倾听一个组织内的不同声音，公心做事，真心待人的品行。"他从不计较个人在集体内的荣辱得失，即使有反对质疑他的声音，他也以善意和公心去面对，去团结，豁达大度，心胸开阔。腹中天地宽，常有渡人船。"戴长洪记得，在校友会出版校友纪念文集的过程中，刘经纶把个人的内容看得很淡，过问与关心的都是关于整个校友会的品牌形象和社会影响。有"大我"，无"小我"，这是许多与刘经纶有着生活与工作交集的人对他的印象。

对话：坚守初心，无私奉献

问：您致力于经营北京江西企业商会和江西师范大学北京校友会的初心是什么？

答：经营商会、校友会与经营企业的性质完全不一样。商会与校友会的会长都是选举制，商会和校友会都是社会团体组织。我投入这两个民间组织完全是初心使然，是责任感，是对家乡、对母校的奉献。完全没有索取，更不需要回报。

与校友会相比较，商会经营的难度更大，人多，要求也高。商会是民间组织，没有任何隶属关系。作为商会会长，我更多的是在合法合规的范围内利用个人能力去最大程度地帮助会员解决不同的问题。因为会员来自不同商界，在商会的经营中，投入商会我耗费了很多精力，包括会员企业的维权、合作、化解纠纷、会员资源共享，这些我都不遗余力。总之，就是为了回报社会，回报母校，服务家乡，服务校友。

问：您在引领商会、校友会建设发展中有哪些心得？

答：我对商会、校友会的管理要求是比较高的，可以说是用管理世界500强企业的方式来管理商会和校友会的，但是会相对柔性一些。

商会、校友会作为社团组织，和企业的组织架构相比，相对松散，成员之间虽然有着共同的志向和目标，但是在本质上缺少直接的利益牵扯。因此，要把商会和校友会办好，拥有强大的秘书处和开放的会员组织体系就显得至关重要。

首先，要有一个健全的秘书处组织，上到秘书长，下到秘书处各部门负责人，都需要有合适的人员来担任。其次，秘书处要制订明确的工作目标，要花时间去关注工作的落地执行，对秘书处，我就是用管理泰康的方式来要求他们的。例如：商会年度述职，我坚持要求每一个人用企业管理的模式写PPT、讲PPT，来汇报一年所做的工作以及下一年的工作计划。最后，商会和校友会真正的权力拥有者并非是会长或者秘书长，而是每一个普通的会员，商会的管理也是依靠会员大会的决策交由会长执行，最终通过秘书长和秘书处组织一层一层地传递至会员的手中。因此我们认为，一个社团组织无论多么强大，它的管理者和拥有者始终都是会员，是千千万万参与其中的会员的"家"，会员的利益引导着社团组织的发展，会员的想法左右着组织发展的步伐。

问：您如何平衡投入工作与商会、校友会的精力与时间？

答：归根结底，无论是商会还是校友会，如果想日臻完善，发展得越来越好，不花时间在里面是不可能做好的。

当然，这个时间是广义的时间概念，其实就是要真正花精力在你所热爱的事业上面。对我来说，管理社团组织和管理泰康一样，依靠的是"三心"：

一是恒心。在确定了奋斗目标以后，要始终如一地为实现目标而奋斗，世上无数成功者的事例证明，有恒心才能战胜前进道路上的荆棘坎坷。商业上的成功更需要有持之以恒的精神，比如创业。

二是专心。运动员在训练中日复一日、年复一年地摸爬滚打，没有对自己所从事的事业炽热的爱，是很难一心一意做到底的。管理商会、校友会也是一样，要用长期主义精神来做好每一件工作。

三是细心。英国有句谚语说得好，魔鬼就在细节中。如果说恒心、专心是事业成功的基础，那么细心就是事业成功的关键。

问：您担任北京江西企业商会会长十多年，您对赣商有什么期许？

答：商会是一个特殊的社团组织，会员是一个特殊的群体，我们赣商只有不忘初心，方能担当、方知使命、方得始终。

我希望广大赣商不忘厚德实干、义利天下之初心，不忘工匠精神、担当务实之初心，不忘创业创新之初心。我们生在江西，长在江西，无论我们飞得多高，我们都有共同的故乡——江西。无论我们走得多远，我们都有共同的名字——赣商。无论我们做得多强，我们都有共同的使命——回报家乡。我们要共同努力把赣商事业做大，把赣商企业办强，把赣商品牌擦亮，把赣商故事讲好，谱写出新时代赣商发展的新篇章。

问：随着您人生的流转，乡情友情对您有什么新的人生意义？

答：走过人生一段旅程以后，才愈发感到乡情友情的重要性。

人的一生当中，首先是学习，其次是事业，最后是养老。在人生学习、工作、生活的过程中，乡情友情贯穿一生。尤其是人生到了一定阶段，美好回忆的意义更为重要。叶落归根，越是到一定年龄，越能感觉到童年的重要性，仍记忆犹新。所以要懂得感恩，学会感恩。

一个人的成长、事业的成功，都离不开师长、同事和朋友的帮助、支持，要懂得珍惜这些乡情友情，珍惜点点滴滴。一个人成功了，要懂得回报家乡、奉献社会，人生才算完满。

人生的意义在任何阶段都可以充分体现，特别是事业、人生到一定阶段后，更应该懂得珍惜，更应该感恩，要竭尽全力来回报社会、回报家乡。乡情友情是非常重要的，在我人生的新阶段中所占的分量会越来越重，这些情感在人的一生当中也在不断深化。

家族典范

从少年离家半世，盛名之下衣锦还乡，刘经纶早已成为乡里亲人们仰慕的人物，乡邻们因为他陡添几分骄傲，亲人们视他为家族的模范。

在刘经纶二哥刘经绪的儿子刘志丽的心目中，叔父是家族的担当和影响力中心，更是后辈奋发努力学习的榜样。令刘志丽最感到敬佩的是，随着叔父在事业上的一步步发展，自身能力和社会影响力与日俱增，身居高位的同时，叔父从来没有忘记自己在家族中的责任。"在家乡建设上，叔父通过政府政策建言、社会支持和自己捐资等方式，为家乡架桥修路、兴业投资建设农村医疗卫生室等；在社会公益上，叔父个人出资创办'海清睿智教育奖励基金'，为家乡防控自然灾害及疫情捐款、捐物；在家族的重大事情上，叔父都会亲自过问，更多时候其实担当了家族'大家长'的角色。"

刘志丽记得，1996年底，在江西省萍乡市莲花县生活的大姑姑突发心脏病，叔父第一时间安排大姑姑到北京阜外医院进行治疗，医生诊断后判定需要进行心脏换泵搭桥手术，如果不动手术的话，随时都会有生命危险。1997年3月，从术前准备到动手术期间，叔父一直在姑姑身边照顾，并负责所有手术准备事宜。"也就是在这个时候，爷爷在3月22日突然病逝，因大姑姑正在准备手术期间，并在监护室治疗，导致叔父也未能回老家送爷爷最后一程，这也成为叔父一生中最大的遗憾。大姑姑在北京进行心脏换泵搭桥手术后，身体逐渐恢复，但一直到现在，都是依靠不断的治疗和用药养着。从1997年生病到北京治疗至今，每个月都是叔父从北京寄药到莲花县。大姑姑过了70岁后，又被诊断出肺癌，依然是叔父安排在南昌进行诊断治疗，并从北京请了两位专家到南昌做手术。这20多年，大姑姑所有的重大疾病治疗及相关的费用基本上都是叔父负担，其实叔父就好比父亲一般在照顾大姑姑。不仅是大姑姑，家族里但凡有人身体出现重大疾病，叔父都会第一时间过问并安排治疗。包括大伯突发脑出血和堂哥罹患直肠癌，从发病治疗到过世，叔父四处找专家，还承担额外的医疗费用。就连大伯去世安葬的费用都是叔父负担的，并且叔父为了不让农村的堂弟有经济负担，连大伯在银行的贷款也一次性还清了。堂哥去世后，叔父还一直帮助堂嫂和侄女们的生活和学习。"

刘志丽本人大学毕业后也是经刘经纶介绍来北京一家金融企业工作的。在刘志丽来北京之前，他眼睛里的叔父一直是个很严肃、不苟言笑的长辈，但对自己视如己出。"记得我大学快毕业时，叔父到南昌出差，特意安排时任秘书刘东叫我去赣江边上一个宾馆见他，主要是商议我大学毕业后的去向问题。在宾馆见到叔父，我比较拘谨，叔父跟我拉了拉家常，问了下我的学习生活情况，然后就问我大学毕业后想去哪里工作。我不假思索地告诉叔父我想去北京工作，想以后好好跟着叔父学习，然后叔父还真说'可以'。就这样，我来北京工作了，一直到现在都得到叔父的关心和爱护。我们现在在北京碧水庄园住的房子也是叔叔婶婶给的。回想当时的场景，一方面我自己也确实想跟着叔父好好学习，另一方面叔父也想我跟着他在北京好好成长，希望有朝一日我也能像他一样为国家、为社会、为我们的大家庭多做一点贡献。"作为晚辈，刘志丽觉得叔父不论是在社会上还是在家族中，都一直做着很多让家乡人、让家族人打心眼里佩服的事情，表现出一种常人很难有的担当，叔父不仅成为家族的主心骨，也给当地乡亲们带来信心和希望，激励着当地的后辈刻苦努力，奋发向上。

刘志丽的妻子、刘经纶的侄媳孙金曼还记得第一次去见叔父的细节。"在我和志丽确定恋爱关系后，他就提出要去叔叔婶婶家吃个饭，其实就是见家长，他说我去见叔叔婶婶就和去见他在江西老家的父母是一样的。志丽特意告诉我他叔叔叫刘经纶，不是一般人，是个大人物，网上就能查到他的介绍。我现在都能想起志丽当时的表情，充满了自豪与崇敬。"在去见家长前，孙金曼上网查询刘经纶的信息，突然感觉自己见家长的"面试"层次也太高了，一时间压力陡增。"实话说，当时内心十分忐忑，到了见面的那天，路上我就开始紧张，这时志丽接到了叔父的电话，听得出来在问怎么过来，打车还是坐车，到哪里了，上高速时记得再给他回个电话，家里好计划炒菜的时间。正是这一个电话，让我心里放松了下来，这位大领导对待晚辈如此温和细心。见过面我们走的时候，叔叔还给我们准备了礼物。那会儿还没有打车平台，出小区打车有一段路，叔叔特意开车送我们绕到高速辅路返程顺路的方向上。结婚后一次家里聚餐聊天时才听叔叔说，平时都是司机开车，路上他都是闭目养神，他对家附近的路也不熟悉，那天送完我们，他在京藏高速辅路转了两圈才回到家。现在想起这段来都觉得叔叔特别暖心。叔叔对待我们和对待自己的孩子一样，我们结婚、工作、生子，人生的所有大事都得到了叔叔婶婶的关照与帮助，有些父亲都很难做到的他都做到了，所以我心里一直喊他'叔父'而非'叔叔'。"

把刘经纶看作家族的典范、后辈的榜样，侄女刘兰香（刘经纶二哥刘经绪的大女儿）高度认同刘志丽的评价。她把叔叔看作家族的一面旗帜。刘兰香记得小时候有一天傍晚，爷爷意味深长地和她聊天："兰香，你坐得住，肯定是读书的料。在家里要起带头作用，像你叔叔一样走出去。"从那时起，她就一直努力学习，成绩始终是全校第一。"说实话，当时就只有一个想法，想为刘家争气，有叔叔在，我负责好好念书就可以。最终我也没辜负爷爷、爸妈、叔叔对我的期望。我是晚辈中最早出来工作的，后来哥哥、妹妹相继读了大学。叔叔支持了我们家三兄妹读书的大部分学费，后来我们的工作也一直是叔叔在帮忙。"刘经纶和家里人有一个约定，凡是家里的直系亲属考上大学，他负责学费和安排工作，以此鼓励晚辈们好好读书。

刘兰香大学毕业以后一直工作和生活在广东。"虽然离北京遥远，但叔叔一直关心着我的成长。叔叔每次来广州出差，无论应酬再多、公务再忙，一定会叫上我和老公还有孩子，或陪着他一起吃饭，或到他住的酒店和他聊聊家常，了解我们在广东的工作和生活情况。他常常也会给我们一些好的指导和建议，我们遇到困难和问题时，他也会帮我们想办法。我们每次去北京，叔叔也会安排时间陪着我们在家里聊天、吃饭，甚至还会亲自下厨做几道拿手好菜。叔叔爱喝酒，也能喝酒，虽然我和老公的酒量远不如他，但每次陪他喝酒我们都愿意喝多甚至喝醉，因为这种血浓于水的亲情和叔叔对我们的关爱让我们感动并终身受用。"刘兰香印象最深的是每次大家庭的聚会，无论过年、过节，叔叔总会预留出时间把能聚的人都聚在一起，大家一起喝酒、聊天，特别开心！

在刘兰香眼里，叔叔的为人处世可以说是做到了极致，无论工作、生活，他都考虑得非常全面，她常常感叹叔叔脑子里咋能记那么多东西，而且能把事情处理得井井有条。"想什么，做什么；做什么，成什么。"刘经纶对事业的坚定信念一直深深感染和影响着刘兰香。

刘经纶的外甥女刘金兰从记事起就知道自己有一个超能的伯伯（因刘金兰的母亲在家招亲，所以一直叫伯父）。因为父母离异，刘金兰从小跟着爷爷奶奶长大，学费都是爷爷奶奶缴的，但爷爷奶奶已年迈，没有收入来源，实际上都是伯伯伯母从省城南昌寄钱回来，使刘金兰有学可上，有书可读。中考时，刘金兰考得不理想，她第一时间打电话给伯伯，伯伯一点也没有责备，只是安慰她。随后，伯伯开始为她争取委培中专的名额。委培费3万元在当时不是一笔小的费用，但伯伯只字未提。刘金兰记得那天晚上9点伯伯开车带着她和奶奶去县城准备体检——"当晚的月亮很亮很圆，车越开越远，村子越来越小，我心中充满对未来的期待，对伯伯的感激之情无以言表"。

在刘金兰的意识中，伯伯刘经纶一直是一个很威严的人，始终给她进取的能量。刘金兰记得，自己中专毕业后参加工作，心里想再去上大学，又怕伯伯不同意，就偷偷辞了职，不敢打电话告诉他，就写了一封信。"事后，伯伯不仅没责备，还鼓励我好好学习，知道我学费不够，又给我寄学费，让我无后顾之忧地完成大学学业。毕业后又是伯伯帮我安排在广州工作。在工作调动的时候，我向伯伯请教，伯伯很有前瞻性，建议我工作可以调动，社保和公积金要留在广州，为我后来能实现在广州买房和入户起到了决定性作用。"刘金兰感到很幸运。"自己虽然是农村出来的，虽然父母离异，但因为有一个有担当又能干的伯伯，自己的人生比别人顺得多了，幸福多了，我们也才有机会在大城市安家立业，让我们的下一代有机会享受大城市的教育。"

刘金兰觉得在自己的人生道路上，伯伯就是一盏明灯，是引路人。"父母生了我，但是伯伯伯母养育了我。奶奶说过，兰兰你这一辈子都要感激伯伯伯母，你现在的一切都是伯伯成就的。我已经习惯伯伯对我的好，但也一直感恩在心。过年、过节或生日，我们会微信转账给伯伯，可伯伯从来都不收，他知道我们这些小辈工薪族不容易。我虽然自身能力有限，但会努力把平凡的工作做好，把下一代教育好，传承伯伯做人做事的理念，以此来回报伯伯伯母的养育之恩。"

刘经纶虽然在工作上很严谨认真，在外人的印象里一直是很严肃、不苟言笑的样子，但是在刘志丽这些晚辈看来，叔父其实是个喜欢笑、特别喜欢小孩儿的长者。"很长时间，都是叔父一个人在北京打拼，老家基本没有亲戚在北京，后来婶婶和堂妹才来北京生活。我来北京后，小妹妹也跟着来北京工作、生活。等我成家后，父亲母亲也来北京，后来妹妹也成家，在北京的亲戚就逐渐多起来。2010 年我有了第一个小孩儿豆豆。因为豆豆是刘家在北京出生的第一个孩子，又是男孩儿，叔父把他看作长孙。豆豆叫叔父'三爷爷'。在豆豆周岁宴的那天，叔父特意用筷子沾了点白酒让他尝，小孩儿不懂事，还真尝了不少，结果那天豆豆因为酒的原因有点兴奋，不停地在床上蹦跶。豆豆长大点儿后，每次家庭聚会，叔父照例想用筷子蘸白酒让他尝，豆豆都会第一时间说：'三爷爷，我不能喝酒，等我长大了再陪您喝。'豆豆能说话会坐摇摇车的时候，有一次叔父在我家吃饭喝酒后很开心，看到豆豆在屋子里坐摇摇车，就特意要坐在豆豆的车后，引得屋内欢声笑语一片。至今，家里还保存着这爷孙俩坐一个小车的可爱照片。"现在，刘氏家族中刘志丽这辈儿在北京已经有好几个孩子了，家族成员逐渐增多，刘经纶都会不时关心所有的孙辈们。刘志丽相信，看着孙辈们健康成长，刘经纶一定是看在眼里，乐在心里。

刘经纶的二哥刘经绪的小女儿刘兰艳小时候对叔叔的印象是陌生与敬畏。"那时候的记忆是知道自己有个叔叔很厉害，有时一年能见一回，有时几年见一回，但没有和叔叔对过话。那些年只要叔叔回来了，大家都围坐在一起，我总是远远地躲在一边看着西装革履的叔叔，看着他炯炯有神且略带犀利的眼睛，心里有种莫名的畏惧感，不敢上前说话。"刘兰艳记得，叔叔每次回来都会给孩子们买很多零食，跟自己父母说得最多的一句话就是："一定要教育孩子好好念书，只要孩子们能好好念书，我一定会全力支持。"在刘兰艳的求学和求职路上，叔叔一直给予了很大的帮助。刘兰艳说："虽然叔叔是长辈，身居高位，但从不把自己的意愿强加给我们，一直以来都尊重我们的想法。"

　　刘兰艳师范毕业后被安排在县城的小学教书。但为了圆大学梦，她想再上一年高中补习班参加高考。"当时父亲极力反对，不赞成我放弃稳定的工作。我给叔叔打了电话，这应该算是我和叔叔第一次正式的对话吧。我向叔叔说明了自己的想法——我不想直接参加工作，想通过自己的努力拼一把，去更高的学府学习。叔叔知道了我的决心后，二话不说就去做我父亲的工作。当时已经开学两周了，叔叔马上以最快的速度帮我办好进入高中补习班学习的手续。"刘兰艳很是感激叔叔对自己求学梦的理解与支持。

　　通过一年的努力，刘兰艳高考取得了比较理想的成绩，考分过了西安音乐学院和江西师范大学的录取线。在与叔叔讨论求学方向时，刘经纶给出建议："我建议你上江西师范大学吧，师范大学也是重点，另一方面在本省离家近，有什么事情家里人也能照顾得到。再就是你哥哥姐姐都在外省，你在本省，以后也可以多照顾父母。"刘兰艳能理解叔叔的考虑，但她还是很肯定地说："我不怕远，我想去西安音乐学院，毕竟这是全国九大专业音乐学院之一，我想去更远的地方看看，去更专业的学府接受音乐的熏陶。"在了解了侄女的想法后，刘经纶没有再坚持个人意见而是理解与支持她，并帮她准备好入学的全部学费。

　　刘兰艳大学毕业后，叔叔费尽心血帮助她来到北京。如今她已是一名高级教师、北京西城区的学科带头人及学校中层干部。

回顾自己的成长经历，刘兰艳感恩于一路都有刘经纶的关爱相伴相随。"叔叔既是我的父辈，也是我的领路人，不论是学习、工作还是生活，都给予了我很大的帮助和支持。叔叔在工作中的钻研、严谨一直影响着我。记得我大学毕业来北京参加教师考试，从教学的细节设计到规范书写等，叔叔都给了我细致的指导，尤其是提示我在教学中一定要准时上课、按时下课，讲究课堂实效性，不能拖堂。"刘兰艳说，自己工作 14 年以来一直铭记着叔叔的叮嘱：科学、严谨、细致。她将会在教书育人的工作岗位上继续保持这样的工作作风。

刘经纶有着很强的尊老爱幼、长幼有序的家族观念，刘志丽对此甚是感佩。"大多数时候，大家庭里的大事小事，基本上叔父都会通盘考虑并拿主意。上饶老舅的 80 岁寿诞，莲花大姑姑的 70 岁寿诞，是家族的大事，寿宴都是叔父安排的，他也会安排好时间出席。这不仅体现了叔父对老舅和大姑姑的尊重，更是给晚辈们作出了尊老的表率。我来北京后，开始还在叔父家住过一段时间。那段时间里，叔父太忙，基本上看不到他的身影，晚上我们都睡了他才回家。早上因为上班时间不同，也基本见不到。只有在周末才偶尔可以坐在一起吃个饭，吃饭的时候叔父会问我工作如何，问我爸妈的情况，关心备至。后来我搬到中关村居住，叔父也经常和我通电话问我的情况。我成家后，和叔父住在一个小区，父母也和我住在一起。叔父叫我父亲为二哥，也是他们六兄妹里唯一一个在北京生活的亲兄弟。一直到现在，不管叔父多忙，有多少应酬，基本上每周都会特意安排个时间，来我家或者请我爸妈去他家吃个饭，聊聊天。这看起来是很平常很简单的一个事情，却足以看出他是一个念亲情、尊兄长的有情有义之人。"刘经纶的言传身教让刘志丽在做人的修习上极为受益。

虽然事业成功，在社会上被高度认可，但是在大家庭里刘经纶从不以高位自居，相反，任何时候，他都对兄长姐姐们持尊重态度，对弟弟爱护有加，对晚辈们同样也是宽严并重。刘志丽说："每次回江西老家津洞过年或者出差，叔父都会安排时间去莲花县看望年长的大姐一家，去井冈山曲斗村看望二姐一家。每次去看望的时候，都会大包小包给大姐二姐家带不少礼物。当然，也会特意去住一个村的大哥家里，陪大哥吃个饭、说说话、问问身体情况等。2020年春节，我和叔父都回老家过年，但是因为疫情突发，原定的去看望长辈的很多计划搁浅。这一年，老家盖了新房，盖新房的钱都是叔父婶婶付的。大年三十的晚上，叔父特意安排在新落成的房子里吃大团圆年夜饭，把刘家男女老少几十口人全部请到新房子里来，大家坐在一起欢度春节。这是刘家大家庭几十年来第一次所有人聚在一起吃年夜饭，也只有叔父在家族里才有如此大的号召力和感召力。"

刘志丽坦言，自己原先并不在意人际交往的规则和亲情的经营。随着他自己在北京工作、生活的阅历逐渐积累，也慢慢懂得人际交往能力的培养和亲情很重要，这是在不知不觉中受到叔父影响的结果。他现在都会主动和大家庭的长辈们联络，做一些晚辈力所能及的事情，而他希望自己的所作所为也可以潜移默化地影响下一代。

作为家人，刘经纶在工作中亲力亲为、注重细节的工作作风，刘志丽也深有体会。"叔父在处理家族事务上，同样是将远见谋略和安排执行环环相扣。"刘志丽跟着叔父在北京打拼快 20 年了，也是大家庭里很多事务的参与者和见证者。"我们大家庭一直有一个传统，不论是在北京还是在江西老家，只要逢年过节，都会组织同一个地方的亲戚在一起聚会吃饭，多年来一直如此。按照一般人的观念，叔父只要和我们晚辈说一下，让我们组织落实就可以。但实际情况是通常由叔父来组织安排，我来协助落实。每一次聚会，叔父都会订好场地，和我商量好参加人员，并让我逐一通知。聚会结束后，细到每一家人谁开车回去、喝酒的不要开车等事情，叔父都会逐一过问。这些看起来都是很小的事情，可能在很多人眼里觉得没啥，但是几十年来叔父不论在什么位置上，始终如一坚持这样亲力亲为，还注重每一个细节。别人看到的也许就是一次两次，我看到的是多年来的每一次都如此。"刘志丽一直记得刘经纶经常教诲他的话："有条件要上，没有条件创造条件也要上""做事情要善始善终，更要注重细节"；等等。自然而然地，大家庭里的晚辈们都知道了刘经纶的做事风格，也在无形中学着他那样做人做事。

　　跟着刘经纶在北京生活、工作多年以后，刘志丽更深刻地明白了叔父的良苦用心，他懂得叔父其实是希望他们家族多出人才，为国家做贡献的同时，以后也能事业有成，成为家族后人的榜样。

　　刘经纶二哥刘经绪的小女婿刘晓东说，刚跟刘兰艳认识的时候，就听她说起叔叔婶婶一直以来对她和这个大家庭无微不至的帮助与照顾。结婚后，他更切身感受到叔叔婶婶的真挚亲情："刚结婚那会儿，我和兰艳住在不到50平方米的两居室里，还觉得很温馨，但随着大儿子堂堂的出生，父母亲来照顾孩子，一家5口人住在一起就拥挤了很多。叔叔婶婶来家里看堂堂，见我们5口人住在这么小的房子里于心不忍，就把碧水庄园的一套100平方米的房子象征性地收了一点钱，给我们住了。4年后，二儿子正正出生，叔叔婶婶又想办法给我们换了一套比原来大几十平方米的房子。在只有父母才会做的事情上，叔叔婶婶全都给我们做了。对于我们的两个孩子，叔叔婶婶也一直十分关心他们的成长，无论是叔叔因公出差，还是婶婶外出旅游，都会很用心地给两个孩子挑选礼物，这份爱，我和兰艳都看在眼里、记在心里。"

　　最让刘晓东佩服的是，刘经纶能让刘家几十口人的大家庭紧紧地凝聚在一起。"逢年过节甚至是周末，叔叔再忙都会抽出时间组织所有人到家里聚餐，每次都邀请我的父母一起参加。刚开始，我的父母觉得去叔叔家吃饭有点不好意思，甚至觉得有点紧张。但叔叔婶婶的热情与亲切把这种隔阂完全打破了。在聚会中，叔叔婶婶带给我们的全是大家庭的温暖、和谐，聊的是家长里短、生活琐事，这种平易近人让我的父母很感动。"刘晓东记得五六年前的一个端午节，大家被邀请一起去叔叔家过节。他父母说："你们去吧，我们就不去了，我们总去你叔叔家吃饭不合适。"刘晓东心里也这样想，夫妇俩就带着小孩前去。刘经纶一见就询问为什么亲家没来，坚持让刘晓东夫妇回去接父母来。那次，刘经纶很严厉地对他们夫妇说："今天是过节，不是平时周末，过节意味着团圆，全家人应该团圆在一起。老人就在你们身边，你们怎么能把两位老人独自留在家过节呢？！""我和兰艳当时也没想那么多，后来仔细一想确实是自己欠考虑。叔叔的言行举止、为人处世深深地影响着我，我的舅舅和姨妈们也都在北京，我作为这一代的老大也要肩负起凝聚、团结这个大家庭的责任。"刘经纶的所行所言对刘晓东的为人处世，特别是在家庭关系的融合中有着很多启示。

孙金曼成为刘家人快 15 年了。在这十几年的时间里，她慢慢了解感受了叔父刘经纶的意志品质、为人处世等，这些在她看来都像是一本做人的教科书，需要自己终身学习。"我们的叔父有个特点，就是他从来没穿过羽绒服，再冷的天气最多外面穿件夹克衫，他的身体素质让我们这些年轻的晚辈自叹不如。我觉得他的身体素质好和他从小的经历有关。听家里人说，叔父成长于国家的特殊困难时期，为了能上学被过继给邻村的奶奶，从小懂事的他，起早打猪草，放学后洗衣、做饭、做家务，总是尽可能为家里多做事，出去上学为了省钱总是走着去，要走几十里山路。即使当了总裁，几十年时间都是走楼梯到办公室，他自己说这样既可以锻炼身体也能给高峰期等电梯的员工行方便。他的善良是来自骨子里的，又践行于身边的每个人每件事。叔父对家里的好不用讲，讲也讲不完，只要是他身边的人都会受到他的恩惠。叔父家里有个工作了十多年的住家阿姨，她的丈夫过世了，靠她一个人工作养活两个孩子和婆婆。每次她休假回家，叔父都会安排司机接送，每次回家都是几个箱子，里面装着叔叔婶婶给她家里准备的礼物。无论是在家里还是外出用餐，阿姨都是和我们一样在同一个桌子上吃饭。后来，这位阿姨再婚就离开了叔叔家，叔叔婶婶特意为她准备了嫁妆，在她新生活的城市为她介绍了工作。几年后，阿姨不幸因病过世，叔父还一直关心她两个孩子的学习与工作。他说这位阿姨不容易，是家里人，这里是她的第二个娘家。就算是萍水相逢的人，他都会体恤关怀。有一年，婶婶生病住院，叔父本来是带着文件到医院陪护婶婶的，但是工作太繁忙了，担心影响婶婶休息就请了护工。叔父见了护工问她是哪里人，护工说是甘肃农村的，他赶紧包了红包给她，说'你们那里干旱缺水，生活不易啊'，并交代我和兰艳要排好班，中午陪婶婶多待些时间，让护工安心吃午饭休息一下。他的记忆力也是惊人的，工作这么忙，家里人的小事他也能记得一清二楚，这源于他是个特别细心的人。每次我的公婆往返北京和江西，他都会提前打电话给志丽询问票是否订好，接送是否安排好。如果他们是要比较长一段时间离开或回到北京，他都会到我家里或请我们一家到他家里去吃顿饭。"

每逢年节，刘经纶在孙金曼回娘家时都会给她的父母准备礼物。当孙金曼的母亲突发心梗时，怀着二宝的她十分担心。得知情况后，刘经纶马上给孙金曼打电话询问病情，并安慰她不要担心，如果需要帮助尽管说。"在我妈妈治疗的半年时间里，叔叔询问过无数次我妈妈的就医情况、身体情况和她的心理情况，每次都会嘱咐我不要担心，只要需要，他一定会尽全力给我帮助。在我妈妈最严重的一次病情反复住院治疗中，刚好她临床的一位心梗病人突然发病，不到两分钟就撒手人寰了，这对我妈妈的心理打击很大。我和家人赶紧做她的安抚工作。我告诉她，叔父总是打电话关心她并多次表示一定会帮忙的。她听了才放下心来，觉得有了靠山，又对自己的治疗有了信心。在大家的关爱下，我妈妈的手术非常成功，现在已经恢复得挺好了。叔父对周围人的关爱，影响并教育着我们每个人。我妈妈说我们的叔父是菩萨心，每个和他接触的人都是有福气的。"

　　孙金曼形象地说，如果要将这些婆家亲戚关系画一张思维导图，那就是一个大大的树状图。"这个图里面除了刘家人以外，有谢家老舅一家人，也就是我公公和叔父他们的外婆家人，有婶婶的娘家人，有叔叔的养母家人，有婶婶的继母一家人，有我父母一样的亲家人，有他家几任家政阿姨的家人，有司机家人，这个图的中心人物就是我们的叔父。能够将每个小家庭、每个人团结起来，我觉得叔父率先垂范地做到了长幼有序、无私奉献为家里人提供帮助。最重要的是，他是这一家人的精神领袖，对大家庭关系的维护渗透到生活中的点点滴滴。无论是长辈的就医养老，还是我们这辈的工作生活，或是晚辈的上学，他都会竭尽所能地给予帮助和关爱。"

2012 年 9 月 23 日，刘经纶的女儿刘珈吟、女婿竺玮在北京拉斐特城堡酒店举行婚礼，部分江西老家亲友在礼成后合影留念。第二排居中为刘经纶养母乐春秀。

第
十
八
章

德泽后辈

　　刘经纶对晚辈们并不溺爱，而是严格要求，他有自己独特的关爱方式。刘志丽说："从我记事开始，就记得逢年过节叔父回来，都会特意和侄子侄女们聊聊天，问我们的学习情况，勉励我们一定要好好努力，以后考上大学。每次都会特意叮嘱我们：'我作为你们的叔叔，可以讲一句话，当然，我也有能力讲这句话，那就是只要你们这些晚辈能靠自己的努力考上大学，叔叔就会尽量资助你们。'那时候我们都小，还不懂叔父的意思，作为生活在农村的娃娃，当然知道农村生活的苦，也知道只有好好读书才会有出息。就为了'有出息'，我们家三个小孩，我、大妹兰香、小妹兰艳，还真都靠自己的努力考上了大学，后来也都在北京、广州有了一份不错的工作。叔父是我们人生中第一步的重要引路人，没有他，我们几个的人生肯定不可能如此顺利，甚至可能连'师傅领进门，修行靠个人'的机会都没有。"

刘经纶的外甥高立从小生活在井冈山下的小山村，背靠着连绵几百里的罗霄山脉，那里四周青山挺拔，山间绿树红花，六八河一年四季缓缓地流淌着，无穷无尽的大山就是他的记忆。一晃，他走出小山村20年了。高立每次回到家乡都不禁会想到，假如没有三舅刘经纶的帮助与影响，自己大概会和村里的同龄人一样，小学或初中毕业就会早早地走向社会，加入打工大军的队伍。

高立的母亲有兄妹6人，4男2女，母亲排行老三，对高立而言就有4位舅舅，1位大姨。春节的拜年是客家人维系家族情感纽带的一个重要仪式。每年正月初二，高立姐弟几人就在父母的要求下，带些腊鱼、腊肉之类翻山越岭到10千米以外的津洞村，给舅舅们拜年。对于小时候的高立来说，拜年更多的乐趣是可以和表兄表妹们一起玩耍，还可以得到长辈们给的一些压岁钱。在高立的记忆中，每次出发前，母亲总会特别叮嘱，一定要到石洲（三舅刘经纶生活的村庄）的另外1个外婆、外公家拜年。他心里有些不解，为何别人家都是1个外婆、1个外公，而自己在石洲还有另外1个外婆、1个外公，怎么可能会有2个外婆、2个外公呢？

这就是高立最早对三舅刘经纶的认知。随着年龄的增长，他慢慢有了更多的了解。"原来在那个特别的时代，我母亲在8岁就被送出去做童养媳，而我三舅在他小时候就过继给别人家了。小时候听母亲讲了很多他们那一辈的事情，大多数都是悲惨的。母亲也经常讲起，三舅出生时，家境贫穷，被迫送给别人家，后来又因家庭成分不好不让读书，靠上饶的老舅帮助才走出去，现在在南昌做领导。最后，母亲总是要求我们姐弟几人要像三舅学习，好好读书。我们听起来都是似懂非懂的。其实，在我初中以前对三舅的印象都不深，只是在春节拜年大家一起吃饭时，偷偷地看过他几眼。三舅从来都是一身正装，神采奕奕，双眼炯炯有神。寒冬腊月，大家都围着火炉烤火，只有三舅经常走来走去，从不烤火。他和我父母聊天，都是问小孩学习怎么样，未来怎么打算。我想我的父母正是在这种潜移默化下，才对子女的学习给予重视。总之，那时候的三舅给我的感觉就是与村里其他人不同。"

1995 年，高立患了肺结核，这件事真正让他对刘经纶有了直接的感受："那年我患肺结核，休学一年到处治病，父母慌乱着急。三舅当时在北京工作，他多次打电话问候我的病情，体贴入微，又寄钱又支招。父母经常感念三舅对我们一家人的帮助。也是从那以后我才渐渐知道，三舅在北京的保险公司工作，而且是一个领导。我心里既惊喜又佩服，原来农村人也可以走出去当领导。从与三舅的接触和对他的逐步了解中，我意识到自己应该有所追求，要像三舅一样，走出农村，到大地方去做事。这种意识虽然是朦胧的，也没有明确的目标，但它让我认识到了学习的重要性。"

高立表示，正是自己生病期间三舅的种种关心和帮助，使自己认识了他，懂得了他，更敬佩他。最重要的是，让自己在思想上有了彻底的醒悟，就是要努力奋发，积极进取。

1995年下半年，高立回到学校后，从学校的"叛逆王"变成了刻苦生。他心里有了一个明确的想法，就是要像三舅一样，认真学习，走出农村，到大城市去。中考时，高立以年级第三名的优异成绩考入泰和县第一中学。"有时候我也在想，在那时对于一个农村少年而言，三舅的榜样力量应该是最有说服力的。如果没有三舅对我的帮助与引导，我想自己大概会初中毕业后早早走向社会。我母亲之前就对我说过，要是考不上高中，就去学开出租车或者学理发。人的命运有时候很奇妙，对于一个少年，周边环境的影响是很大的，一个榜样的作用也是巨大的。"

在职业的选择上，刘经纶又将高立引进了金融保险业。高立说："我一直心怀感恩。三舅对家庭的关爱，对父母亲的尊重，对后辈的呵护，让我看到了不甘平凡、坚毅勇敢、甘于奉献、感恩家国的大爱精神。正是靠这份精神，他把大家族紧紧地团结凝聚在一起。作为后辈，我要将这份感恩、奉献、坚毅、奋斗的精神传承下去。"

刘经纶的侄子刘恒的成长过程和高立有些相似。因为是晚辈中最小的孩子，刘恒任性，叛逆期比较长。但是，在刘恒的记忆里，伯伯从来不责怪自己，总是耐心地与自己交流。"伯伯问我以后想做什么，有什么打算。我当时最大的期望就是以后能到北京生活，可是不太懂事，并没有真的朝着这个目标去努力，大学刚毕业那几年就都稀里糊涂地混着过了，从来没真正想过自己要做什么，想要成为什么样的人。"来到北京后，刘恒真切地感受到了现实与梦想的距离，但伯伯对他的支持与鼓励从没有间断。"我每次有些自认为很好的创业想法就向伯伯请教，希望得到认可与支持。无论我的想法多难或者多离谱，伯伯总是耐心地听我讲完并跟我分析这些事的长远性及可操作性，使我浮躁的心渐渐趋于实际。知道我刚步入社会没有经验却总想着一步登天，他也没有嘲讽我，而是支持我去尝试走每一条可行的路，希望我能磨炼自己并积累经验。"在刘恒的心里，他最感激的人就是伯父刘经纶，"是伯父给了我很多指点与帮助。"

刘经纶曾经因生气当场晕倒过一回。那是 1985 年，刘恒的父亲也就是刘经纶的弟弟刘经绍高考未达到一本线，他的学习成绩本来还不错，可是他执意不读书，要去接替父亲在供销社的工作。刘经纶得知后，立即从南昌赶回老家劝告弟弟，弟弟不但不听劝，还顶撞说坚决不再读书。刘经纶气火攻心，当场晕倒，被送到关培善医生处抢救。看到哥哥被气成这样，刘经绍认了错，答应愿意继续读书。从这件事可见刘经纶对家人教育的重视程度，弟弟刘经绍如果不是继续读书，而是接替父亲去了供销社工作，那后来的境遇肯定大不一样。

在乡亲们眼中，刘经纶是一个身居高位、遇事镇静、做事严格的人，但是在外甥周立的眼中舅舅身上更多的是对家人的关怀和担当。

"刘家有六姐弟，我的母亲是大姐。1997年，母亲突发重病，在送医路上父亲打电话让我做好心理准备，我可能要没有妈妈了。当时我真是感到母亲处于绝境了，一是母亲多年的劳累导致身体虚弱，二是当时家里拿不出巨额的治疗费用。紧要关头，舅舅不仅四处托人求医问药，还承担了所有的治疗费用，这给了我母亲活下去的希望。这之后的很多年，母亲每天用药、康复等的费用都是舅舅承担。2016年，我母亲又查出肺癌，舅舅从北京请了两位专家到南昌给妈妈做手术。手术很成功，让母亲的生命再一次得以延续。当时医生说，遇到我母亲这样子的病人，他们一般都会建议保守治疗，等待生命自然终结。而舅舅不但承担了巨额的费用，而且倾其所能地帮助母亲。2021年，我母亲又患了结肠病，还是舅舅从上海请专家来南昌做了手术，并承担了所有的医疗费用。从对待我妈妈生病这件事上，我明白这是舅舅对亲人的爱，舅舅是在给我们所有人做榜样。""爱其亲，敬其兄，皆不学而能，不教而知"，周立在舅舅刘经纶的身体力行中深悟了此中的人生道理。"我舅舅让我们在做人之前要先学会'孝''德'二字。母亲手术后回家，流着泪跟我说，没有舅舅，就没有她了，要我们记住舅舅的恩情，更要学舅舅的为人处世。"

对于后辈们，周立感觉刘经纶从不宠爱，他会用自己的教育方式给后辈们做一个领路人，让后辈们各自找到通往未来的路。"记得我读大学期间，舅舅每次到我读书的城市出差，都会抽空把我叫出来。那时年少无知的我，对'未来'并没有什么概念。每当舅舅问我对未来的打算时，我总是对自己的未来好高骛远，结果是处处打脸。临近毕业时，再次面对舅舅同样的提问，我提出想回江西，哥哥姐姐们都去了北上广，考虑到父母身体不好，我想回去。舅舅帮我回到了南昌一家央企工作。但是在工作中，因为我对工作不上进、不细心，散漫的心态使我惹了很多麻烦，舅舅依然耐心地引导我、教育我、不放弃我，让我明白亲人的意义，让我明白家的含义，更使我明白'一分耕耘，一分收获'的道理。他给予了我再一次机会，重新给了我一个起点，也让我认真审视了自己。"现在，周立深深懂得脚下的路要靠自己踏实去走，舅舅是自己人生的引路人，"没有舅舅的教诲和指引，我的人生也许会再绕一个大弯"。

在刘经纶的外甥温黎平（养父家干女儿的儿子）儿时的记忆里，每年只有在过年时才能见上舅舅一面。"那时候的舅舅清瘦帅气，因为工作忙，每年回来过年也就待那么几天，并不是每次回来都有时间到我家做客。记得在我9岁那年的正月初五，舅舅跟外婆说要去桥头姐姐家看一下，妈妈知道了高兴得不得了。第二天一大早，爸爸妈妈就先回家准备饭菜去了。我的老家在泰和县桥头乡的一个小山村，离舅舅家也就8千米左右吧，村子的南面有一条自西往东流淌的、弯弯曲曲的河——六七河，在河的码头位置有一座横跨河面的木桥。因为当时经济比较落后，所有通向六七河村子的桥都是木桥，舅舅和舅妈来到桥边，看到桥面很窄，就停下了脚步，因为舅妈从来没有走过这种木桥。舅舅说'没事的'，就牵着舅妈的手朝桥上走去。舅妈跟着舅舅战战兢兢地走上了桥面，边走边说：'姐姐怎么嫁到这种地方啊，连座桥都是木头搭建的。'过这种木桥，眼睛是不能看着河面的，看着河面会感觉桥在往上走，就会让人头晕，而且走的动作不能太大，要不然桥板就会晃动。幸好舅舅走这种桥还是非常有经验的，但是也花了好几分钟才走到对面。过桥后又走了5分钟的泥巴路，终于到我家了。那时候家里非常穷，一家5口住在爷爷在20世纪70年代建的一栋土坯房里，家里唯一值钱的就是爸爸的一辆'二八'自行车。爸爸赶紧招呼舅舅一行人喝茶，妈妈就在厨房里张罗饭菜。舅舅把我和哥哥叫到跟前，询问我们的学习情况，给我们发压岁钱，还给我们带来了烟花。舅舅给的压岁钱都是崭新的，我们兄弟两个高兴坏了。快乐的时光总是短暂的，吃完中饭后大人们在一起聊了一会儿天，舅舅就说要回津洞的家了，我和爸妈一直送舅舅他们到省道边上，舅舅叮嘱我和哥哥要好好学习。"

温黎平记得刘经纶在很多场合说过"知识改变命运"的话题，他自己也深深感受到了这一点。温黎平说自己能够有今天的成就，跟舅舅对自己的指引和鞭策分不开，他的学习、工作以及小家庭都得到了舅舅舅母的很多支持。温黎平表示："我一定会努力做好工作，踏实做人，不辜负舅舅舅母对我的培养。"

在后辈们心中，刘经纶就像一本永远值得学习又永远学不完的书。而在家族中，刘经纶则像一棵大树，维系、支撑着一大家子人，并为大家提供养分。

尾　声

当刘经纶从荣休生日宴台上走下来的时候，掌声和欢呼声是此刻的背景声。然而，他的耳际却仿佛一片安宁，那些声息似乎都已在心头过滤尽了。儿时熟悉的风铃声由远而近，由近向远。有些恍惚迷离，却又真真切切。

时光如梭，此前走过的人生之路不断在他的心里闪现。他的脚步，自年少时从乡村出走，就已经开始了不舍昼夜的奔逐。他究竟要去何处？他究竟要征服什么？命运对他而言，自小就是一个向他迎面掷来的实心球，那破空袭来的压迫感驱使他从不懈怠和消沉地奔跑在脚下泥泞的狭窄小路上，一开始像是逃避和躲闪，然而，他跑着跑着就有了冲锋的步态和决然。于是，他跑过一个个关卡，跋涉过一座座山峦，跨过一座座激流上的栈桥，在秋风渐雨中、在骄阳莽原里，他一遍遍确认着自己，在一圈圈重叠的年轮中，他终于懂得了自己的奔赴其实并不是只为摘下一枚枚岁月勋章，而是要最终确认自己生命的价值与存在的光亮。

他望见那些迎着他的笑脸，那些为他举起的酒杯，那些为他捧上的花簇，感觉自己正在卸下它们，内心有一种舒展和轻快。依旧了然于心、沉潜于心的是他不可能忘怀的一路领略过的风情与气象。一路所识，万般皆风景。他由远方而来，行至此刻的生命渡口，他毫无倦怠、毫无萧索，只是在心里自问：自己是否已成为自己？

他想到了自己一路走来的奔波与辗转，那些起承转合、沉浮跌宕使他深悟生命的百般滋味；他感到了历经一程又一程的劳顿与欣慰，那是身心交付之后的安宁和恬淡；他感到了全力以赴、矢志不渝、专注赶路后的深沉欢欣；他感到了放下荣辱、不问得失之后的惬意与自得。

秋日暖阳，他回身望去，这一刻他望见了农田上的嫩芽，望见了那些向土地弯下腰去的乡亲，望见了日夜交叠中的雨雾，望见了一路颠簸斑驳的长途汽车，望见了日行百里毫不停息的旅人，望见了高邈苍天的流云，望见了浩荡苍茫的山野，望见了不舍昼夜奔流入海的溪水，望见了星月映现的长空，望见了落叶缤纷的林荫……

他还望见，田埂间一个光着脚的小男孩也在凝视着他。突然，他与小男孩相向走近、奔跑，直至热泪相拥……

附录 1

刘经纶在荣休生日宴上的发言

尊敬的董事长，尊敬的东升大哥，亲爱的兄弟姐妹们，大家中午好！

岁月不居，时节如流。今天，是公司的司庆，首先让我们再一次祝青春泰康 23 岁生日快乐！今天，对我而言，更是一个特殊而难忘的日子：花甲如期而至，无限感慨涌上心头。

算起来，从我参加高考，接触保险到今天，刚好 40 年。这 40 年，我只从事了一个职业——保险，可以说是不忘初心！我服务过 3 家世界 500 强保险企业——人保、平安和泰康。但是毋庸置疑，在泰康的这 21 年，是我人生中最重要、最难忘的 21 年，泰康已经深深地融入我的血液，成为我生命中最重要的一部分。所以今天，要特别感谢董事长在公司司庆这个特殊的日子里，为我举办 60 岁生日宴，我深知这对于一个泰康人来说，是至高无上的荣誉！我想说：桃花潭水深千尺，不及泰康送我情！

时间过得真快，40 年的保险情，让我有幸亲历并见证了中国保险行业的发展。能够将自己毕生所学、毕生情感奉献给自己深爱的国家、深爱的保险事业、深爱的公司，我倍感欣慰！近段时间以来，每每想到自己 60 年的人生，特别是刚才看了这段片子，我深深感动、无限感慨、由衷感谢！此时此刻，我想用三个词来表达我的心情。

第一个是感恩。

首先，我要感恩伟大的时代。我是伴随着改革开放成长起来的一代人。参加高考，大学深造，用知识改变命运。保险创业，拼搏进取，用奋斗书写人生。感恩这个伟大的时代，让我有机会学以致用，施展抱负，回报社会！可以说，没有伟大的党和祖国，就没有今天的刘经纶。

其次，我要感恩伟大的行业。1979 年，国内保险复业，我也开启了保险的人生旅程。整整 40 年，我亲历了中国保险业从小到大、由弱变强的发展历程。正如董事长所说，让保险闪耀人性的光辉，让生命的旅程流光溢彩。保险，是我毕生为之奋斗的事业，我将全部的情感倾注于她，我很欣慰，自己选择了这份承载着爱与责任、彰显着人文关怀的崇高职业。

同时，我更要感恩伟大的泰康——这个我为之奋斗了 21 年的公司。我刚来泰康的时候，泰康是一棵幼苗，当时只有北京分公司，保费收入 5 亿元。如今 21 年过去了，泰康长成一棵参天大树，成为一家管理资产过万亿元，营业收入过千亿元，利润和纳税超百亿元的大型保险金融服务集团，迈入世界 500 强行列。我以自己是 80 万泰康员工中的一员而自豪，泰康是我的精神家园和力量源泉，是泰康让我追随初心，勇往直前，实现人生价值！

当然，我最想感恩的是可敬可亲的董事长。至今，我依然记得与陈董的三面之缘。

我与陈董第一次见面是在 1996 年秋天，泰康人寿在长城饭店举办开业庆典。当时董事长是那么年轻、英姿飒爽，那天的庆典宾客盈门，盛况空前，一座难求。当时，我陪同平安总公司领导参加庆典，一时间没有找到自己的座位，王玉泉总裁看见了我，执意要我坐在他的位置上。现在回想起来，这也许是一种巧合，没想到这一坐就是 21 年。

我与陈董第二次见面是在 1997 年冬天，我邀请陈董来参加平安保险北京分公司的平安夜活动。那个晚上，窗外寒风凛冽，窗内热情洋溢。我们一起畅谈理想，探讨时代的发展和保险业的未来，现在想来，仍然让人激动、让人难忘。

我与陈董第三次见面是在 1998 年新年，在深圳的麒麟山庄。当时泰康刚过周岁，陈董给我描述了泰康的发展前景和宏伟蓝图，他那双坚毅而充满信仰的双眼，让我笃信了泰康的未来，时至今日，我很欣慰当时的选择，我有幸加盟泰康，亲历这些蓝图一件一件地变成现实。

在泰康的 21 年里，可以说我与陈董是朝夕相处、形影不离。我做了每一次董事会的公司经营汇报，陪同陈董参加了每一届的"世纪圣典"，发了每一年的春节红包。每次开会，我都坐在陈董旁边；每次荣誉宴，我都坐在陈董对面；当然，今天我坐在陈董的旁边。慢慢地，我陪着陈董一起从青年走向中年，又从中年成为奔跑的少年，结下了深厚的同志情、兄弟情。

算起来，这 21 年我和陈董在一起的时间，在某种程度上，甚至超过了我与家人在一起的时间。陈董的亲切和蔼、勤奋好学、开拓创新、视野格局以及家国情怀，都是我学习的榜样并且深深地影响着我、改变着我。借此机会，向董事长多年来对我的信任与厚爱，表示衷心的感谢！

我想说的第二个词是感动。

21 年的创业路，我走遍了 36 家分公司和无数家支公司。泰康走出北京，实施沿海战略，形成全国布局；三线崛起，县域保险，完成机构设置；集团化建设，诚信经营，科技泰康，构建"四位一体"大健康战略，迈入世界 500 强。泰康每一步的发展都镌刻着我奋斗的足迹，凝聚成我人生中最宝贵的财富。我们从北京走向全国，从人寿走向集团，从传统走向互联网，从中国走向世界。看着泰康伟业拔地而起，我很欣慰，我们完成了这一代泰康人的历史使命。"江山代有才人出，各领风骚数百年"，我们更有责任和义务将接力棒交给下一代泰康人。

到今天为止，我已经累计为公司服务了 7623 天，作为公司总裁，我始终以职业经理人的标准，严格要求自己：恪尽职守、勤勉敬业、清正廉洁、大局为重。21 年里，我承担经营的压力，也分享成功的喜悦。这 21 年是我人生最成熟最美好的 21 年，赤诚坦荡，情深义重，无怨无悔！

在泰康，我有幸遇到了很多志同道合的同事，风雨携手，砥砺前行。我记得，第一次与大家见面，是在北京中仪大厦八楼的会议室；我也记得，无数个日夜，我们在业务发展会、工作讨论会中度过，每一个细节历历在目。在这里，我要特别感谢董事长对我工作的包容和帮助，感谢每位班子成员对我的协助与配合，感谢所有同事的支持与努力。我深知，尽管已尽心尽力，但工作中还是存在着不足与遗憾。在这里，也一并请陈董和大家包容谅解，并向大家鞠躬致意！

我想说的第三个词是感悟。

心理学家荣格曾说过："你的前半辈子也许属于别人，活在别人的世界里。那么，把后半辈子还给自己，追逐自己的声音。"的确，退休以后，我可以追逐内心的自由。

人不思老，老不将至，退而不休，神闲从容。我即将实现董事长所说的：要有丰厚的收入、体面的职业、稳定的家庭、健康的体魄、充足的闲暇，去周游世界。但我也坚信，人活着的价值和意义在于创造，并享受丰富多彩的人生过程，所以未来对于我来说是：事业发挥余热、慈善多做贡献、健康时刻关注、家人常伴左右。退休之后，我定尽微薄之力，一如既往地关心、关注泰康的发展；退休之后，我将更多地参与慈善公益事业，我相信，一个人能力有大小，但奉献无大小，点滴暖人心；

退休之后，我还要多锻炼身体，多陪伴家人，多游览大好河山，去感受这个时代赋予我们的一切美好。

60 年的人生经历使我懂得了：做人做事的分寸道理、智商情商的大舍大得、修身修为的顿彻感悟以及知足常乐的静悟洒脱。我更懂得：事从容则有余味，人从容则有余年。我认为人首先要活着，其次要能够活动，当然更重要的是要活好。

各位同事，党教育我们要不忘初心、牢记使命。无论我们飞得多高，我们都有共同的血缘——泰康；无论我们走得多远，我们都有共同的名字——泰康人；无论我们做得多强，我们都有共同的使命——奉献泰康，回报社会和家乡。

最后，祝福伟大的祖国国泰民康，国富民强；祝福我们的泰康基业长青，蓬勃发展；祝福东升大哥和各位兄弟姐妹，青山常在，永远泰康！

让我们共同努力，共同期待！ 20 年后，我们在泰康之家再相聚。谢谢大家！

（2019 年 8 月 22 日）

　　2019 年 8 月 22 日是泰康司庆日，陈东升董事长在泰康商学院为刘经纶举办 60 岁生日宴。刘经纶从感恩、感动、感悟 3 个层次情真意切地讲述了自己与泰康的不解之缘。

附录 2

在刘珈吟、竺玮结婚典礼上的致辞

各位嘉宾、各位亲朋好友，大家好！

今天，是我女儿珈吟和女婿竺玮喜结良缘的大喜之日，各位的光临，是对新郎新娘最美好、最甜蜜的祝福，也是给我们做父母的一份最珍贵、最真诚的情谊。在这里，我谨代表双方家庭对各位的光临表示热烈的欢迎和由衷的谢意！谢谢大家！

我是 27 岁时有的女儿。在多少个忙碌和艰辛的日子里，从南昌到深圳、到北京，再后来到英国、美国求学，珈吟和我都是聚少离多。作为父亲，没有陪伴她童年的成长、少年的学习和生活，我深感内疚。在此，我想借此机会向女儿深深鞠个躬，希望你能够理解和原谅父亲。当然，珈吟从小养成了独立自主、自强不息、勤恳努力、善良宽容的性格，没有染上娇惯浮华的习气，深受老师、同学和亲友的赞誉，让我们感到十分欣慰和骄傲。

女大当嫁，从总盼着珈吟长大到她突然间长大成为大姑娘，和竺玮由相识、相知、相爱再到今天步入婚姻的殿堂，成为幸福的新娘，身为父亲感到十分高兴。其实，女儿出嫁，最难过的是父亲！昨天晚上一夜未眠，我很少有这种现象，也许是做父亲的复杂心情所致。我看着珈吟一步步长大，一天天变美，她是我的小淘气，是我贴心的小棉袄，今天我要把这颗掌上明珠交给他人，我的心里是五味杂陈。有嫁女儿的高兴和快乐，有送女儿的失落和伤心，也有对女婿竺玮的嫉妒和醋意。女儿总要长大，总要嫁人，总要开始自己的生活，祝福珈吟和竺玮！

借此机会，我还想感谢我的亲家和亲家母培养出了一个好儿子，给了我们一个好女婿。两个阳光、进步的青年走到一起，是天定的良缘！祝福你们！

结婚是人生的大事，也是每个家长的大事。作为父母，在这庄严而热烈的婚礼上，我们向两个孩子说三句话。一是希望你们互敬互爱、互谅互助，在人生的道路上同舟共济、一心一意、忠贞不渝，一起呵护你们的婚姻，共同享受生活的幸福和甜蜜。二是要尊敬和孝顺父母。你们结婚了，意味着父母变老了，希望你们常回家看看，学会做一个好媳妇、好女婿，做对家庭有责任的人。三是要不断进取，勤奋工作，要用实际行动来回报父母、回报单位、回报社会，做对国家有用的人，夫妻携手共同创造美好未来！

　　最后，我万分感激从四面八方赶来参加婚礼的嘉宾、亲朋好友，谢谢你们送上的祝福！祝各位来宾、各位亲朋好友身体健康，家庭幸福，万事如意！

　　向大家鞠躬了！谢谢大家！

　　　　　　（2012 年 9 月 23 日于北京拉斐特城堡酒店）

　　2012年9月23日，刘经纶的女儿刘珈吟、女婿竺玮的婚礼在北京拉斐特城堡酒店举行，刘经纶在女儿的婚礼上发表了热情洋溢而又充满情感的讲话。左起：亲家母赵志华、亲家竺将来、女婿竺玮、女儿刘珈吟、刘经纶、妻子魏虹。

刘经纶社会公益事迹

个人捐赠

2012 年，刘经纶个人出资 105 万元通过江西省红十字会在泰和县教育局设立"海清睿智教育奖励基金"，用于定向奖励泰和县穷且志坚、品学兼优的学生和爱岗敬业、成绩突出的教师。截至 2021 年，已连续举办 10 次基金表彰会，刘经纶个人及家庭成员累计捐赠超 1000 万元，累计资助 200 余名师生。

历年来，刘经纶个人先后出资超 100 万元，用于资助老家泰和县桥头镇津洞村、石洲村、谢家村等地修建 6 条乡村道路。

2013 年 12 月 3 日，刘经纶个人向江西师范大学捐赠 50 万元。此次捐赠是江西师范大学基金会成立后收到的第一笔大额个人捐赠，主要用于经纶报告厅和"经纶校友讲坛"等项目。

2019 年 7 月 25 日，在江西师大校友入学 40 周年聚会时，刘经纶代表 79 级保险专业 100 名同学个人捐资 100 万元（意喻每人捐赠 1 万元），用于江西师范大学设立"杰出校友奖励基金"。

2020 年 10 月 31 日，为庆祝江西师范大学建校 80 周年，刘经纶个人捐赠 10 万元，用于制作江西师范大学首任校长胡先骕先生铜像。历年来，刘经纶个人为母校及江西师大北京校友会累计捐款超 200 万元。

历年来，为支援家乡泰和县抗击"非典"和新冠肺炎疫情等，救助家乡水灾和旱灾等自然灾害，支持地方商会组织建设，刘经纶个人累计捐款超 100 万元。

发起和组织捐赠

2017 年 8 月 17 日，刘经纶带领北京江西企业商会的 27 位赣商企业家赴江西泰和，为泰和县北京赣商爱心村卫生计生服务室建设项目进行捐赠。刘经纶个人捐赠 100 万元，并组织 27

位赣商企业家总计为家乡捐赠 1000 万元，全部用于泰和县 180 个行政村标准化卫生计生服务室建设。

2020 年初，面对突如其来的疫情，刘经纶积极组织北京江西企业商会企业家为支持湖北、江西和北京等地区抗击疫情捐款捐物，累计超过 3.62 亿元。其中，向井冈山大学附属医院定向捐赠价值 648 万元的医疗设备，向泰和县人民医院捐赠 1 台价值 1000 万元的螺旋 CT 作为防疫设备，这也是泰和县乃至吉安市在当时接受的最大一笔捐赠。

2016 年，北京江西企业商会通过"百企联百村"精准扶贫实施方案，揭开北京赣商投入江西脱贫攻坚的序幕。在历时 3 年的精准扶贫活动中，共有 600 多名会员企业家和北京赣医参与，累计投入扶贫资金达 8.7 亿元。

在刘经纶的带领下，北京江西企业商会会员热心参与家乡公益慈善事业。据不完全统计，北京江西企业商会自 2008 年成立以来，商会企业家为支持社会公益慈善事业捐款捐物超过 27 亿元。

2020 年，刘经纶协调相关公益基金会向泰和桥头社会福利院捐款捐物及培训等总计 100 万元，以提升福利院的管理水平和服务水平。

2020 年 7 月中旬，刘经纶带领北京江西企业商会第一时间组建 3 支防汛救灾青年突击队，奔赴江西鄱阳湖抗洪抢险一线，商会广大会员企业家和团体会员单位踊跃为家乡抗洪赈灾捐款捐物，捐赠总额超过 600 万元。

2020 年，为解决家乡水患问题，刘经纶积极协调省市有关部门专项拨款 50 万元，用于泰和县桥头镇六七河防洪护堤工程建设。

2021 年，刘经纶协调相关基金会向泰和县及桥头镇教育系统捐赠 330 万元，全部用于当地学校购买教学器材和运动设施，改善和提升家乡的教学条件及环境。

刘经纶历年主要荣誉

1988 年　中国人民保险公司先进工作者

1996 年　平安保险一级勋章

2002 年　第五届"北京市十大杰出青年"

2002 年　参加 2002 年墨西哥 APEC 工商领导人峰会

2003 年　首都抗击"非典"先进个人

2006 年　泰康保险钻石勋章

2008 年　北京奥运会残奥会志愿者工作先进个人

2009 年　2009 年中国金融十大人物

2009 年　江西省"为国争光杰出赣商 60 人"

2012 年　江西省"回乡投资模范奖"

2013 年　江西省红十字会"公益慈善模范奖"

2014 年　江西省"回乡创业优秀赣商"

2015 年　2015 年度十大最具行业领导力人物

2016 年　2016 年度金融科技先锋人物

2017 年　北京市第十二次党代会党代表

2017 年　2017 年度中国金融科技最具影响力人物

2017 年　第十一届江西省工商联副主席

2018 年　首届江西省红十字博爱大使

2018 年　江西省优秀中国特色社会主义事业建设者

2018 年　江西省政府特约研究员

2019 年　第二届江西省回乡投资优秀赣商

2019 年　江西泰和县首届"感动泰和"人物

2020 年　江西省"五型"政府建设监督员

2021 年　教育部第一届全国普通高校毕业生就业创业指导委员会委员

2021 年　北京临川学校荣誉校长

跋

揭秘之舞

方磊，中国作家协会会员，中国金融作家协会理事。鲁迅文学院第四十届高研班学员。北京"无规则"摇滚乐队前贝司手。作品散见于《十月》《花城》《山西文学》《安徽文学》《散文选刊》《散文（海外版）》等文学期刊。出版短篇小说集《锈弃的铁轨》《走失的水流》、散文集《光影》、传记文学《繁星之下》《逐》等。

文学大道宏阔无垠，指尖于键盘上的舞蹈便是文学之种撒落，心灵林荫之旅落英缤纷。

《初心无尘》犹如我的文学马拉松跑过的又一个节点，是文学朝圣奔逐的阶段性终点，亦是下一个征程的起点。

第三本人物传记的杀青，使我在纪实文学的浩瀚文丛中又有了些微跋涉的印记，岁月的日历册中我夹入了一枚自己编织的书笺。

自古以来，农人们把一世的希冀寄予土地，劳作生息是土地给他们的命运。人们与土地悲喜与共，一生站立于土地，终究又皈依土地，土地是人的母亲。

对写作者而言，文学就是母亲，文学就是眼前的土地，以笔为犁，向死而生。

而文学的母亲又是什么呢？是人心。这样的启示是我在创作人物传记时产生的强烈感悟。

人物传记并不是我创作的主要文体，这绝不是我小觑纪实文学，恰恰是因为我对它敬畏深重。创作一篇小说，是搭建虚构的言辞大厦，这些言辞将刺穿现实，在现实的如晦风雨中，坚若磐石。而纪实文学则不同，当真实成为作品的魂时，真实需要贴着现实前行，并最终超越现实，抵达天高海阔的人心公理。

纪实文学（人物传记）的创作更考验一个作家创作的视野、雄心、胆魄，检阅一个写作者笔下的真诚、耐力与良心。

创作者需要与传主有深刻的情感投射与共振，无论传主的为人行事有多少是非曲直，对传主有最基本的认知与理解是创作者动笔的必备前提。在创作过程中，创作者的笔要尽可能化为出离文本的旁观之眼，不要将自己的主观意识过度投入文本中，融入道德评判对于一本人物传记而言将是灾难性的。

跋

诚然，最重要的依旧是文学性。文学性是一本传记文学必不可少的"气质"。读者记住的不只是名字、事件、脸谱，而是传主生而为人的多元、丰富、错杂、幽微和种种谜面。

剥开岁月疼痛的纹理，打捞时光细节的欢欣与哀愁，是一名传记文学写作者的重要使命。没有文学属性的传记只是人物的生平流水簿。文学性才让一本人物传记从灰蒙蒙的字里行间溢出明亮，沉睡的字体悠悠醒来，舒缓站立，人物似远又近地自书中迎面而来。人性的幽微繁芜、命运的曲折吊诡活灵活现在文字言说的平仄之间。

与前两部传记相比较，《初心无尘》的传主刘经纶先生与《繁星之下》的传主李卫红女士、《逐》的传主吴晋江先生都有一个共同的身份——国内知名保险人，但不同的是：刘经纶先生是在改革开放后最先崛起并在国内保险业发展中始终处于巅峰之上的保险职业经理人，是叱咤于中国保险业发展脉动之中的大人物，人保、平安、泰康3家世界500强保险企业的成长与发展都留下了刘经纶先生的奉献与劳绩。

刘经纶先生的生命传奇令人叹为观止，呈现出的生命能量让我们得以见识他始终寻找自我、确认自我、超越自我的生命魔力。那份昂扬与激荡、那份炽热与向往激发我们生出对"我从何处来，又向何处去"的全新自诘。

在对刘经纶先生2年有余的采访中，我接触到他周围几近百人，强烈感受到人们对他由衷的敬佩与尊重。刘经纶先生何以有此魅力？何以被人如此欢迎？我不认为这样的吸引力只是来自他 21 年总裁的角色，而更多地源于他自带的人性之光。因为他总在突破自己，总是跳出舒适圈去仰望百尺竿头，总是激流勇进，总在"救火"一线，总是不会推脱责任，总给人以信心，总是真诚善良，总不选择抱怨，总懂得权衡大局……这一切汇聚成他的胸怀、格局、品性，平实而闪亮。

人物传记的写作总能令我感受到超越生命个体之外的人性奥秘，文本中个体的命运牵引着我无限逼近人心的种种真相，而这样近乎魔术师般的揭秘恰是人物传记的魅力和迷人所在。一本可以被人铭记的人物传记，相比较于读者的趣味和好奇，写作者更像一个揭秘者，将文本中人物奇妙而独特的生命能量，输导入每一位读者内心，在幽深的桎梏人们的命运围墙上，凿出一星光芒。

在《初心无尘》的创作中，得到了陈国庆先生、谭欣先生、江冉女士、刘莹皓先生、杨伟涛先生、沈金龙先生等友人的协助，在此向他们一并致谢。

秋日融融，一帘阳光之下，当你捧起《初心无尘》时，愿你在时间的暗尘里依旧望见生命的阔朗与明亮。

图书在版编目（CIP）数据

初心无尘 / 方磊著 . -- 北京 : 东方出版社，
2022.4

ISBN 978-7-5207-2726-6

Ⅰ .①初… Ⅱ .①方… Ⅲ .①刘经纶 − 传记 Ⅳ .
① K825.34

中国版本图书馆 CIP 数据核字 (2022) 第 046249 号

初心无尘
（CHUXIN WUCHEN）

作　　者：方　磊
责任编辑：朱兆瑞
书籍设计：孙初　张申祺
出　　版：东方出版社
发　　行：人民东方出版传媒有限公司
地　　址：北京市西城区北三环中路 6 号
邮　　编：1000120
印　　刷：北京精彩世纪印刷科技有限公司
版　　次：2022 年 4 月第 1 版
印　　次：2022 年 4 月北京第 1 次印刷
开　　本：700 毫米 ×1000 毫米　1/16
印　　张：23.5
字　　数：233 千字
书　　号：ISBN 978-7-5207-2726-6
定　　价：88.00 元
发行电话：(010)85924663　85924644　85924641